2025

Abitur

Original-Prüfungsaufgaben
mit Lösungen

D1922151

Hessen

Physik LK

STARK

© 2024 STARK Verlag GmbH, St.-Martin-Straße 82, 81541 München
19. ergänzte Auflage
www.stark-verlag.de

Das Werk und alle seine Bestandteile sind urheberrechtlich geschützt. Jede vollständige oder teilweise Vervielfältigung, Verbreitung und Veröffentlichung bedarf der ausdrücklichen Genehmigung des Verlages. Dies gilt insbesondere für Vervielfältigungen, Mikroverfilmungen sowie die Speicherung und Verarbeitung in elektronischen Systemen.

Inhalt

Abiturprüfung 2023

Abiturprüfung 2024 (online) .... **www.stark-verlag.de/mystark**
Sobald die Original-Prüfungsaufgaben 2024 des Leistungskurses freigegeben sind, können sie als PDF auf der Plattform MySTARK heruntergeladen werden.

Digitale Inhalte auf MySTARK

Aufgaben zum Download

- Original-Abituraufgaben Jahrgang **2024** im Leistungskurs
- Original-Abituraufgaben früherer Jahrgänge im **Grund- und Leistungskurs**

Interaktives Training

Ihr Coach zum Erfolg: Mit dem **interaktiven Training** erhalten Sie online auf MySTARK Aufgaben und Lernvideos zu allen relevanten Themengebieten des Physikabiturs. Am besten gleich ausprobieren!

Den Zugangscode zu MySTARK (www.stark-verlag.de/mystark) finden Sie auf der vorderen Umschlaginnenseite in diesem Buch.

Autoren sämtlicher Tipps und Lösungen

Bis Jahrgang 2020: Burkhard Apell, Frank Nordheim
Seit Jahrgang 2021: Frank Nordheim

Vorwort

Liebe Schülerinnen und Schüler,

Sie haben Physik in Hessen als Grund- oder Leistungsfach belegt und möchten in diesem Fach Ihr Abitur ablegen. Für die schriftliche Abiturprüfung werden im **Landesabitur in Hessen** seit 2007 landesweit einheitliche Abituraufgaben gestellt, d. h., es wird ein Zentralabitur durchgeführt.

Mit diesem Buch helfen wir Ihnen einerseits, sich effektiv auf dieses Zentralabitur vorzubereiten. Zum anderen eignet sich der Band hervorragend dazu, sich gezielt auf Klausuren oder Tests in Physik im Laufe Ihrer Oberstufenlaufbahn vorzubereiten:

- Dazu geben wir Ihnen zunächst ausführliche **Hinweise** zu den Rahmenbedingungen der Prüfungen, zu Inhalten, Methoden und Prüfungskriterien.
- Der Hauptteil des Bandes enthält die offiziellen, vom hessischen Kultusministerium gestellten schriftlichen **Abituraufgaben im Leistungskurs der Jahrgänge 2021 bis 2023**.
- Zu allen Aufgaben finden Sie von uns ausgearbeitete **vollständige, kommentierte Lösungsvorschläge** sowie separate **Tipps zum Lösungsansatz**, die Ihnen das selbstständige Lösen der Aufgaben erleichtern.

Zudem finden Sie **digitale Unhalte** zu diesem Buch **online auf MySTARK**:

- **Interaktives Training** mit Aufgaben und Lernvideos zu allen relevanten Themengebieten des Physikabiturs.
- **Original-Prüfungsaufgaben 2024** im Leistungskurs zum Download.
- **Original-Prüfungsaufgaben früherer Jahrgänge** im Grund- und Leistungskurs zum Download.

Den Zugangscode zu MySTARK finden Sie auf der vorderen Umschlaginnenseite in diesem Buch.

Sollten nach Erscheinen dieses Bandes noch wichtige Änderungen in der Abiturprüfung 2025 vom hessischen Kultusministerium bekannt gegeben werden, finden Sie aktuelle Informationen dazu im Internet auf MySTARK.

Wir wünschen Ihnen viel Erfolg!

Burkhard Apell und Frank Nordheim

Stichwortverzeichnis LK 2021 – 2023

Aus Gründen der Übersichtlichkeit sind die Jahreszahlen in den Seitenangaben für die LK-Aufgaben zweistellig dargestellt. Die Stichworte zu den GK-Aufgaben sind im PDF zu den Aufgaben integriert.

Hinweise und Tipps zum Landesabitur

Allgemeine Hinweise

1 Das Landesabitur in Hessen

Seit Frühjahr 2007 legen alle hessischen Schülerinnen und Schüler der gymnasialen Oberstufe und des beruflichen Gymnasiums das Landesabitur ab. Dies bedeutet, dass die *schriftlichen* Prüfungen (d. h. Prüfungen in den beiden Leistungskursfächern und dem dritten, schriftlichen Prüfungsfach) *zentral* gestellt werden; die Aufgabenstellungen erfolgen also landesweit einheitlich. Die mündlichen Prüfungen werden weiterhin dezentral organisiert, d. h. dieses Verfahren läuft so ab wie bisher.

Mit der Einführung des zentralen schriftlichen Landesabiturs in Hessen verfolgt das Kultusministerium vor allem folgende Ziele:

- Es soll eine größtmögliche Objektivität durch Vergleichbarkeit von Leistungen und der damit einhergehenden Aufwertung des Abschlusses geschaffen werden.
- Die Unterrichtsinhalte sollen landesweit vereinheitlicht werden.
- Es soll eine Erhöhung der Transparenz der Anforderungen im schriftlichen Abitur dadurch erreicht werden, dass die bereits geschriebenen Aufgaben veröffentlicht werden.

Die Prüfungsaufgaben orientieren sich dabei an drei vom Kultusministerium herausgegebenen Vorgaben (www.kultusministerium.hessen.de), nämlich

- an den Kerncurricula für die gymnasiale Oberstufe vom 1.8.2016 (nach der Verordnung vom 5.2.2016). Diese Kerncurricula können Sie im Internet auf den Seiten des Hessischen Kultusministeriums nachlesen. Dort werden die Inhaltsfelder genannt und stichpunktartig deren Inhalte (Konkretisierungen) beschrieben. Diese Stichpunkte bilden die Grundlage für die Aufgaben des zentralen Landesabiturs. Inhaltsfelder und die Konkretisierungen finden Sie auch in diesem Buch abgedruckt.
- an den „Einheitlichen Prüfungsanforderungen in den Abiturprüfungen“ des Landes Hessen (EPA).
- an der Oberstufen- und Abiturverordnung (OAVO).

Die EPA und die OAVO sind weniger für Sie wichtig als für Ihre Lehrerin oder Ihren Lehrer. Alle für Sie wichtigen Aspekte werden wir Ihnen in diesem Buch erläutern.
Die Bewertung der Abiturarbeiten erfolgt nach wie vor durch die Lehrkräfte der eigenen Schule. Für die Korrektur der Arbeiten erhalten die Lehrerinnen und Lehrer Lösungs- und Bewertungshinweise, anhand derer die Beurteilung vorgenommen wird.

2 Durchführung der schriftlichen Abiturprüfung

Weiterhin wird in Grund- und Leistungskurse unterschieden. Die **Bearbeitungszeit** für die Abituraufgaben ist abhängig vom gewählten Kurs: Bei Grundkursarbeiten beträgt sie 255 Minuten und bei Leistungskursarbeiten 300 Minuten. In die Bearbeitungszeit ist die Zeit für die Auswahl der Aufgaben miteingeschlossen. Sie wird nicht gesondert ausgewiesen.

Zu Beginn der Vorbereitungszeit (am Tage des schriftlichen Abiturs in Physik) erhalten Sie insgesamt vier Aufgabenvorschläge. Ein Halbjahr wird verpflichtend vom Hessischen Kultusministerium festgelegt. Dieses verpflichtende Halbjahr kann jährlich wechseln. Für dieses Halbjahr erhalten Sie zwei Aufgabenvorschläge, von denen Sie einen bearbeiten müssen. Für die beiden anderen Kurshalbjahre wird Ihnen je ein Aufgabenvorschlag zur Auswahl vorgelegt. Sie bearbeiten somit zwei Aufgabenvorschläge zu den Lehrplaninhalten zweier unterschiedlicher Kurshalbjahre:

Q1 Elektrisches und magnetisches Feld
Q2 Schwingungen und Wellen
Q3 Quanten- und Atomphysik

Sie bekommen also vier Aufgaben aus drei unterschiedlichen Halbjahren:

- Zwei Aufgaben (Aufgabengruppe A) aus einem vorher durch das Kultusministerium festgelegten Halbjahr, von denen Sie eine Aufgabe bearbeiten müssen;
- jeweils eine Aufgabe (Aufgabengruppe B) aus den beiden verbleibenden Halbjahren, von denen Sie ebenfalls eine Aufgabe bearbeiten müssen.

Demzufolge können Sie ein Halbjahr ausschließen, Sie wissen aber vorher nicht, welches das verpflichtend festgelegte Halbjahr ist.

Sie dürfen folgende **Hilfsmittel** zu Ihrer schriftlichen Abiturprüfung in Physik verwenden: Wörterbuch der deutschen Rechtschreibung; eingeführter Taschenrechner (bei grafikfähigen Rechnern und Computeralgebrasystemen ist ein Reset durchzuführen) sowie eine Formelsammlung. Die Formelsammlung soll alle üblichen Formeln, aber keine Herleitungen und weitergehenden physikalischen Erklärungen enthalten und kann komplett die drei Naturwissenschaften, Mathematik und Informatik abdecken. Bei Verwendung einer rein physikalischen Formelsammlung ist zudem eine mathematische Formelsammlung zugelassen.

3 Inhaltliche Vorgaben für die schriftliche Abiturprüfung

Grundlage der schriftlichen Abiturprüfung bildet das Kerncurriculum für die gymnasiale Oberstufe für das Fach Physik.
Für das **Abitur 2025** sind die nachfolgend aufgeführten Themenfelder und Konkretisierungen schwerpunktmäßig die Grundlage für die Prüfungsaufgaben im grundlegenden (Grundkurs) und im erhöhten Niveau (Leistungskurs).

Q1.1 Elektrisches Feld
Q1.2 Magnetisches Feld
Q1.3 Induktion

Q2.1 Schwingungen
Q2.2 Wellen
Q2.4 Dopplereffekt, Schwebung
Q3.1 Eigenschaften von Quantenobjekten
Q3.2 Atommodelle
Q3.3 Röntgenstrahlung

Zu Ihrer vertieften Orientierung sind im Folgenden die Konkretisierungen zu allen – nicht nur zu den zum nächsten Termin ausgewählten – Themenfeldern aus dem Kerncurriculum abgedruckt. Die genannten Schwerpunktthemen für das Abitur 2025 sind mit **SP 2025** gekennzeichnet.

Q1.1: Elektrisches Feld SP 2025

Grundlegendes Niveau (Grund- und Leistungskurs)

Thema	Konkretisierungen
Feldbegriff, Feldlinienbilder	homogenes Feld eines Plattenkondensators (Exp.) radialsymmetrisches Feld einer Punktladung spezielle Feldlinienbilder, Spitzeneffekt, Faraday-Käfig (Realitätsbezüge, z. B. Blitzableiter, Flugzeug, Auto) Influenz bei Leitern (Demonstrationsexperiment) und Polarisation bei Nichtleitern Definition der elektrischen Feldstärke $\vec{E} = \frac{1}{q} \cdot \vec{F}$ (z. B. in Analogie zum Gravitationsfeld) Feldstärke im radialsymmetrischen Feld Coulomb'sches Gesetz $F = \frac{1}{4\pi \cdot \varepsilon_0} \cdot \frac{Q_1 \cdot Q_2}{r^2}$
Elektrische Ladung	Ladung als Erhaltungsgröße Millikan-Versuch im Schwebefall: Quantelung der Ladung
Elektrische Spannung und Stromstärke	elektrische Stromstärke $I = \frac{\Delta Q}{\Delta t}$ Spannung als potenzielle Energie pro Ladung $U = \frac{W_{pot}}{q}$
Plattenkondensator	Feldstärke im Plattenkondensator Definition der Kapazität: $C = \frac{Q}{U}$ $C = \varepsilon_r \cdot \varepsilon_0 \cdot \frac{A}{d}$; ε_0 und ε_r als Proportionalitätsfaktoren Parallelschaltung zweier Kondensatoren, $C_{ges} = C_1 + C_2$ Feldenergie $W_{el} = \frac{1}{2} C \cdot U^2$
Bewegte Ladungen im E-Feld	Beschleunigung/Abbremsung parallel zur Feldrichtung

Erhöhtes Niveau (Leistungskurs)

Thema	Konkretisierungen
Feldbegriff	ε_0 als Naturkonstante, $\frac{Q}{A} = \sigma = \varepsilon_0 \cdot E$ ε_r als Materialkonstante (experimentelle Bestimmung der Werte für unterschiedliche Stoffe)
Elektrische Stromstärke	Definition der Stromstärke als $I = \dot{Q}$ (Bezug zur Mathematik: Vergleich von Differenzen- und Differenzialquotienten)
Elektrisches Potenzial	Potenzialbegriff Potenzial im homogenen Feld und Radialfeld Äquipotenziallinien Spannung als Potenzialdifferenz
Kondensator	mathematische Herleitung von $C = \varepsilon_0 \cdot \frac{A}{d}$ über die Flächenladungsdichte im Plattenkondensator Betrachtung des Auf- und Entladevorgangs von Kondensatoren (Aufstellen der Differenzialgleichung für die Entladung, Lösung mithilfe eines Lösungsansatzes)

Q1.2: Magnetisches Feld SP 2025

Grundlegendes Niveau (Grund- und Leistungskurs)

Thema	Konkretisierungen
Bewegte Ladungen als Ursache von Magnetfeldern	
Feldlinienbilder, Feldbegriff	Feldlinienbilder von stromdurchflossener langer Spule und geradem Leiter Definition: $B = \frac{F}{I \cdot \ell}$ im Inneren einer langen Spule: $B = \mu_0 \cdot \mu_r \cdot n \cdot \frac{I}{\ell}$, μ_0 und μ_r als Proportionalitätsfaktoren
Bewegung geladener Teilchen im magnetischen Feld	Lorentzkraft – neue Qualität einer Kraft: $\vec{F} \perp \vec{v}$, $\vec{F} \perp \vec{B}$ Bewegungen geladener Teilchen parallel und senkrecht zum magnetischen Feld Lorentzkraft als Zentripetalkraft, $\frac{e}{m_e}$-Bestimmung (Demonstrationsexperiment)

Erhöhtes Niveau (Leistungskurs)

Thema	Konkretisierungen
Weitere Bewegungen geladener Teilchen	relativistische Massenzunahme als Phänomen Überlagerung homogener elektr. und magn. Felder Hall-Effekt

Q1.3: Induktion SP 2025

Grundlegendes Niveau (Grund- und Leistungskurs)

Thema	Konkretisierungen
Induktionsspannung aufgrund einer zeitlichen Änderung des magnetischen Flusses	magnetischer Fluss Induktionsgesetz in der Formulierung $U_{ind} = -n \cdot \frac{\Delta\Phi}{\Delta t}$ (quantitativ nur für stückweise lineare Veränderung der Fläche A oder des Magnetfeldes B, wobei das Magnetfeld die Fläche senkrecht durchsetzt; andere Fälle nur qualitativ)
Lenz'sche Regel und Energieerhaltung	Demonstrationsexperiment, Anwendungsbezug: z. B. Wirbelstrombremse
Selbstinduktion und Induktivität L einer langen Spule	phänomenologisch am Beispiel der Vorgänge des Auf- und Abbaus des Magnetfelds einer langen Spule
Energie des Magnetfelds der Spule	$W_{mag} = \frac{1}{2} L \cdot I^2$ (ohne Herleitung)

Erhöhtes Niveau (Leistungskurs)

Thema	Konkretisierungen
Induktionsgesetz auch in nicht linearen Fällen	$U_{ind} = -n \cdot \dot{\Phi}$ (Vergleich von Differenzen- und Differenzialquotienten), quantitative Betrachtung nur für $\dot{A} \neq 0, \dot{B} = 0$ sowie $\dot{A} = 0, \dot{B} \neq 0$

Q1.4: Bewegungen von Ladungen in Feldern in technischen Anwendungen

Grundlegendes Niveau (Grund- und Leistungskurs)

Thema	Konkretisierungen
Braun'sche Röhre	Aufbau u. Verwendung (Demonstrationsexperiment) Superpositionsprinzip, Vergleich mit waagerechtem Wurf (Modellbildung) Parabel als Bahnkurve (Demonstrationsexperiment, Animation)

Erhöhtes Niveau (Leistungskurs)

Thema	Konkretisierungen
Linearbeschleuniger	Hintereinanderschaltung mehrerer Beschleunigungsstrecken (Animation)

Q2.1: Schwingungen **SP 2025**

Grundlegendes Niveau (Grund- und Leistungskurs)

Thema	Konkretisierungen
Schwingungen als periodischer Vorgang	charakteristische Größen (Elongation, Amplitude, Schwingungsdauer, Frequenz) Energieformen, Energieerhaltung (qualitativ)
Zeitlicher Verlauf der Schwingung	Federpendel, Fadenpendel (mit Kleinwinkelnäherung) Formeln für die Schwingungsdauer (Erarbeiten der Abhängigkeiten für ein Beispiel im Schülerexperiment) Schwingungsgleichung $y(t) = y_0 \cdot \sin(\omega \cdot t)$ (Ableitung aus dem t-y-Diagramm) lineare Rückstellkraft als Kriterium für harmonische Schwingungen Energieumwandlung an Beispielen (Berechnung der verschiedenen auftretenden Energieformen) elektromagnetischer Schwingkreis, charakteristische Größen (Schwingungsdauer, Frequenz, Amplituden U_{max}, I_{max}) Gegenüberstellung der Energieformen von elektromagnetischer und mechanischer Schwingung
Dämpfung (als Erweiterung der reibungsfreien Idealisierung)	Abnahme der Amplitude, nur qualitativ
Resonanzphänomene	erzwungene Schwingung (nur qualitativ, Veranschaulichung durch Experimente, Eigenfrequenz, Resonanzkatastrophe mit Anwendungsbezug)

Erhöhtes Niveau (Leistungskurs)

Thema	Konkretisierungen
Harmonischer Oszillator	ein weiteres Beispiel
Ungedämpfte harmonische mechanische Schwingung	Differenzialgleichung (Lösung mithilfe eines Lösungsansatzes)
Phasenwinkel φ	$y(t) = y_0 \cdot \sin(\omega \cdot t + \varphi)$
Dämpfung	Dämpfungsverhalten der Form $y(t) = y_0 \cdot e^{-k \cdot t} \cdot \sin(\omega \cdot t + \varphi)$ für $\omega \approx \omega_0$ (ohne Herleitung, grafische Darstellung von y(t))
Resonanz	qualitative Beschreibung von Resonanzkurven für verschiedene Dämpfungen
Phasenverschiebungen	zwischen äußerer Kraft und Elongation bei erzwungenen Schwingungen zwischen Stromstärke und Spannung beim Schwingkreis

Q2.2: Wellen SP 2025

Grundlegendes Niveau (Grund- und Leistungskurs)

Thema	Konkretisierungen
Wellen in Natur und Technik und ihre Kenngrößen	Seilwellen, Wasserwellen, Schallwellen, elektromagnetische Wellen charakteristische Größen: Wellenlänge, Ausbreitungsgeschwindigkeit und deren Zusammenhang: $c = \lambda \cdot f$ Unterschied zwischen Longitudinal- und Transversalwellen (charakteristische Beispiele zur Veranschaulichung: Schall und Licht) elektromagnetisches Spektrum (technische Anwendungen und biologische Auswirkungen der verschiedenen Wellenlängenbereiche)
Wellen als räumlich und zeitlich periodischer Vorgang	Darstellung im t-y- und x-y-Diagramm
Überlagerung mehrerer Wellen, Interferenz	Verstärkung und Auslöschung bei zwei Punkterregern, Bedeutung des Gangunterschiedes und Bestimmung der Orte der Maxima (Demonstrationsexperiment, z. B. Wellenwanne, Lautsprecher) Huygens'sches Prinzip (Veranschaulichung z. B. an der Wellenwanne, zeichnerische Darstellung) stehende Wellen, Zusammenhang zwischen Wellenlänge und Ausdehnung des Wellenträgers (ohne Behandlung von Phasensprüngen, Experiment) Doppelspalt und Beugungsgitter für monochromatisches und weißes Licht (Experiment, Herleitung der Formel für die Orte der Maxima)

Erhöhtes Niveau (Leistungskurs)

Thema	Konkretisierungen
Phasensprung	Phasensprung bei Reflexion, festes und loses Ende bei stehenden Wellen
Einfachspalt	Beugung, Bestimmung der Orte der Maxima und Minima
Kohärenz	

Q2.3: Wellen an Grenzflächen

Grundlegendes Niveau (Grund- und Leistungskurs)

Thema	Konkretisierungen
Reflexions- und Brechungsgesetz	beide Gesetze als Anwendungen des Huygens'schen Prinzips (Veranschaulichung durch Zeichnung) $\frac{\sin\alpha}{\sin\beta} = \frac{c_1}{c_2} = \frac{n_2}{n_1}$
Totalreflexion	realitätsnahe Anwendungen, z. B. Glasfaser

Erhöhtes Niveau (Leistungskurs)

Thema	Konkretisierungen
Licht in Materie	Interferenzen und Beugung von Licht in Materie ($c \neq c_{Vakuum}$) Dispersion
Vergleich von Gitter- und Prismenspektren	

Q2.4: Dopplereffekt, Schwebung SP 2025

Grundlegendes Niveau (Grund- und Leistungskurs)

Thema	Konkretisierungen
Akustischer Dopplereffekt	bewegter Sender bewegter Empfänger (Herleitung der Formeln für die Frequenzänderung) Mach'scher Kegel
Schwebungen	nur phänomenologisch

Erhöhtes Niveau (Leistungskurs)

Thema	Konkretisierungen
Akustischer Dopplereffekt	gleichzeitige Bewegung von Sender und Empfänger
Schwebungen	Berechnung der Schwebungsfrequenz

Q3.1: Eigenschaften von Quantenobjekten SP 2025

Grundlegendes Niveau (Grund- und Leistungskurs)

Thema	Konkretisierungen
Fotoeffekt	Einstein'sche Deutung und Widersprüche zur Wellentheorie (Demonstrationsexperiment mit Sonnenlicht oder anderer geeigneter Lichtquelle, Glasscheibe als Filter) Grenzfrequenz, Austrittsenergie, Einheit Elektronenvolt, Planck'sches Wirkungsquantum, Energie eines Photons (experimentelle Bestimmung der Energie der Fotoelektronen mit der Gegenfeldmethode, ggf. mit Animation)
Energie-Masse-Äquivalenz	Masse und Impuls von Photonen
De-Broglie-Wellen	De-Broglie-Gleichung (Beugung an Gitter oder Kristallen)
Doppelspalt	Doppelspaltversuche mit Elektronen und Photonen bei geringer Intensität, stochastische Deutung (Animation)

Erhöhtes Niveau (Leistungskurs)

Thema	Konkretisierungen
Unschärferelationen	Orts-Impuls-Unschärfe (z. B. durch Vergleich mit Beugung am Einzelspalt oder Wellenpaket als Überlagerung vieler Wellen benachbarter Frequenz)
Wellenfunktion	Amplitudenquadrat der Wellenfunktion als Maß für die Aufenthaltswahrscheinlichkeit

Q3.2: Atommodelle SP 2025

Grundlegendes Niveau (Grund- und Leistungskurs)

Thema	Konkretisierungen
klassische Atommodelle	Atommodelle nach Thomson und Rutherford
Quantisierung	Bohr'sche Postulate wellenmechanisches Modell (gebundenes Elektron als stehende De-Broglie-Welle am Beispiel des linearen Potenzialtopfes)
Linienspektren, Termschemata	Rydberg-Formel quantenhafte Absorption und Emission, Resonanzabsorption und Stoßanregung (z. B. Flammenfärbung) Lumineszenz und Fluoreszenz (Anwendung: z. B. Weißmacher)

Erhöhtes Niveau (Leistungskurs)

Thema	Konkretisierungen
Quantisierung	
Vertiefung des Potenzialmodells (z. B. Farbstoffmoleküle, Pauli-Prinzip), Laser	metastabile Niveaus, Inversion stimulierte Emission

Q3.3: Röntgenstrahlung SP 2025

Grundlegendes Niveau (Grund- und Leistungskurs)

Thema	Konkretisierungen
Erzeugung	Aufbau der Röntgenröhre
Nachweis	Nachweis von Röntgenstrahlung, Wirkung und Gefahren
Röntgenspektrum	charakteristisches und kontinuierliches Spektrum, kurzwellige Grenze

Erhöhtes Niveau (Leistungskurs)

Thema	Konkretisierungen
Bragg-Reflexion	

Q3.4: Mikroskopische Stoßprozesse

Grundlegendes Niveau (Grund- und Leistungskurs)

Thema	Konkretisierungen
Franck-Hertz-Versuch	Versuchsaufbau (Demonstrationsexperiment bzw. Animation) Stoßanregung, Unterschied zur Anregung durch Photonen

Erhöhtes Niveau (Leistungskurs)

Thema	Konkretisierungen
Compton-Effekt	Formel für die Compton-Wellenlänge ohne Herleitung

Q3.5: Kernphysik

Grundlegendes Niveau (Grund- und Leistungskurs)

Thema	Konkretisierungen
Radioaktive Strahlung	Arten radioaktiver Strahlung, Nachweis (Präsentation) Wirkung, Anwendungen und Gefahren (Präsentation)
Zerfallsgesetze	Kernzerfall, Aktivität, Halbwertzeit, Zerfallskonstante (exponentielle Abnahme von spaltbarer Masse bzw. Aktivität) C14-Methode (Anwendungsbeispiele)

Erhöhtes Niveau (Leistungskurs)

Thema	Konkretisierungen
Zerfallsgesetze	Zerfallsreihen

4 Struktur und Anforderungen der Prüfungsaufgaben

Vorgesehen ist, dass alle landesweit gestellten Prüfungsaufgaben in Physik im Abitur ohne Experiment auskommen. Dennoch kann es vorkommen, dass in den Aufgaben ein Experiment verbal beschrieben und eventuell mit Skizze oder Foto veranschaulicht wird. Eine Auswertung und Deutung eines Experiments ist also durchaus vorstellbar; was wegfällt, ist eine reine Beschreibung des Versuchsaufbaus und dessen Durchführung.

Die Aufgaben der Abiturprüfung sollen Qualifikationen in möglichst großer Breite überprüfen, vor allem die im Unterricht entwickelten Kompetenzen wie Sach-, Orientierungs-, Methoden- oder Darstellungskompetenz. Da die Aufgaben jeweils Kurshalbjahren zugeordnet sind, sind halbjahresverbindende Aufgaben vom Kultusministerium als nicht sinnvoll eingeschätzt worden. Dennoch könnte es im Transferbereich zu solchen Fragestellungen kommen.

Die Tabelle auf der nächsten Seite verbindet die Anforderungsbereiche (AFB) mit den konkreten Kenntnissen und Fähigkeiten, die Sie beherrschen sollten. Zusätzlich wird jeder AFB mit einem Beispiel verdeutlicht. Zudem dient diese Tabelle dazu, die in Abschnitt 7 dargestellten Operatoren besser und sinnvoller einschätzen zu können.

Der wesentliche Teil der schriftlichen Abituraufgaben in Physik in Hessen lässt sich in den Anforderungsbereichen I und II einordnen. Nur ein geringer Teil (10 bis 20 %) der Aufgaben ist Transfer oder problemlösendes Denken. Wenn Sie in der Abiturprüfung nur Aufgaben des Typs AFB I lösen, so werden sie kein ausreichendes Ergebnis erzielen können.

AFB	Lernzielstufe	Kenntnisse und Fähigkeiten	Beispiel
I	Reproduktion	Wiedergabe einzelner Sachverhalte in einer im Unterricht behandelnden Weise	Nennen Sie mindestens zwei experimentelle Ergebnisse …
II	Reorganisation	Zusammenhängende Darstellung bekannter Sachverhalte unter Anwendung eingeübter Methoden	Untersuchen Sie die Abhängigkeit der Schwingungsdauer von …
III	Transfer und problemorientiertes Denken	Übertragung eines gelernten physikalischen Sachverhaltes auf einen ähnlichen Sachverhalt. Anwendung bekannter Begriffe und Methoden auf ein neuartiges Problem.	Beurteilen Sie das experimentelle Ergebnis im Hinblick auf …

5 Bewertung der Abiturarbeiten

Das bisherige Korrektur- und Bewertungsverfahren wird nicht verändert. Jede Abiturarbeit wird zunächst von Ihrer Fachlehrerin bzw. Ihrem Fachlehrer (Erstkorrektor) und anschließend von einer weiteren Fachlehrerin oder einem weiteren Fachlehrer korrigiert und bewertet (Zweitkorrektor). Dieser Zweitkorrektor stammt in der Regel von der gleichen Schule. Für die Korrektur der Arbeiten erhalten die Lehrerinnen und Lehrer Lösungs- und Bewertungshinweise, anhand derer die Beurteilung vorgenommen wird. Die Berechnung des Gesamtergebnisses aus den im Leistungskurs, Grundkurs und Abiturbereich erreichten Punkten wird mit der Einführung des Landesabiturs nicht verändert.

Methodische Hinweise

6 Ablauf der schriftlichen Abiturprüfung

Zu Beginn Ihrer schriftlichen Abiturprüfung, die im GK 255 und im LK 300 Minuten dauert, haben Sie Zeit, um sich von den vier vorgelegten Prüfungsaufgaben für zwei zu entscheiden. Spätestens nach 60 Minuten müssen Sie diese Phase (sinnvollerweise) abgeschlossen haben und die nicht gewählten Aufgabenvorschläge an die aufsichtführende Lehrkraft zurückgeben.

- Üben Sie schon während Ihrer Prüfungsvorbereitung, in etwa 10 Minuten das Wesentliche einer Aufgabe – also Aufbau, thematische Inhalte, empfundener Schwierigkeitsgrad usw. – zu erfassen.
- Wählen Sie nach Ihren persönlichen Stärken (inhaltlich und methodisch) aus, z. B.: Sollte die Aufgabe eher beschreibenden und interpretatorischen Charakter haben oder liegt Ihnen eher ein beschriebener Versuchsaufbau und deren Auswertung?
- Überprüfen Sie alle Teilaufgaben und eventuell ausgegebenes Material genau. Sind eventuell solche Fragestellungen schon einmal im Unterricht behandelt worden?
- Treffen Sie erst nach gründlicher Durchsicht und Überlegungen Ihre Entscheidung!

7 Operatoren

In der nachfolgend angeführten Liste finden Sie eine Zusammenstellung derjenigen charakteristischen Verben, die für die Formulierung der Prüfungsaufgaben in Physik verwendet werden. Diese so genannten Operatoren geben an, was genau in der jeweiligen Teilaufgabe von Ihnen verlangt wird. Ihre Bedeutung ist bundesweit einheitlich festgelegt (siehe zweite Tabellenspalte).

Mit den meisten der aufgeführten Operatoren und den zugehörigen Definitionen werden Sie sicher vertraut sein. Zur Veranschaulichung finden Sie in der dritten Tabellenspalte jeweils eine konkrete Beispielformulierung. Zudem ist in der vierten Spalte angegeben, welchem Anforderungsbereich (AFB) die Aufgabe, die den entsprechenden Operator verwendet, zugeordnet ist (vgl. hierzu die Erläuterungen in Abschnitt 4).

Operator	**Definition**	**Beispiel(e)**	**AFB**
angeben / nennen / beschriften	Sachverhalte, Begriffe oder Daten ohne nähere Erläuterungen und Begründungen, ohne Lösungsweg aufzählen	Nennen Sie mindestens zwei experimentelle Ergebnisse …	I
abschätzen	durch begründete Überlegungen Größenordnungen physikalischer Größen angeben	Schätzen Sie die auftretenden Messfehler ab.	II – III
anwenden / übertragen	einen bekannten Sachverhalt, eine bekannte Methode auf eine neue Problemstellung beziehen	Übertragen Sie die Versuchsergebnisse auf die Anwendungen in …	II – III
auswerten	Daten, Einzelergebnisse oder sonstige Sachverhalte zu einer abschließenden Gesamtaussage zusammenführen	Werten Sie die vorgegebene Messreihe aus.	II – III
berechnen	Ergebnisse durch Rechenoperationen gewinnen	Berechnen Sie den Bahnradius.	I – II
beschreiben	Strukturen, Sachverhalte, Zusammenhänge oder Verfahren in Textform unter Verwendung der Fachsprache in vollständigen Sätzen in eigenen Worten wiedergeben	Beschreiben Sie zwei Möglichkeiten, wie sich eine Induktionsspannung erzeugen lässt. Beschreiben Sie den Ablauf des Experimentes.	I – II
begründen	einen angegebenen Sachverhalt auf Gesetzmäßigkeiten bzw. kausale Zusammenhänge zurückführen, hierbei sind Regeln und mathematische Beziehungen zu nutzen	Begründen Sie die Form der Bahnkurve der Elektronen im Magnetfeld.	II – III

Operator	Definition	Beispiel(e)	AFB
bestimmen/ ermitteln	einen Zusammenhang oder einen möglichen Lösungsweg aufzeigen und das Ergebnis formulieren (die Wahl der Mittel kann unter Umständen eingeschränkt sein)	Bestimmen Sie die Richtung des Magnetfeldes.	II – III
beurteilen/ bewerten	zu einem Sachverhalt ein eigenständiges Urteil unter Verwendung von Fachwissen und Fachmethoden formulieren und begründen	Beurteilen Sie das experimentelle Ergebnis im Hinblick auf …	III
darstellen	Sachverhalte, Zusammenhänge, Methoden, Bezüge oder Modellvorstellungen strukturiert und fachsprachlich einwandfrei wiedergeben	Stellen Sie Ihren Lösungsweg dar.	II – III
erklären	Methode, Verfahren, Vorgehensweise oder Zusammenhang in Textform unter Verwendung der Fachsprache auf fachliche Grundprinzipien zurückführen oder begründen	Erklären Sie das Zustandekommen des Beugungsbildes auf dem Schirm.	II – III
erläutern	einen Sachverhalt auf der Grundlage v. Vorkommnissen so darlegen und veranschaulichen, dass er verständlich wird	Erläutern Sie den Einfluss der Gitterkonstante auf das Spektrum.	II
herleiten	die Entstehung oder Ableitung eines gegebenen oder beschriebenen Sachverhalts oder einer Gleichung aus anderen oder aus allgemeineren Sachverhalten darstellen	Leiten Sie die Formel für die Schwingungsdauer in Abhängigkeit von … her.	II – III
interpretieren/ deuten	Phänomene, Strukturen, Sachverhalte, Ergebnisse auf Erklärungsmöglichkeiten untersuchen, diese gegeneinander abwägen und auf das ursprüngliche Problem beziehen	Interpretieren Sie die Versuchsbeobachtung.	II – III
skizzieren	die wesentlichen Eigenschaften eines Objektes, eines Sachverhaltes oder einer Struktur grafisch darstellen (auch Freihandskizze möglich)	1. Skizzieren Sie den zeitlichen Verlauf der Induktionsspannung. 2. Skizzieren Sie den Versuchsaufbau.	I – II

Operator	Definition	Beispiel(e)	AFB
überprüfen/ bestätigen/ widerlegen	die Gültigkeit einer Aussage, z. B. einer Hypothese oder einer Modellvorstellung verifizieren, falsifizieren	Bestätigen Sie die Vermutung durch eine Rechnung.	II – III
untersuchen	Sachverhalte nach bestimmten, fachlich üblichen bzw. sinnvollen Kriterien darstellen	Untersuchen Sie die Abhängigkeit der Schwingungsdauer von …	II
vergleichen/ gegenüberstellen	nach vorgegebenen oder selbst gewählten Gesichtspunkten Gemeinsamkeiten, Ähnlichkeiten und Unterschiede ermitteln und darstellen	Vergleichen Sie die Bahnkurven geladener Teilchen im elektrischen und magnetischen Feld.	II – III
zeigen/ nachweisen	eine Aussage, einen Sachverhalt nach gültigen Schlussregeln, Berechnungen, Herleitungen oder logischen Begründungen bestätigen	Zeigen Sie, dass die folgende Abhängigkeit gilt: …	II – III
zeichnen/grafisch darstellen	eine hinreichend exakte grafische Darstellung anfertigen	Zeichnen Sie die Momentaufnahme der Welle zum Zeitpunkt t = …	I – II

8 Das Arbeiten mit Formelsammlung und Taschenrechner

Ein Kenner im Umgang mit der Formelsammlung in dem Sinne, dass Ihnen eine Formel gegeben wird und Sie sofort die Seitenzahl nennen, auf der sie steht, müssen Sie nicht werden. Dennoch sollten Sie den sicheren Umgang mit der Formelsammlung bereits während der Vorbereitung auf die Abiturprüfung ausgiebig trainieren, um sie in der Prüfung gezielt und effektiv einsetzen zu können.
Natürlich dürfen keine eigenen Anmerkungen in der Formelsammlung auftauchen. Aber Sie sollten sich überlegen, wie Sie schnell zu einer bestimmten Formel gelangen: Gibt es ein Stichwortverzeichnis? Hilft das Inhaltsverzeichnis? Wenn Sie eine geeignete Formel gefunden haben, können Sie diese unmittelbar in Ihrer Aufgabenlösung verwenden – die Formel muss nicht hergeleitet werden, außer, eine solche Herleitung wird in der Aufgabenstellung ausdrücklich verlangt.

Der für die Abiturarbeit erlaubte Taschenrechner kann eine große Hilfe sein, wenn er gut bedient und eingesetzt wird. Sie sollten „Ihren“ Taschenrechner also spätestens in der Zeit der Vorbereitung kennen lernen. Einige Hinweise und Tipps hierzu:

- Taschenrechner benutzen neben der reinen Dezimaldarstellung von Zahlen im Display die so genannte Fließkommadarstellung, um sehr große oder sehr kleine Zahlen anzeigen zu können. Da in der Physik die Spannweite der Werte, die physikalische Größen annehmen können, sehr groß ist, tritt diese Zahldarstellung sehr häufig auf (z. B. wird die Masse eines Elektrons als „9.1 E–31“ angezeigt; gemeint ist die wissenschaftliche Schreibweise „$9{,}1 \cdot 10^{-31}$“).

- Bei der Auswertung einer vorgegebenen Messwerttabelle kann es günstig sein, wenn Sie in die letzte Eingabezeile des Taschenrechners gelangen können, um einzelne Zahlen zu ändern. Das geht relativ schnell und in der Regel fehlerlos, da die Gefahr von Tippfehlern kleiner ist als bei der Eingabe der gesamten Zeile.
- Im Bereich der Aufgaben B (Schwingungen und Wellen) werden häufig die trigonometrischen Funktionen (z. B. Sinus und Tangens) benutzt. Beachten Sie, dass dann in aller Regel der Modus des Rechners auf „RAD" (Bogenmaß) eingestellt werden muss.
- Lassen Sie sich nicht dazu verleiten, Rechenergebnisse mit übermäßig vielen Nachkommastellen anzugeben, nur weil diese vom Taschenrechner so ausgegeben werden. Die physikalisch sinnvolle Genauigkeit – die so genannte „Anzahl der gültigen Ziffern" – eines Ergebnisses hängt allein von der Genauigkeit der Eingangsgrößen ab, und zwar von derjenigen mit der geringsten Genauigkeit. Sind etwa von zwei Größen, die in die Rechnung eingehen, die eine auf zwei Nachkommastellen, die andere auf eine Nachkommastelle genau bekannt, dann darf auch das Ergebnis nur auf eine Nachkommastelle genau angegeben werden.

9 Das Lösen einer physikalischen Aufgabe

Das Lösen einer physikalischen Aufgabe lässt sich in der Regel in drei Phasen unterteilen.

1. Lesen Sie zuerst die gesamte Aufgabe konzentriert durch:
   - Haben Sie Text und Aufgabenstellung verstanden?
   - Ist Ihnen der Zusammenhang zwischen dem Text und dem eventuell gegebenem Material (Skizzen, Abbildungen, Fotos, Tabellen, etc.) klar geworden?
   - Was ist gegeben? Was ist gesucht?

2. Finden und Durchführen einer Lösungsstrategie

   Im Folgenden finden Sie Tipps für die Lösungsstrategie und deren Umsetzung zu vier häufig geforderten Typen von Aufgabenstellungen.

   Typ: Auswertung
   - Übernehmen Sie vorgegebene Tabellen in Ihre Aufzeichnungen.
   - Erläutern Sie an einem Beispiel oder allgemein Ihr Vorgehen und geben Sie für die restlichen Werte nur noch das Ergebnis an.
   - Lässt sich eine eventuell vorgegebene Tabelle sinnvoll durch Spalten oder Zeilen erweitern, sodass Ihre Rechenergebnisse dort übersichtlich Platz finden?
   - Wenn von Fehlerabschätzung die Rede ist, so ist immer der relative Fehler von Bedeutung. Zum Beispiel: Sie haben einen Wert aus einem Diagramm von 1,9 eV ermittelt. Der Literaturwert (Formelsammlung) beträgt 1,95 eV. Die relative Abweichung berechnet sich dann zu

     $$\frac{1{,}95-1{,}9}{1{,}95} \approx 0{,}026 = 2{,}6\ \%.$$

     Die absolute Abweichung anzugeben (hier: 0,05 eV), ist i. d. R. wenig sinnvoll.

Typ: Herleitung
Immer wieder tauchen in den Abituraufgaben Formulierungen auf wie „Leiten Sie folgende Gleichung für … her …“.
Keine Angst! In aller Regel müssen Sie nichts Ihnen bis dahin völlig Unbekanntes herausfinden und herleiten. Viele der geforderten Herleitungen umkreisen physikalische Themen, die Sie im Unterricht gut behandelt haben.
Daher es ist es zur Vorbereitung hilfreich, wenn Sie in Ihren Aufzeichnungen aus den zurückliegenden drei Halbjahren nachschlagen und Sie eventuell auch Ihre Fachlehrerin bzw. Ihren Fachlehrer befragen:

- Welche Herleitungen waren wichtig für den Gang im Unterrichtsgeschehen?
- Welche Herleitungen sind ausführlich besprochen worden?
- Welche Herleitungen sind in den Klausuren abgefragt worden?

Eine Reihe von Formeln sollte in jedem Fall zu Ihrem „Repertoire“ gehören.
Versuchen Sie diese, Ihnen wichtig erscheinenden Gleichungen herzuleiten.

Wichtige Beispiele sind

- die Formeln für die Interferenz von Licht am Gitter (GK, LK),
- Formeln zur Bestimmung der spezifischen Ladung $\frac{e}{m}$ oder der Elektronenmasse m (GK, LK),
- Differenzialgleichungen für die harmonische Schwingung (LK).

Häufig führt der Ansatz einer Herleitung über den Vergleich von Kräften, z. B.

- $F_{elektrisch} = F_G$ beim Schwebefall des Millikan-Versuchs,
- $F_{Lorentz} = F_{zentral}$ bei der Kreisbahn von Elektronen im homogenen Magnetfeld,

oder über den Vergleich der beteiligten Energieformen, z. B.

- $E_{elektrisch} = E_{kinetisch}$ bei der Beschleunigung von Elektronen im elektrischen Feld einer Elektronenkanone.

Denken Sie auch daran, dass i. d. R. gilt: Eine Skizze „sagt mehr als 1 000 Worte“.

Typ: Einsetzaufgabe
Suchen Sie die passenden Formeln. Stellen Sie die Formeln wenn nötig um. Geben Sie auf jeden Fall zuerst die allgemeine Formel an und setzen Sie danach die einzelnen Werte ein; im Taschenrechner gespeicherte Naturkonstanten können aber als Platzhalter stehen bleiben. Die Angabe eines Endergebnisses allein genügt nicht.
Beachten Sie, dass eine physikalische Rechenaufgabe immer Zahlenwerte mit den entsprechenden Einheiten benutzt. Kontrollieren Sie die Korrektheit von umfangreicheren Umformungen anhand der Einheiten; eine „unsinnige“ Einheit beim Ergebnis (etwa $\frac{m}{s^2}$ für eine Geschwindigkeit) zeigt Ihnen sofort, dass ein Fehler in Ihrer Rechnung vorliegt.

Typ: Begründung und Interpretieren
Versuchen Sie, ausgehend von dem in der Aufgabenstellung dargestellten Sachverhalt, auf allgemeine Zusammenhänge oder gar Gesetzmäßigkeiten zu schließen. Beziehen Sie in Ihre Argumentationskette möglichst physikalische Zusammenhänge (z. B. Formeln) oder mathematische Regeln mit ein. Verwenden Sie eine fachgerechte Sprache.

Manchmal lassen sich die betrachteten Strukturen eher qualitativ und manchmal auch quantitativ beschreiben, z. B.: „Beim Vergrößern des Plattenabstands sinkt die elektrische Feldstärke im Kondensator“ (qualitativ) oder „Vergrößert man den Plattenabstand um das Dreifache, so sinkt die Feldstärke im Kondensator auf ein Drittel“ (quantitativ). Achten Sie hierbei genau darauf, was in der konkreten Fragestellung verlangt ist.

3. Kontrolle und Rückschau

   Überprüfen Sie, ob Ihre Lösung mit der Forderung in der Aufgabenstellung übereinstimmen kann. Sollte Ihnen auffallen, dass Ihr Ergebnis mit Sicherheit falsch ist, Sie aber den Fehler nicht finden, so kommentieren Sie das. Ein Beispiel:
   Es war die Geschwindigkeit von Elektronen zu bestimmen. Ihr Ergebnis ist $4{,}7 \cdot 10^8\,\frac{\text{m}}{\text{s}}$. Sie finden keinen Fehler in der Rechnung, erkennen aber, dass der Wert größer als die Lichtgeschwindigkeit ist.
   Notieren Sie dies auf Ihrem Lösungsblatt, es zeigt Ihr physikalisches Verständnis!

Zum Umgang mit diesem Buch

Das Buch enthält die offiziellen, vom hessischen Kultusministerium gestellten **schriftlichen Abituraufgaben** für den Leistungskurs von 2021 bis 2023. Zusätzlich finden Sie im Downloadbereich auf MySTARK einen kompletten Aufgabensatz der Abituraufgaben im Leistungskurs des Jahrgangs 2024 sowie weitere Abituraufgaben im Grund- und Leistungskurs der letzten Jahre.

Unmittelbar auf die Aufgabenstellung folgen separate **Tipps und Hinweise** zu jeder Teilaufgabe sowie im Anschluss daran komplett ausgearbeitete **Musterlösungen** mit Kommentar zum Lösungsweg und konkreten Hinweisen zur Lösungsstrategie (die Hinweise sind durch das Symbol am linken Textrand gekennzeichnet).

Für die eigene Übung ist es wichtig, zunächst zu versuchen, allein mit der Aufgabenstellung zu Recht zu kommen. Nutzen Sie daher immer **zuerst** die Tipps, wenn Sie bei der Lösung einer Teilaufgabe ins Stocken geraten – sie erhalten dann einen Denkanstoß, der Ihnen weiterhilft. Gehen Sie dabei schrittweise vor, d. h., lesen Sie den zweiten Tipp, wenn Sie mit dem ersten allein nicht weiterkommen usw.

Die Musterlösung dient zum einen zur **Kontrolle**, ob Sie die Aufgabe richtig und vollständig gelöst haben, zum anderen gibt Sie Ihnen eine **ausführliche Hilfestellung**, wenn Sie trotz der Tipps Schwierigkeiten bei der Bearbeitung haben.

Landesabitur Physik 2021 (Hessen) – Leistungskurs
Aufgabe A1: Elektrische und magnetische Felder in Mikrofonen

Mikrofone wandeln Schallwellen in elektrische Signale um. Zwei verbreitete Bauformen sind das Kondensatormikrofon, das in Aufgabe 1 betrachtet wird, und das Tauchspulenmikrofon, das in Aufgabe 2 betrachtet wird.

1 Ein Kondensatormikrofon besteht aus einer Membran, die durch Schallwellen ausgelenkt wird, und einer Gegenelektrode. Diese Bauteile bilden zusammen einen luftgefüllten Plattenkondensator (Dielektrizitätszahl $\varepsilon_{r,\,Luft} = 1$) mit kreisförmigen Platten (Radius $r = 1{,}50$ cm), dessen elektrisches Feld als homogen angenommen werden soll (Material 1). Der Plattenabstand beträgt in der Ruhelage (ohne auftreffende Schallwellen) $d_0 = 40{,}0\ \mu$m.
Treffen Schallwellen auf die Membran, so ändert sich die am Kondensator anliegende Spannung U_C. Daraus erzeugt eine elektrische Schaltung ein Signal, das weiterverarbeitet werden kann.

1.1 Der Kondensator wird in der Ruhelage aufgeladen, sodass die Spannung $U_0 = 48{,}0$ V anliegt. Berechnen Sie die Kapazität C_0 und die Ladung Q_0 des Kondensators sowie die in seinem Feld gespeicherte Energie $E_{el,\,0}$.
[zur Kontrolle: $C_0 = 156{,}5$ pF; $Q_0 = 7{,}51$ nC] (6 BE)

1.2 Für eine verzerrungsfreie Umwandlung von Schallwellen in elektrische Signale muss die Spannung U_C am Kondensator unter der Annahme konstanter Kondensatorladung proportional zum Plattenabstand d sein.
Zeigen Sie allgemein, dass dieser Zusammenhang für Plattenkondensatoren gilt.
Erläutern Sie mithilfe von Material 1 eine Ursache, die bei einem Kondensatormikrofon zu einer Verzerrung des Signals führen kann. (5 BE)

1.3 Ausgehend von der Ruhelage wird die Spannung U_C am Kondensator nacheinander bei vier verschiedenen Plattenabständen d gemessen. Die Ergebnisse finden Sie in Material 2.
Untersuchen Sie, ob der Kondensator die Ladung von der Ruhelage bis zur ersten Messung und dann während der Messungen verlustfrei speichert. Die berechneten Werte für die Ladungen können in die letzte Tabellenzeile eingetragen werden. (5 BE)

1.4 Tatsächlich kann vom Kondensator auch über die elektrische Schaltung Ladung abfließen. Dies soll anhand der Entladung eines Kondensators über einen Widerstand modelliert werden (Material 3). Zum Zeitpunkt $t = 0$ s wird der vollständig aufgeladene Kondensator von der Spannung $U_0 = 48$ V getrennt.

1.4.1 Leiten Sie die Differenzialgleichung

$$\frac{1}{R \cdot C} \cdot Q(t) + \dot{Q}(t) = 0$$

her, die die zeitliche Änderung der Ladung Q(t) im Kondensator beschreibt. Erläutern Sie die Herleitungsschritte.
Zeigen Sie, dass der Ansatz $Q(t) = C \cdot U_0 \cdot e^{-\frac{1}{\tau} \cdot t}$ die Differenzialgleichung löst, und bestimmen Sie dabei einen Ausdruck für die Zeitkonstante τ. (8 BE)

1.4.2 Untersuchen Sie, wie groß der Widerstand R bei einer Kapazität von $C_0 = 156{,}5$ pF mindestens sein muss, damit sich eine Ladung Q_0 des Kondensators in der Ruhelage in der Zeitspanne einer Periodendauer eines Tones mit der Frequenz $f = 400$ Hz durch Entladung um höchstens 3 % verringert. (5 BE)

2 Auch in Tauchspulenmikrofonen wird eine Membran durch Schallwellen in Bewegung versetzt. An der Membran ist eine Spule befestigt, die in das Feld eines Permanentmagneten eintaucht (Material 4). Der kreisförmige Querschnitt der hier verwendeten Tauchspule hat einen Radius von $r = 1{,}5$ cm. Die Spule ist $\ell = 2$ cm lang und hat $n = 100$ Windungen.

2.1 Erklären Sie, wie ein Tauchspulenmikrofon Schallwellen in elektrische Signale umwandelt. (2 BE)

In den folgenden beiden Aufgaben soll angenommen werden, dass die magnetischen Feldlinien senkrecht durch die Querschnittsfläche der Tauchspule treten und dass das magnetische Feld in der Spule homogen ist.

2.2 Berechnen Sie die in der Tauchspule entstehende Spannung, wenn sich die magnetische Flussdichte[1] in der Spule innerhalb von 2 ms gleichmäßig um 500 µT ändert. (3 BE)

2.3 Die Membran des hier verwendeten Tauchspulenmikrofons wird durch eine Schallwelle so in eine harmonische Schwingung versetzt, dass der zeitliche Verlauf der magnetischen Flussdichte in der Spule durch die Funktion

$$B(t) = B_0 \cdot \left(1 + 0{,}001 \cdot \sin\left(2\,765 \, \frac{1}{s} \cdot t\right)\right)$$

gegeben ist.

Leiten Sie aus dem Induktionsgesetz eine Gleichung her, die den zeitlichen Verlauf der Induktionsspannung für den gegebenen Aufbau beschreibt.
Berechnen Sie die magnetische Flussdichte B_0, die notwendig ist, um eine maximale Induktionsspannung von $U_{ind,\,max} = 20$ mV zu erzeugen. (8 BE)

1 Die magnetische Flussdichte wird in manchen Lehrbüchern auch als magnetische Feldstärke bezeichnet.

2.4 Erläutern Sie, warum man Kondensatormikrofone als Elongationsempfänger, Tauchspulenmikrofone hingegen als Geschwindigkeitsempfänger bezeichnet. (2 BE)

2.5 In Material 5 sind die Eigenschaften der beiden Mikrofontypen in der Praxis zusammengestellt. Tauchspulenmikrofone werden z. B. bei Konzerten eingesetzt, während Kondensatormikrofone oft in Tonstudios verwendet werden. Nennen Sie mithilfe von Material 5 hierfür jeweils zwei Gründe. Begründen Sie, warum ein Tauchspulenmikrofon bauartbedingt weniger empfindlich auf Nebengeräusche reagiert als ein Kondensatormikrofon. (6 BE)

Material 1: Schematischer Aufbau eines Kondensatormikrofons

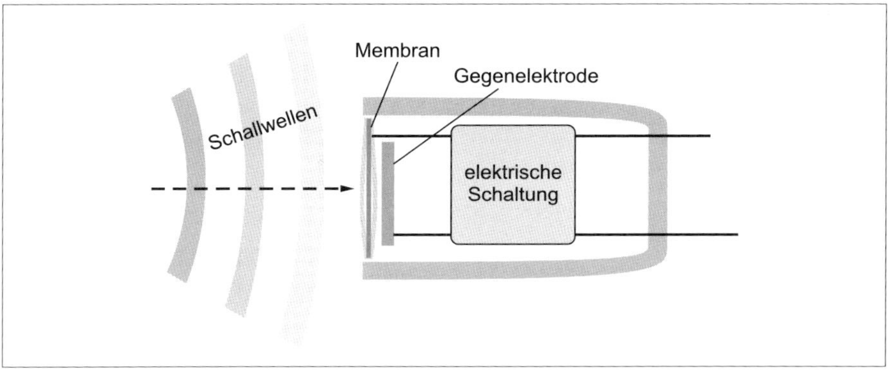

Quelle: https://commons.wikimedia.org/wiki/File:Kondensatormikrofon.svg

Material 2: Kondensatorspannung U_C bei verschiedenen Abständen d

Messung Nr.	Ruhelage	1	2	3	4
d in µm	40,0	40,6	41,2	41,8	42,4
U_C in V	48,00	48,68	49,41	50,05	50,95
Q in nC	7,51				

Material 3: Entladung eines Kondensators über einen Widerstand

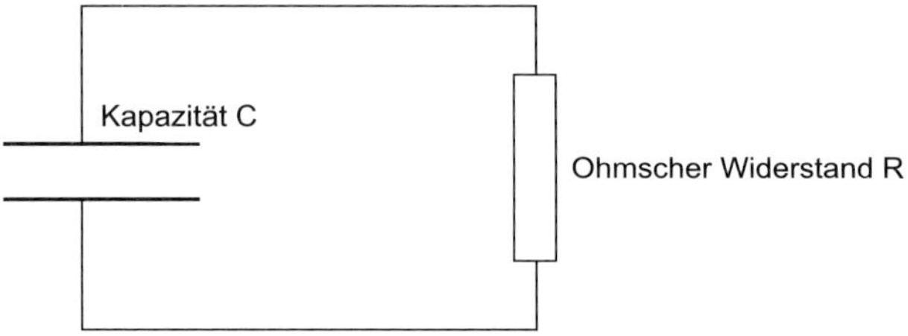

Material 4: Schematischer Aufbau eines Tauchspulenmikrofons

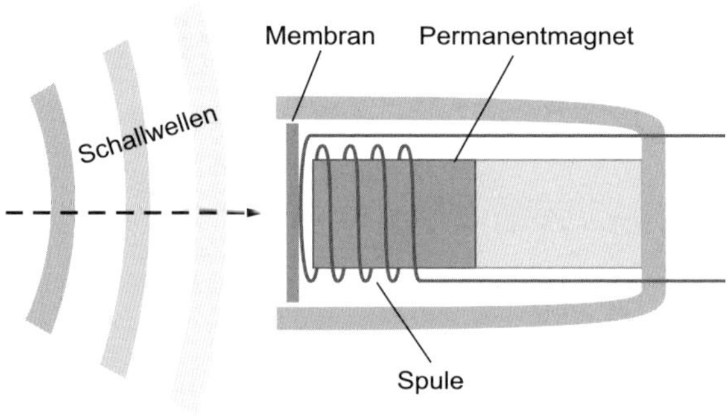

Quelle: https://commons.wikimedia.org/wiki/File:Tauchspulenmikrofon.svg

Material 5: Eigenschaften von Tauchspulen- und Kondensatormikrofonen in der Praxis

Vor allem aus dem Live Bereich ist das dynamische Mikrofon [Anm.: bei einem dynamischen Mikrofon handelt es sich um ein Tauchspulenmikrofon] als Handmikrofon nicht mehr wegzudenken. [...] Einer der Hauptgründe ist die Robustheit. Ein dynamisches Mikrofon hält einiges aus. Selbst den einen oder anderen Sturz überstehen dynamische Mikrofone ohne großen Schaden. Außerdem sind sie weitaus resistenter gegen schlechtes Wetter als ein Kondensatormikrofon. [...]
Ohne zu übersteuern gelingt die Aufnahme von hohem Schalldruck [mit einem dynamischen Mikrofon] problemlos. Manch anderer Mikrofontyp stößt hier an die Grenzen. Während ein Kondensatormikrofon empfindlich auf das Umfeld reagiert und verschiedene Störgeräusche aufschnappt, [...] landen [bei einem dynamischen Mikrofon] weniger Nebengeräusche in der Aufnahmespur [...]. Darüber hinaus ist keine Versorgungsspannung [...] nötig. [...]

Ein Vorteil der Kondensatormikrofone liegt eindeutig in der Klangqualität. Verantwortlich ist die geringe Masse der Membrane. Im Gegensatz zu den robusten dynamischen Mikrofonen, reagiert die federleichte Membran empfindlicher und bildet die Schallwellen präzise ab. […]
Kommen wir zu den Nachteilen. Einerseits leidet aufgrund der Bauart die Robustheit und das Mikrofon ist empfindlich gegenüber hohen Temperaturen oder Luftfeuchtigkeit. […]
Aufgrund der hohen Empfindlichkeit nimmt es mehr Störgeräusche als andere Mikrofonarten auf. […]

Quellen:
https://www.mikrofonwelt.de/dynamisches-mikrofon/ (abgerufen am 26. 9. 2020).
https://www.mikrofonwelt.de/kondensatormikrofon/ (abgerufen am 26. 9. 2020).

Tipps und Hinweise zur Lösung von Aufgabe A1

Tipp zu Teilaufgabe 1.1

Zur Berechnung der gesuchten Größen Kapazität, Ladung und gespeicherte Energie verwenden Sie die entsprechenden Formeln für einen Plattenkondensator. Bedenken Sie, dass die Dielektrizitätszahl für Luft hier als eins angenommen wird, und ersetzen Sie die Kondensatorfläche durch die Formel für den Flächeninhalt eines Kreises.

Tipps zu Teilaufgabe 1.2

Die Kapazität ist definiert als Ladung pro angelegte Spannung. Stellen Sie diese Formel nach der Spannung um und ersetzen Sie die Kapazität. Argumentieren Sie mit den als konstant angenommenen Größen aus der Aufgabenstellung.

In Material 1 sehen sie unter anderem die ausgelenkte Membran. Bei Erhöhung des Schalldrucks kann sich die Membran nicht beliebig stark wölben. Die Wölbung verändert den Abstand zur Gegenelektrode. Wie verhält sich der Abstand an verschiedenen Stellen auf der Membran?

Tipp zu Teilaufgabe 1.3

Eine verlustfreie Speicherung bedeutet, dass die Ladung auf dem Plattenkondensator bei unterschiedlichen Plattenabständen konstant bleibt. Um dies zu überprüfen, berechnen Sie zu den angegebenen Daten für jede Messung die Ladungsmenge Q und vergleichen die berechneten Werte miteinander.

Tipps zu Teilaufgabe 1.4.1

Schauen Sie sich den Entladestromkreis (Material 3) an. In diesem Kreis gilt die Kirchhoff'sche Maschenregel, d. h., die Summe der Spannungen muss null sein. Verwenden Sie dies als Ansatz und ersetzen Sie die Spannungen am Kondensator und am Widerstand durch die entsprechenden Terme. Ersetzen Sie daraufhin den Strom durch die zeitliche Änderung der Ladung.

Um zu zeigen, dass der beschriebene Ansatz die Differenzialgleichung (DGL) erfüllt, setzt man diesen Ansatz (und die erste Ableitung) in die DGL ein und löst nach der gesuchten Zeitkonstanten auf.

Tipp zu Teilaufgabe 1.4.2

Eine Verringerung der Ladung um 3 % wird durch den Quotienten $Q(t)/Q_0$ beschrieben, der für $t = T$ größer oder gleich 0,97 sein muss. Ersetzen Sie dann die Ladung Q(t) und lösen Sie den Ausdruck nach R auf.

Tipps zu Teilaufgabe 2.1

Entscheidend ist das Induktionsgesetz.

Die Erklärung kann entweder über eine Relativbewegung der Spule zum Magnetfeld erfolgen oder mithilfe der Lorentzkraft. In jedem Fall wird in der Tauchspule eine elektrische Spannung induziert.

Tipp zu Teilaufgabe 2.2

Gehen Sie von der allgemeinen Formel für das Induktionsgesetz aus und bedenken Sie, dass sich im vorliegenden Fall das Magnetfeld ändert, die Fläche aber konstant bleibt. Setzen Sie die vorkommenden Größen ein und berechnen Sie die Induktionsspannung.

Tipps zu Teilaufgabe 2.3

Ersetzen Sie in der allgemeinen Formel für das Induktionsgesetz die sich ändernde magnetische Flussdichte durch die Ableitung der gegebenen Funktion B(t) und vereinfachen Sie den entstehenden Ausdruck.

Überlegen Sie zunächst, welchen Wert die Kosinusfunktion annehmen muss.
Zur Berechnung von B_0 lösen Sie den Ausdruck nach der magnetischen Flussdichte auf und setzen Sie die gegebenen Werte ein.

Tipp zu Teilaufgabe 2.4

Mikrofone registrieren ein auftreffendes Schallsignal. Zu welchen Größen ist die Intensität des auf die Membran auftreffenden Signals bei den beiden Mikrofonen jeweils proportional?

Tipps zu Teilaufgabe 2.5

Überlegen Sie, in welchen relevanten Punkten sich die Situationen in einem Konzert und in einem Tonstudio unterscheiden (z. B. mechanische Belastungen, Umgebungsverhältnisse, Nebengeräusche, elektrische Beschaltung).

Bezüglich der Empfindlichkeit gilt, dass bei Tauchspulenmikrofonen zusätzlich zur Membran durch die Schallwellen auch noch die Spule beschleunigt werden muss.

Lösungen zu Aufgabe A1

1 **Kondensator: Kapazität, Ladung und gespeicherte Energie**

Die Kapazität eines Plattenkondensators berechnet sich nach der Formel

$$C_0 = \varepsilon_0 \cdot \varepsilon_r \cdot \frac{A}{d}.$$

Die Dielektrizitätszahl für Luft ist nahezu eins (siehe Aufgabenstellung), die Kondensatorplatten sind kreisförmig, daher gilt:

$$C_0 = \varepsilon_0 \cdot \frac{\pi \cdot r^2}{d_0} = 8{,}85 \cdot 10^{-12}\,\frac{\text{As}}{\text{Vm}} \cdot \frac{\pi \cdot (1{,}50 \cdot 10^{-2}\,\text{m})^2}{40 \cdot 10^{-6}\,\text{m}}$$

$$= \underline{\underline{1{,}56 \cdot 10^{-10}\,\text{F} = 156\,\text{pF}}}$$

Die Ladungsmenge Q_0 des Kondensators berechnet sich aus dem Produkt der Kapazität und der angelegten Spannung:

$$Q_0 = C_0 \cdot U_0 = 1{,}56 \cdot 10^{-10}\,\text{F} \cdot 48{,}0\,\text{V} = \underline{\underline{7{,}49 \cdot 10^{-9}\,\text{C} = 7{,}49\,\text{nC}}}$$

Die im Feld des Plattenkondensators gespeicherte Energie berechnet man mithilfe der Kapazität und der angelegten Spannung:

$$E_{el,0} = \frac{1}{2} C_0 \cdot U_0^2 = \frac{1}{2} \cdot 1{,}56 \cdot 10^{-10}\,\text{F} \cdot (48{,}0\,\text{V})^2 = \underline{\underline{1{,}80 \cdot 10^{-7}\,\text{J}}}$$

Wenn Sie die Ladung mit dem nicht gerundeten Wert $C_0 = 156{,}39\ldots$ pF berechnen, erhalten Sie $Q_0 = 751$ nC.

1.2 **Proportionalität $U_C \sim d$**

Zu zeigen ist, dass die Spannung am Kondensator proportional zum Plattenabstand ist. Die Spannung berechnet sich nach der Formel:

$$U_C = \frac{Q}{C} = \frac{Q}{\varepsilon_0 \cdot \varepsilon_r \cdot \frac{A}{d}} = \frac{Q}{\varepsilon_0 \cdot \varepsilon_r \cdot A} \cdot d \qquad (*)$$

Unter der in der Aufgabenstellung genannten Voraussetzung, dass sowohl die Ladungsmenge Q als auch die Kondensatorfläche A konstant sind, folgt aus (∗):

$$\underline{\underline{U_C \sim d}}$$

Mögliche Ursache für Signalverzerrung

- Bei großem Schalldruck kann es zu Verzerrungen kommen, da die Rückstellkraft der Membran in den Grenzbereichen nichtlinear ist. Die Membran wird also nicht linear zum Schalldruck ausgelenkt.
- Die Membran ist an den Rändern eingespannt. Somit lässt diese sich nicht parallel auslenken. Der Abstand zwischen Membran und Gegenelektrode ist bei Auslenkung nicht überall gleich groß.

Zum Erreichen der vollen Punktzahl genügt, dass Sie <u>eine</u> Ursache erläutern.

1.3 Überprüfung der Ladungskonstanz

Laut Teilaufgabe 1.2 ist die Spannung proportional zum Plattenabstand, wenn die Ladung als konstant angenommen wird. Nun kann man die Argumentation umdrehen: Wenn die Ladung konstant ist, dann muss die Proportionalität erfüllt sein, d. h., der Quotient aus Spannung und Plattenabstand ist konstant (vgl. Formel (*), $\varepsilon_r = 1$):

$$Q = \varepsilon_0 \cdot \varepsilon_r \cdot A \cdot \frac{U}{d} = \varepsilon_0 \cdot \pi \cdot r^2 \cdot \frac{U_C}{d}$$

Somit ergeben sich für die Ladungen des Kondensators die folgenden Werte:

Messung Nr.	Ruhelage	1	2	3	4
d in µm	40,0	40,6	41,2	41,8	42,4
U_C in V	48,00	48,68	49,41	50,05	50,95
Q in nC	7,51	7,50	7,50	7,49	7,52

Die Werte sind nahezu identisch und bleiben im Rahmen der Messgenauigkeit konstant. Somit speichert der Kondensator im Rahmen der Messgenauigkeit die Ladungen während der Messungen verlustfrei.

1.4.1 Herleitung der Differenzialgleichung (DGL)

Nach der Maschenregel (zweites Kirchhoff'sches Gesetz) ist die Summe der angelegten Spannungen gleich der Summe der Spannungsabfälle an den einzelnen Widerständen. Da hier der Kondensator von der Spannungsquelle getrennt wird, liegt keine Spannung an, sodass zu jedem Zeitpunkt t des Entladevorgangs gilt:

$$U_R(t) + U_C(t) = 0$$

Ersetzt man $U_R(t)$ durch das Ohm'sche Gesetz, $U_R(t) = R \cdot I(t)$, und $U_C(t)$ durch den Quotienten aus Ladungsmenge und Kapazität, $U_C(t) = Q(t)/C$, erhält man

$$R \cdot I(t) + \frac{Q(t)}{C} = 0.$$

Der Strom ist definiert als Änderung der Ladungsmenge pro Zeiteinheit, daher gilt $I(t) = \dot{Q}(t)$ und damit:

$$R \cdot \dot{Q}(t) + \frac{Q(t)}{C} = 0$$

Dividiert man diese Gleichung durch R und vertauscht die beiden Terme, so erhält man die gesuchte Differenzialgleichung (DGL):

$$\underline{\underline{\frac{1}{R \cdot C} \cdot Q(t) + \dot{Q}(t) = 0}}$$

Nachweis der Lösungsfunktion

Um zu zeigen, dass der gegebene Ansatz die DGL löst, setzt man ihn darin ein. Dazu bildet man vorher die Ableitung der Ladungsfunktion:

$$\dot{Q}(t) = \frac{d}{dt}(Q(t)) = \frac{d}{dt}\left(C \cdot U_0 \cdot e^{-\frac{1}{\tau} \cdot t}\right) = -\frac{1}{\tau} \cdot C \cdot U_0 \cdot e^{-\frac{1}{\tau} \cdot t} = -\frac{1}{\tau} \cdot Q(t)$$

Eingesetzt in die DGL folgt:

$$\frac{1}{R \cdot C} \cdot Q(t) - \frac{1}{\tau} \cdot Q(t) = 0 \quad \Leftrightarrow \quad \left(\frac{1}{R \cdot C} - \frac{1}{\tau}\right) \cdot Q(t) = 0$$

Da diese Gleichung für alle Zeiten t gelten muss, kann sie nur erfüllt werden, wenn die Klammer null wird:

$$\frac{1}{R \cdot C} - \frac{1}{\tau} \quad \Rightarrow \quad \frac{1}{R \cdot C} = \frac{1}{\tau} \quad \Rightarrow \quad \tau = \underline{\underline{R \cdot C}}$$

Ergebnis: Beträgt die **Zeitkonstante $\boldsymbol{\tau = R \cdot C}$**, ist der angegebene Ansatz eine Lösung der Differenzialgleichung.

1.4.2 **Mindestwiderstand zur Eindämmung der Entladung**

Zunächst bestimmt man aus der gegebenen Frequenz die Periodendauer des Tones:

$$T = \frac{1}{f} = \frac{1}{400\ \text{Hz}} = 0{,}00250\ \text{s}$$

Zum Zeitpunkt t = T muss der Quotient aus aktueller Ladungsmenge und (maximaler) Ladungsmenge nach dem Aufladen größer oder gleich 0,97 sein:

$$\frac{Q(T)}{Q_0} \geq 0{,}97 \quad \Rightarrow \quad \frac{Q_0 \cdot e^{\frac{1}{R \cdot C} \cdot T}}{Q_0} \geq 0{,}97$$

$$e^{-\frac{1}{R \cdot C} \cdot T} \geq 0{,}97$$

$$-\frac{1}{R \cdot C} \cdot T \geq \ln(0{,}97)$$

$$\frac{R \cdot C}{T} \geq -\frac{1}{\ln(0{,}97)} \quad \Rightarrow \quad R \geq -\frac{T}{C \cdot \ln(0{,}97)}$$

Somit ergibt sich durch Einsetzen der Größen für R die folgende Bedingung:

$$R \geq -\frac{0{,}00250\ \text{s}}{1{,}565 \cdot 10^{-10}\ \text{F} \cdot \ln(0{,}97)} = \underline{\underline{524\ \text{M}\Omega}}$$

Der Widerstand muss mindestens eine Größe von 524 MΩ besitzen.

Beachten Sie, dass bei der Umformung von der vorletzten auf die letzte Zeile das Relationszeichen zweimal wechselt: von ≥ auf ≤ (Multiplikation mit –1) und von ≤ auf ≥ (Bildung der Kehrwerte). Eine Rechnung mit Gleichheitszeichen und folgerichtiger Interpretation des Ergebnisses ist ebenso korrekt.

2.1 **Funktionsweise des Tauchspulenmikrofons**

Ein Tauchspulenmikrofon funktioniert wie ein Lautsprecher – nur umgekehrt: Beim Tauchspulenmikrofon ist die Membran des Mikrofons fest mit einer als elektrischer Leiter dienenden Spule verbunden. Diese Spule wiederum taucht in das Magnetfeld eines Permanentmagneten ein. Trifft nun Schall auf die Membran, so bewegt sich diese und ebenfalls die mit ihr verbundene Spule im Magnetfeld. Die Folge ist, dass sich durch die Bewegung der Spule im Magnetfeld der magnetische Fluss durch die Spule ändert und eine Spannung im Rhythmus der Bewegungsänderung induziert wird. Diese Spannung kann am Mikrofonausgang abgegriffen werden.

2.2 **Induktionsspannung**

Gesucht ist die Induktionsspannung bei einer konstanten Größe des kreisförmigen Spulenquerschnitts und sich ändernder magnetischer Flussdichte:

$$U_{ind} = -n \cdot \dot{\Phi}(t) = -n \cdot A \cdot \dot{B}(t) = -n \cdot \pi \cdot r^2 \cdot \frac{\Delta B}{\Delta t}$$

Setzt man die angegebenen Werte ein, erhält man:

$$U_{ind} = -100\pi \cdot (0{,}015\ \text{m})^2 \cdot \frac{500 \cdot 10^{-6}\ \text{T}}{2 \cdot 10^{-3}\ \text{s}} = \underline{\underline{-1{,}8 \cdot 10^{-2}\ \text{V} = -18\ \text{mV}}}$$

2.3 **Zeitlicher Verlauf der Induktionsspannung**

Um eine Funktion für den zeitlichen Verlauf der Induktionsspannung aufzustellen, setzt man die Funktion für den zeitlichen Verlauf der magnetischen Flussdichte in die Formel für die Induktionsspannung (Induktionsgesetz) ein:

$$\begin{aligned} U_{ind} &= -n \cdot \dot{\Phi}(t) = -n \cdot A \cdot \dot{B}(t) = -n \cdot A \cdot \frac{d}{dt}(B(t)) \\ &= -n \cdot \pi \cdot r^2 \cdot \frac{d}{dt}\left(B_0 \cdot \left(1 + 0{,}001 \cdot \sin\left(2765\,\frac{1}{s} \cdot t \right)\right)\right) \end{aligned}$$

Mit der Ableitung von B(t)

$$\dot{B}(t) = B_0 \cdot 0{,}001 \cdot 2765\,\frac{1}{s} \cdot \cos\left(2765\,\frac{1}{s} \cdot t \right) = B_0 \cdot 2{,}765\,\frac{1}{s} \cdot \cos\left(2765\,\frac{1}{s} \cdot t \right)$$

ergibt sich:

$$\underline{\underline{U_{ind} = -n \cdot \pi \cdot r^2 \cdot B_0 \cdot 2{,}765\,\frac{1}{s} \cdot \cos\left(2765\,\frac{1}{s} \cdot t \right)}}$$

Magnetische Flussdichte B_0

Die maximale Induktionsspannung wird erreicht, wenn der Wert der Kosinusfunktion gleich eins ist:

$$U_{ind,\,max} = \left| -n \cdot \pi \cdot r^2 \cdot B_0 \cdot 2{,}765\,\frac{1}{s} \right|$$

Löst man diese Gleichung nach B_0 auf und setzt die gegebenen Werte ein, so erhält man für den notwendigen Betrag der magnetischen Flussdichte:

$$B_0 = \frac{U_{ind,\,max}}{n \cdot \pi \cdot r^2 \cdot 2{,}765\,\frac{1}{s}} = \frac{0{,}020\text{ V}}{100\pi \cdot (0{,}015\text{ m})^2 \cdot 2{,}765\,\frac{1}{s}} = \underline{\underline{0{,}10\text{ T}}}$$

2.4 **Bezeichnung der Mikrofontypen**

- Ein **Kondensatormikrofon** bezeichnet man als Elongationsempfänger, da bei diesem Mikrofon die erzeugte **elektrische Spannung proportional zur Auslenkung (Elongation)** des Systems ist. Die Schallsignale werden aufgrund einer Veränderung der Membranauslenkung erfasst.
- Bei **Tauchspulenmikrofonen** ist die erzeugte **elektrische Spannung proportional zur Momentangeschwindigkeit** der Mikrofonmembran.

Zum zweiten Punkt: Je schneller sich die Membran bewegt, desto größer ist die zeitliche Änderung des magnetischen Flusses, desto größer ist die induzierte Spannung.

2.5 **Vergleich der Eigenschaften der Mikrofontypen**

Zum Erreichen der vollen Punktzahl genügt es, wenn Sie jeweils zwei Gründe nennen.

Tauchspulenmikrofone

- eignen sich gut für die Abnahme von Schlagzeug oder anderen Instrumenten mit hohem Schalldruck, da sie nicht übersteuern.
- sind sehr widerstandsfähig gegenüber hohen Temperaturen, Luftfeuchtigkeit oder gegenüber mechanischen Belastungen (Stürzen).
- reagieren träger und unempfindlicher gegenüber Kondensatormikrofonen.
- übersteuern bei hohem Schalldruck nicht.
- benötigen keine zusätzliche Spannungsversorgung.
- registrieren weniger Nebengeräusche.

Kondensatormikrofone

- sind empfindlicher als Tauchspulenmikrofone und ermöglichen daher eine bessere Aufnahmequalität, vorausgesetzt, dass Nebengeräusche minimiert werden können; dies ist in einem Tonstudio der Fall.
- besitzen gegenüber Tauchspulmikrofonen einen hohen Ausgangspegel.
- Eine zusätzliche Versorgungsspannung ist im Tonstudio kein Nachteil.

Unempfindlichkeit des Tauchspulenmikrofons

Bei einem Kondensatormikrofon muss durch die auftreffenden Schallsignale nur die Membran in Schwingungen versetzt werden. Bei einem Tauchspulenmikrofon muss zusätzlich zur Membran noch die Spule beschleunigt werden. Durch die höhere Masse ist auch die Trägheit größer. Daher sind Tauchspulenmikrofone in der Praxis weniger empfindlich auf Nebengeräusche als Kondensatormikrofone.

Landesabitur Physik 2021 (Hessen) – Leistungskurs
Aufgabe A2: Hall-Effekt und Induktion in Drehzahlsensoren

In modernen Fahrzeugen findet sich eine Vielzahl von Drehzahlsensoren zum Beispiel für die Bestimmung des richtigen Zündzeitpunkts in einem Benzinmotor oder für die Regelung des Antiblockiersystems (ABS). Das Funktionsprinzip vieler dieser Sensoren beruht auf dem Hall-Effekt, sodass man auch von Hall-Sensoren spricht.

1 Zur Untersuchung der physikalischen Grundlagen des Hall-Effekts wird ein rechteckiges Kupferplättchen mit der Länge $\ell = 8$ cm, Breite $b = 3{,}5$ cm und Dicke $d = 0{,}8$ mm verwendet (Material 1). Das Plättchen wird von einem homogenen Magnetfeld durchsetzt, bei dem die Magnetfeldlinien in die Zeichenebene hinein verlaufen.
Die linke Seite des Plättchens ist mit dem Pluspol einer regelbaren Spannungsquelle verbunden, die rechte Seite mit dem Minuspol. Zur Messung der Stromstärke I durch das Plättchen wird ein Amperemeter verwendet. Zwischen den beiden Anschlüssen oben und unten wird die Spannung U_H gemessen.

1.1 Zeichnen Sie in Material 1 die fehlenden Leitungen, die Spannungsquelle mit Angabe der Polung, das Amperemeter, das Voltmeter und einige Magnetfeldlinien ein. (4 BE)

1.2 Zeichnen Sie in Material 1 die Kräfte ein, die auf das in der Mitte dargestellte, bewegte Elektron wirken. Erläutern Sie das Entstehen einer konstanten Hall-Spannung. (7 BE)

1.3 Dieser Aufbau eignet sich, um die magnetische Flussdichte[1] B des Magnetfelds mit

$$(1) \quad B = \frac{U_H}{b \cdot v}$$

zu bestimmen. Dabei ist U_H die Hall-Spannung, b die Breite des Plättchens und v die konstante Driftgeschwindigkeit der Elektronen. Leiten Sie diese Formel her. (4 BE)

1.4 Mit dem Voltmeter wird eine Hall-Spannung von $U_H = 2{,}5\ \mu V$ bestimmt. Berechnen Sie mit den angegebenen Werten die magnetische Flussdichte B unter der Annahme, dass die Driftgeschwindigkeit der Elektronen $v = 0{,}1\ \frac{mm}{s}$ beträgt. (3 BE)

1 Die magnetische Flussdichte wird in manchen Lehrbüchern auch als magnetische Feldstärke bezeichnet.

2 Die Hall-Spannung U_H kann mit der Formel

$$(2)\quad U_H = R_H \frac{I \cdot B}{d}$$

berechnet werden. R_H ist die Hall-Konstante des verwendeten Materials und d seine Dicke. I ist die Stromstärke und B die magnetische Flussdichte.

2.1 Die Gesamtzahl N der freien Elektronen geteilt durch das Volumen V des Plättchens ist die Ladungsträgerdichte n des Materials.
Leiten Sie die Beziehung

$$R_H = \frac{1}{n \cdot e}$$

unter Verwendung der Gleichungen (1) und (2) her.
Zeigen Sie mithilfe von Gleichung (2), dass die Hall-Konstante die Einheit $\frac{m^3}{C}$ hat. (7 BE)

2.2 Die Hall-Spannung wird nun mit einem Plättchen aus einem unbekannten Material erzeugt. Die Dicke des Plättchens beträgt $d = 0{,}5$ mm und das Magnetfeld hat eine Flussdichte von $B = 0{,}71$ T. Die Hall-Spannung wird in Abhängigkeit von der Stromstärke gemessen. Die Ergebnisse sind in Material 2a zu sehen.
Ermitteln Sie unter Verwendung aller Messwerte und Material 2b, aus welchem Material das Plättchen besteht. (5 BE)

3 Nun soll ein Hall-Sensor betrachtet werden, mit dem die Drehzahl des Blendenrotors gemessen werden kann (Material 3). Wenn sich der Rotor dreht, so bewegen sich die das Magnetfeld abschirmenden Blenden und die Lücken abwechselnd durch den Spalt zwischen Hall-Sensor und Dauermagnet.

3.1 Erklären Sie das Zustandekommen des Verlaufs der Hall-Spannung bei konstanter Drehfrequenz (Material 4), insbesondere auch die Form des Anstiegs und Abfalls der Spannung. (4 BE)

3.2 Die Zeit zwischen zwei aufeinanderfolgenden Anstiegen der Hall-Spannung in Material 4 beträgt $t = 8$ ms. Berechnen Sie mithilfe von Material 3 die Drehzahl des Blendenrotors in Umdrehungen pro Minute. (3 BE)

4 Neben den Hall-Sensoren, die eine Spannungsversorgung benötigen, kommen auch induktive Sensoren zum Einsatz, die keine Spannungsversorgung erfordern.

4.1 Induktion tritt auf, wenn eine Leiterschleife im Magnetfeld rotiert (Material 5). Erklären Sie die Entstehung der Induktionsspannung zwischen den Enden der Schleife, indem Sie die Kraft auf jeweils ein Elektron in jedem Leiterstück A, B und C betrachten. (4 BE)

4.2 Die Induktionsspannung, die bei Rotation der Leiterschleife in Material 5 entsteht, ist eine Wechselspannung. Berechnen Sie die maximale Induktionsspannung bei einer Drehfrequenz von $f = 6$ Hz, einer magnetischen Flussdichte von $B = 0{,}71$ T und einer quadratischen Leiter- schleife mit der Kantenlänge $a = 5$ cm. (5 BE)

4.3 Bei einem Drehzahlsensor, wie er in Material 6 dargestellt ist, dreht sich ein Zahnrad aus Eisen an einem Eisenkern vorbei, der von einer Induktionsspule umgeben ist. Am anderen Ende des Eisenkerns befindet sich ein Dauermagnet. In der Induktionsspule entsteht eine Wechselspannung, deren Frequenz Rückschlüsse auf die Drehzahl des Zahnrads zulässt.
Erklären Sie die physikalischen Zusammenhänge, die diesem Messprinzip zugrunde liegen, und erklären Sie, dass so die Drehzahl bestimmt werden kann. (4 BE)

Material 1: Kupferplättchen zur Untersuchung des Hall-Effekts

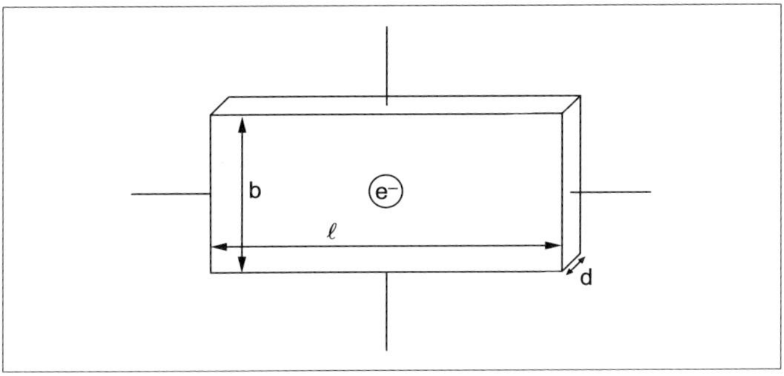

Material 2 a:
Messwerttabelle

Stromstärke I in mA	**Hall-Spannung U_H in mV**
10	112
15	170
20	229
25	281

Material 2 b:
Hall-Konstanten verschiedener Materialien

Material	**Hall-Konstante R_H**
Kupfer	$5{,}3 \cdot 10^{-11}$ m³/C
Silber	$9{,}0 \cdot 10^{-11}$ m³/C
Aluminium	$9{,}9 \cdot 10^{-11}$ m³/C
Bismut	$5 \cdot 10^{-7}$ m³/C
Indiumantimonid	$2{,}4 \cdot 10^{-4}$ m³/C
Germanium	$5{,}43 \cdot 10^{-3}$ m³/C
Silizium	$7{,}97 \cdot 104^{-3}$ m³/C

Material 3: Hall-Sensor mit Blendenrotor

Material 3a:
Schematischer Aufbau

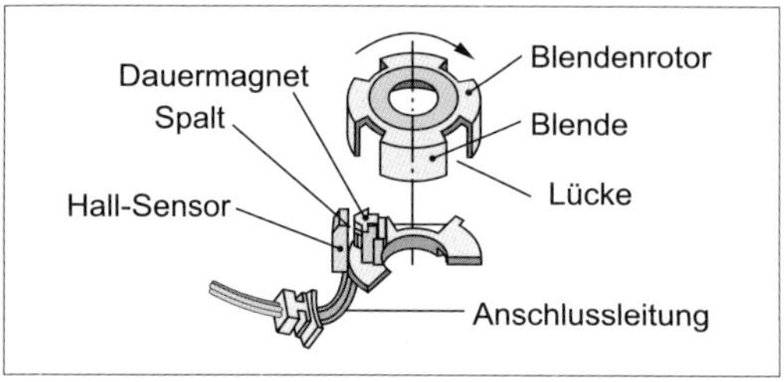

Material 3b:
Fotografie

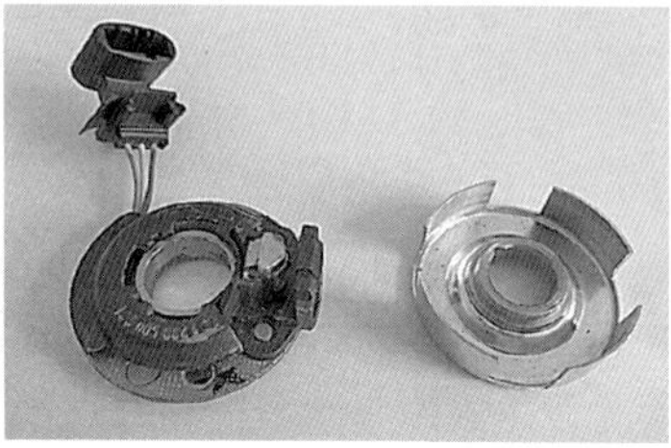

Quelle: Richard Fischer et al.: Fachkunde Kraftfahrzeugtechnik, Haan-Gruiten: Verlag Europa-Lehrmittel 30. Aufl. 2013, S. 286

Material 4: Verlauf der Hall-Spannung mit Position der Blenden

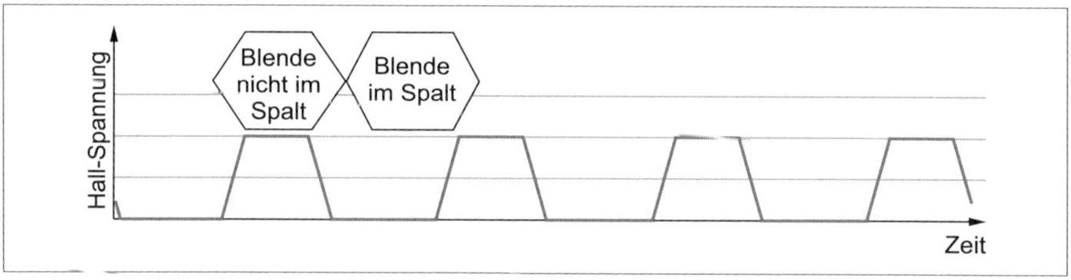

Quelle: Richard Fischer et al.: Fachkunde Kraftfahrzeugtechnik, Haan-Gruiten: Verlag Europa-Lehrmittel 30. Aufl. 2013, S. 648

Material 5: Rotierende Leiterschleife im Magnetfeld mit Bezeichnung der Schleifen-abschnitte A, B und C

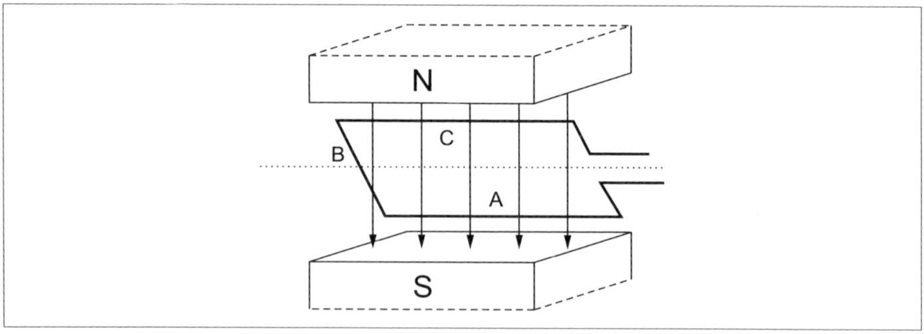

Quelle: https://lx3.mint-kolleg.kit.edu/onlinekursphysik/html/1.4.2/xcontent3.html (abgerufen am 12. 3. 2020), CC BY-SA

Material 6: Induktiver Drehzahlsensor

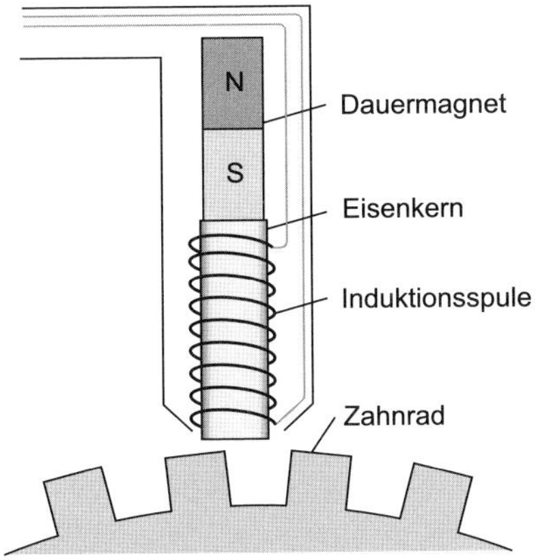

Quelle: Rainer Dietrich und Raimund Girwidz,
https://www.didaktik.physik.uni-muenchen.de/materialien/sensorik/indu-sen-und-b-feldsen/drehzahl.html

---

Tipps und Hinweise zur Lösung von Aufgabe A2

Tipp zu Teilaufgabe 1.1

An den beiden Seiten des Plättchens sollen eine Spannungsquelle und ein Strommessgerät angeschlossen werden. Achten Sie dabei auf die angegebene Polung. An der Ober- und Unterseite des Plättchens wird eine Spannung abgegriffen. Die Magnetfeldlinien können Sie durch Kreuze (Magnetfeldrichtung!) darstellen.

Tipps zu Teilaufgabe 1.2

Die Richtung der Lorentzkraft auf das Elektron bestimmen Sie mit der Drei-Finger-Regel der linken Hand. Die elektrische Kraft ist der Lorentzkraft entgegengerichtet.

Beschreiben Sie, was im Plättchen mit den sich nach links bewegenden Elektronen passiert. Beachten Sie, dass eine Ladungstrennung die Entstehung eines elektrischen Feldes bewirkt. Dieses Feld übt eine Kraft auf die Elektronen aus. Beschreiben Sie auch das entstehende Kräftegleichgewicht.

Tipp zu Teilaufgabe 1.3

Stellen Sie das in Aufgabenstellung 1.2 beschriebene Kräftegleichgewicht als Formel dar und ersetzen Sie die Ausdrücke auf beiden Seiten. Lösen Sie diesen Ausdruck nach B auf.

Tipp zu Teilaufgabe 1.4

Setzen Sie die gegebenen Werte in die Formel aus Teilaufgabe 1.3 ein.

Tipps zu Teilaufgabe 2.1

- Lösen Sie die Formel (1) nach der Hall-Spannung auf und setzen Sie diese mit der Formel (2) gleich. Die Stromstärke eliminieren Sie, indem Sie diese durch die zeitliche Änderung der Ladungsmenge ersetzen.
- Nutzen Sie die beschriebene Formel für die Ladungsträgerdichte und einen Ausdruck für das Volumen zur Herleitung der gesuchten Formel. Da sich die Elektronen mit konstanter Geschwindigkeit bewegen, gilt für sie das Zeit-Weg-Gesetz einer gleichförmigen Bewegung.

Tipp zu Teilaufgabe 2.2

- Berechnen Sie zu jedem Messwertpaar die Hall-Konstante und anschließend den Mittelwert aus den berechneten Werten. Vergleichen Sie diesen Mittelwert mit den angegebenen Werten aus der Tabelle. Alternativ können Sie die Messwerte in ein I-U-Diagramm einzeichnen und die Steigung der Ausgleichsgeraden bestimmen.

Tipp zu Teilaufgabe 3.1

- Erklären Sie den Einfluss der Blende bzw. der Lücke auf das Magnetfeld und damit auf die Hall-Spannung. Die Blende bewegt sich mit konstanter Geschwindigkeit, daher ist der Einfluss auf die magnetische Flussdichte linear.

Tipp zu Teilaufgabe 3.2

- Berechnen Sie zunächst die Zeit für genau eine Umdrehung. Berechnen Sie daraus, wie viele Umdrehung in 60 Sekunden möglich sind.

Tipp zu Teilaufgabe 4.1

- Die Bewegung der Elektronen im Magnetfeld kommt hierbei durch die Rotation der Leiterschleife zustande. Bestimmten Sie mit der Drei-Finger-Regel der linken Hand die Richtung der Lorentzkräfte auf die Elektronen in den Leiterstücken A, B und C. Wie tragen diese Bewegungsrichtungen zum Stromfluss in der Leiterschleife bei?

Tipp zu Teilaufgabe 4.2

- Gehen Sie vom Induktionsgesetz aus. Beachten Sie, dass die Leiterschleife aus genau einer Windung besteht und sich die wirksame Fläche A zeitlich verändert. Die magnetische Flussdichte B bleibt konstant.

Tipps zu Teilaufgabe 4.3

- Hält man einen Eisenkern in die Nähe eines Permanentmagneten, so wird dieser magnetisiert. Diese Magnetisierung verstärkt sich, wenn sich ein Zahn gegenüber dem Eisenkern befindet. Die sich ändernde magnetische Flussdichte hat einen Einfluss auf die Spule.
- Beschreiben Sie, was ein an die Spule angeschlossenes Voltmeter anzeigen würde. Beachten Sie dabei auch das Vorzeichen.

Lösungen zu Aufgabe A2

1.1 Hall-Plättchen

Laut Aufgabenstellung verlaufen die Magnetfeldlinien in die Zeichenebene hinein. Der Strom wird mit der dargestellten Polung an der linken und rechten Seite des Plättchens angeschlossen. Die Spannung wird am oberen und unteren Rand des Plättchens abgegriffen.

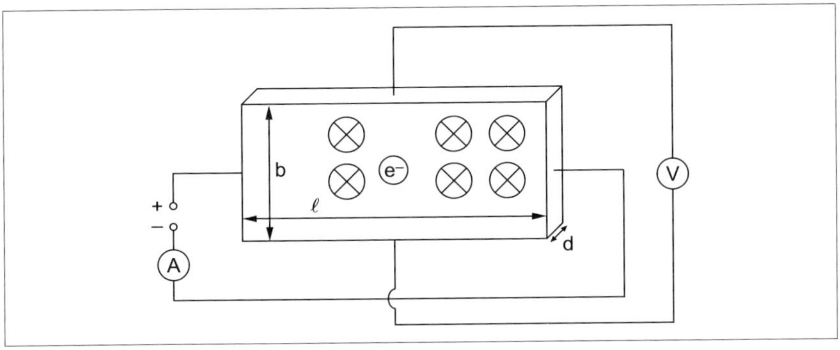

Abb. 1

1.2 Kräfteplan

Auf das Elektron wirkt nach oben die Lorentzkraft (dies gilt nach der Linken-Hand-Regel, vgl. Abb. 2 links) und nach unten die elektrische Kraft.

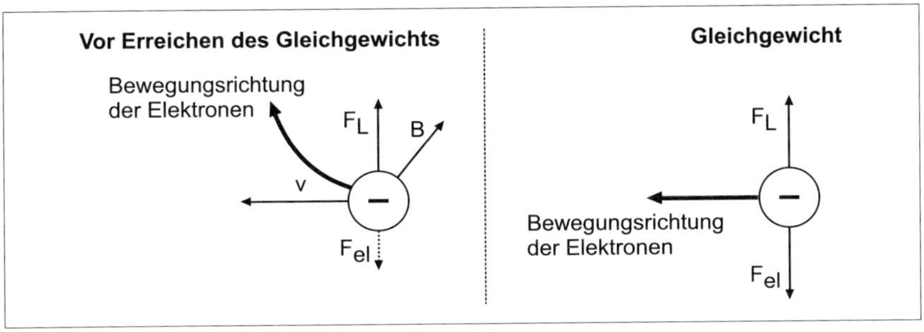

Abb. 2

Entstehung der Hall-Spannung

Durch die angelegte Spannung bewegen sich die Elektronen von rechts nach links durch das Plättchen. Auf diese bewegten Elektronen wirkt im magnetischen Feld, deren Feldlinien senkrecht zur Bewegungsrichtung der Elektronen stehen, die Lorentzkraft. Durch diese Kraft werden die Elektronen gemäß der Linken-Hand-Regel nach oben abgelenkt (Abb. 2 links). Infolgedessen ergibt sich auf der Oberseite des Plättchens ein Elektronenüberschuss und auf der Unterseite ein Elektronenmangel. Durch diese Ladungstrennung bildet sich zwischen Ober- und Unterseite des Plättchens ein elektrisches Feld, in dem auf die Elektronen ebenfalls eine Kraft wirkt. Diese ist der Lorentzkraft entgegengerichtet und wirkt nach unten. Die Elektronen werden so lange nach oben abgelenkt, bis die elektrische Kraft betragsmäßig gleich der Lorentzkraft ist. Dies ist abhängig von der Stärke des Magnetfeldes. Ist das Kräftegleichgewicht erreicht, bewegen sich die Elektronen geradlinig von rechts nach links (Abb. 2 rechts) und es herrscht eine konstante Spannung zwischen Ober- und Unterseite des Plättchens. Diese Spannung nennt man Hall-Spannung.

1.3 **Herleitung der B-Formel**

Ansatz der Herleitung ist das in Teilaufgabe 1.2 beschriebene Kräftegleichgewicht zwischen Lorentzkraft und elektrischer Kraft. Eine konstante Hall-Spannung stellt sich dann ein, wenn die beiden Kräfte vom Betrag her gleich groß sind:

$$F_L = F_{el} \quad \Leftrightarrow \quad e \cdot v \cdot B = e \cdot E$$

Das Plättchen kann man als Plattenkondensator auffassen. Dabei sind die beiden Platten des Kondensators die Ober- und die Unterseite des Plättchens. Die elektrische Feldstärke in einem Plattenkondensator mit Plattenabstand b und angelegter Spannung U_H ist gegeben durch:

$$E = \frac{U_H}{b}$$

Setzt man dies in die obige Formel ein, so erhält man die gesuchte Formel für die magnetische Flussdichte:

$$c \cdot v \cdot B = e \cdot \frac{U_H}{b} \quad \Rightarrow \quad \underline{\underline{B = \frac{U_H}{b \cdot v}}}$$

1.4 **Berechnung von B**

Die magnetische Flussdichte berechnet sich durch Einsetzen der gegebenen Größen in die Formel aus Teilaufgabe 1.3:

$$B = \frac{U_H}{b \cdot v} = \frac{2{,}5 \cdot 10^{-6}\,\text{V}}{0{,}035\,\text{m} \cdot 0{,}0001\,\frac{\text{m}}{\text{s}}} = \underline{\underline{0{,}71\,\text{T}}}$$

2.1 **Herleitung der R_H-Formel**

Aus Gleichung (1) aus der Aufgabenstellung 1.3 ergibt sich durch Umstellung:

$$U_H = b \cdot v \cdot B$$

Setzt man in Gleichung (2) diesen Ausdruck für die Hall-Spannung ein, so erhält man:

$$b \cdot v \cdot B = R_H \cdot \frac{I \cdot B}{d} \quad \Rightarrow \quad R_H = \frac{d \cdot b \cdot v}{I} \qquad (*)$$

Die Stromstärke ist definiert als Ladungsänderung pro Zeiteinheit. Betrachtet man die gesamte Ladung ΔQ, die in der Zeit Δt durch das Plättchen fließt, gilt daher:

$$I = \dot{Q}(t) = \frac{dQ(t)}{dt} = \frac{\Delta Q}{\Delta t} \qquad (**)$$

Laut Aufgabenstellung ist die Ladungsträgerdichte, also die Anzahl der freien Elektronen pro Volumen gegeben durch:

$$n = \frac{N}{V}$$

Teilt man die Ladungsmenge ΔQ durch die Ladung e eines Elektrons, so erhält man die Anzahl der freien Elektronen $N = \Delta Q / e$. Das Volumen des Plättchens ist gegeben durch $V = \ell \cdot b \cdot d$. Daher ergibt sich für n:

$$n = \frac{\Delta Q}{\ell \cdot b \cdot d \cdot e} \quad \Rightarrow \quad \Delta Q = n \cdot \ell \cdot b \cdot d \cdot e$$

Die Elektronen bewegen sich mit konstanter Driftgeschwindigkeit durch das Plättchen, daher gilt:

$$v = \frac{\Delta s}{\Delta t} = \frac{\ell}{\Delta t} \quad \Rightarrow \quad \Delta t = \frac{\ell}{v}$$

Ersetzt man nun in Gleichung (**) ΔQ und Δt durch die gefunden Terme, so erhält man:

$$I = \frac{\Delta Q}{\Delta t} = \frac{n \cdot \ell \cdot b \cdot d \cdot e \cdot v}{\ell} = n \cdot b \cdot d \cdot e \cdot v$$

Diesen Term setzt man schließlich in die Gleichung (*) für die Hall-Konstante ein und bekommt die gesuchte Beziehung:

$$R_H = \frac{d \cdot b \cdot v}{n \cdot b \cdot d \cdot e \cdot v} = \underline{\underline{\frac{1}{n \cdot e}}}$$

Einheitenrechnung

$$[R_H] = \left[\frac{U_H \cdot d}{I \cdot B}\right] = 1\,\frac{V \cdot m}{A \cdot T} = 1\,\frac{V \cdot m}{A \cdot \frac{Vs}{m^2}} = 1\,\frac{m^3}{A \cdot s} = 1\,\frac{m^3}{C}$$

2.2 **Material des Plättchens**

Mithilfe der Gleichung (2) lässt sich für jedes Messwertpaar die Hall-Konstante berechnen:

$$U_H = R_H \cdot \frac{I \cdot B}{d} \quad \Rightarrow \quad R_H = \frac{U_H \cdot d}{I \cdot B}$$

Für die erste Messung gilt:

$$R_H = \frac{0{,}112\text{ V} \cdot 0{,}0005\text{ m}}{0{,}010\text{ A} \cdot 0{,}71\text{ T}} = 7{,}9 \cdot 10^{-3}\,\frac{\text{m}^3}{\text{C}}$$

Die anderen Messungen berechnen sich analog. Die Ergebnisse sind in der folgenden Tabelle aufgeführt:

Stromstärke I in mA	10	15	20	25
Hall-Spannung U_H in mV	112	170	229	281
Hall-Konstante R_H in $10^{-3}\,\frac{\text{m}^3}{\text{C}}$	7,9	8,0	8,1	7,9

Der Mittelwert der berechneten Hall-Konstanten beträgt:

$$\overline{R_H} = \frac{7{,}9 + 8{,}0 + 8{,}1 + 7{,}9}{4} \cdot 10^{-3}\,\frac{\text{m}^3}{\text{C}} = \underline{\underline{8{,}0 \cdot 10^{-3}\,\frac{\text{m}^3}{\text{C}}}}$$

Laut der Tabelle in Material 2b handelt es sich um ein **Silizium-Plättchen**.

Alternativ können Sie die Messwertetabelle auch grafisch auswerten, indem Sie – da nach Gleichung (2) $U \sim I$ gilt – die Steigung einer Ausgleichsgeraden in einem Stromstärke-Spannungs-Diagramm ermitteln.

3.1 **Verlauf der Hall-Spannung**

Der Hall-Sensor ist zusammen mit einem Permanentmagneten auf einer Grundplatte montiert, die drehbar in einem Gehäuse sitzt. Zwischen dem Sensor und dem Dauermagneten befindet sich ein Spalt. Der sich drehende Blendenrotor gibt mit seinen Lücken das Magnetfeld frei und schattet es mit seinen Blenden ab.

Befindet sich die metallische Blende im Spalt, so wird das Magnetfeld des Dauermagneten abgeschirmt. Die magnetische Flussdichte bricht zusammen und die Hall-Spannung geht zurück. Wenn sich wieder eine Lücke zwischen der Hall-Sonde und dem Permanentmagneten befindet, wird das Magnetfeld nicht mehr abgeschirmt und die Hall-Spannung baut sich wieder auf.

Der Blendenrotor dreht sich mit konstanter Geschwindigkeit. Daher schieben sich die Blenden mit konstanter Geschwindigkeit zwischen Sonde und Magneten. Die Hall-Spannung – die nach (2) proportional zu B ist – nimmt also linear zu, sobald eine Lücke sich in den Spalt schiebt, und linear ab, wenn sich eine Blende hineinbewegt.

3.2 **Drehzahl des Rotors**

Der Blendenrotor ist aus vier einzelnen Blenden zusammengesetzt. Daher dauert eine Umdrehung $T = 4 \cdot 8\text{ ms} = 32\text{ ms}$. Die Drehzahl n ist der Kehrwert der Umlaufzeit:

$$n = \frac{1}{T} = \frac{1}{32\text{ ms}} = \frac{1}{0{,}032\text{ s}} = \frac{60}{0{,}032 \cdot 60\text{ s}} = \underline{\underline{1875\,\frac{1}{\text{min}}}}$$

4.1 **Entstehung der Induktionsspannung**

Ein sich bewegendes Elektron im magnetischen Feld erfährt die Lorentzkraft. Die Kraftrichtung auf das Elektron kann man mit der Drei-Finger-Regel der linken Hand bestimmen. Wenn die Feldlinien des magnetischen Feldes senkrecht zur Bewegungsrichtung des Elektrons stehen, so wirkt die Lorentzkraft ebenfalls senkrecht zum Magnetfeld und zur Bewegungsrichtung.

Bei der rotierenden Leiterschleife kommt die Bewegung der Elektronen durch die Rotation zustande. Daher wirkt auf die Elektronen in der rotierenden Schleife auf den Leiterstücken A und C eine Kraft parallel zum Leiter. Wegen der entgegengesetzten Bewegungsrichtung der Elektronen sind diese Kräfte bei A und C immer entgegengesetzt gerichtet. Somit tragen sie zu einer Spannung zwischen den Enden der Leiterschleife bei.

Im Leiterstück B wirkt die Lorentzkraft immer senkrecht zum Leiter. Daher trägt diese Kraft nicht zum Stromfluss in der Schleife bei.

4.2 **Maximale Induktionsspannung**

Zur Berechnung der maximalen Induktionsspannung setzt man das Induktionsgesetz in allgemeiner Form an:

$$U_{ind}(t) = -n \cdot \dot{\Phi}(t)$$

Im vorliegenden Fall ist die magnetische Flussdichte konstant, es ändert sich die von den Magnetfeldlinien durchsetzte Fläche:

$$U_{ind}(t) = -n \cdot \dot{\Phi}(t) = -n \cdot B \cdot \dot{A}(t) \qquad (*)$$

Zur Berechnung der wirksamen Fläche A der Leiterschleife gilt die Formel:

$$A(t) = A_0 \cdot \sin(\omega \cdot t) = A_0 \cdot \sin(2\pi \cdot f \cdot t)$$

Die Leiterschleife besteht aus nur einer Windung, n = 1. Setzt man A(t) in (*) ein, so erhält man:

$$U_{ind}(t) = -B \cdot \frac{d}{dt}\big(A_0 \cdot \sin(2\pi \cdot f \cdot t)\big)$$

$$= \underbrace{-B \cdot A_0 \cdot 2\pi \cdot f}_{= U_{0,\,ind}} \cdot \cos(2\pi \cdot f \cdot t)$$

Der Term vor dem Kosinus besteht nur aus konstanten Größen und bildet die Amplitude $U_{0,\,ind}$ der Wechselspannung. Da der Kosinus nur Werte zwischen −1 und +1 annimmt, ist sein Betrag maximal 1, sodass auch die Spannung in diesem Fall ihren maximalen Betrag erreicht:

$$U_{ind,\,max} = |U_{0,\,ind}| = B \cdot A_0 \cdot 2\pi \cdot f$$

$$= 0{,}71\,T \cdot (0{,}05\text{ m})^2 \cdot 2\pi \cdot 6\text{ Hz}$$

$$= \underline{\underline{0{,}067\text{ V} = 67\text{ mV}}}$$

4.3 **Messprinzip des Drehzahlsensors**

Der Dauermagnet dient dazu, den Eisenkern in der Induktionsspule zu magnetisieren. Es herrscht also im Inneren der Spule ein magnetisches Feld. Befindet sich nun ein Zahn des Zahnrades gegenüber dem Eisenkern, so wird das Magnetfeld verstärkt. Gelangt eine Zahnlücke in die Nähe des Eisenkerns, so wird das Magnetfeld wieder abgeschwächt. Die magnetische Flussdichte ändert sich also im Laufe der Messzeit. Diese Änderung induziert eine Spannung in der Induktionsspule. In Abhängigkeit der Änderung der magnetischen Flussdichte ändert diese Induktionsspannung ihr Vorzeichen. Ein angeschlossenes Spannungsmessgerät würde eine Wechselspannung anzeigen. Die Frequenz dieser Wechselspannung ist durch den Wechsel der Zähne und Lücken des Zahnrades bedingt. Kennt man die Anzahl der Zähne des Zahnrades, kann man dessen Drehzahl bestimmen.

Landesabitur Physik 2021 (Hessen) – Leistungskurs
Aufgabe B1: Massenbestimmung mithilfe mechanischer Schwingungen

1 Astronauten, die sich für längere Zeit in der Erdumlaufbahn in einer Raumstation befinden, verwenden eine spezielle Konstruktion zur Bestimmung ihrer Körpermasse. Material 1 zeigt hierzu die Zeichnung eines sogenannten BMMD (Body Mass Measurement Device): Es handelt sich um einen zweiteiligen Aufbau. In dem einen Teil („Schlitten“) schnallt sich der sitzende Astronaut mit einem Gurt fest, der andere Teil („Schiene“) ist fest mit der gesamten Raumstation verbunden. Der Schlitten ist nahezu reibungsfrei und beweglich auf der Schiene montiert. Durch die angebrachte Schraubenfeder kann der Schlitten zusammen mit dem Astronauten harmonische Schwingungen ausführen. Die Summe der Massen des Schlittens und des Astronauten können im Vergleich zur Gesamtmasse der Station vernachlässigt werden.

1.1 Nennen Sie den Grund dafür, dass ein Astronaut in der Erdumlaufbahn mit einer herkömmlichen Personenwaage nicht seine Masse bestimmen kann. (2 BE)

1.2 Erläutern Sie ohne Verwendung von Gleichungen das Vorgehen zur Bestimmung der Körpermasse des Astronauten mithilfe des BMMD.
Begründen Sie, weshalb der Astronaut während der Messung angeschnallt sein muss. (6 BE)

1.3 Im reibungsfreien Fall gilt: Lenkt man die an der Schraubenfeder (Federkonstante D) befestigte Masse m um die Strecke x_{max} aus der Ruhelage aus und lässt sie bei $t = 0$ s los, schwingt die Masse harmonisch gemäß

$$x(t) = x_{max} \cdot \cos(\omega \cdot t)$$

um die Ruhelage. Die Gesamtenergie E_{ges} des schwingenden Systems besteht dabei aus Spannenergie E_{Spann} und kinetischer Energie E_{kin}:

$$E_{ges}(t) = E_{Spann}(t) + E_{kin}(t) = \frac{1}{2} D \cdot [x(t)]^2 + \frac{1}{2} m \cdot [v(t)]^2$$

Geben Sie jeweils den zusammengefassten Term für E_{ges} zu den Zeitpunkten $t = 0$ s und $t = \frac{T}{4}$ mit der Schwingungsdauer T an.
Leiten Sie unter Verwendung dieser beiden Terme die Formel für die Schwingungsdauer

$$T = 2\pi \cdot \sqrt{\frac{m}{d}}$$

der Federschwingung her. (7 BE)

1.4 Der Schlitten des BMMD hat ohne den Astronauten eine Masse von $m_{Sch} = 35$ kg, die Schraubenfeder hat eine Federkonstante von $D = 1\,800 \frac{N}{m}$.
Berechnen Sie die Masse m_A des Astronauten, wenn er innerhalb einer Minute genau 39 volle Schwingungen im BMMD macht. (6 BE)

2 Nun soll die Masse m_E der Erde bestimmt werden. Dies ist mithilfe des Ortsfaktors g an einem bestimmten Punkt auf der Erde möglich.

2.1 Zunächst soll der Ortsfaktor g in einem Labor experimentell bestimmt werden. Material 2 enthält dazu je eine Messreihe für ein Federpendel und ein Fadenpendel.
Prüfen Sie, ob eine Bestimmung von g mit einem Feder- bzw. einem Fadenpendel prinzipiell möglich ist. (Herleitungen von Gleichungen für Schwingungsdauern sind nicht erforderlich.)
Berechnen Sie für eine geeignete Messreihe aus Material 2 unter Berücksichtigung aller ihrer Messwerte den Ortsfaktor g. Die Feder bzw. der Faden sind dabei masselos, die Massen punktförmig und es tritt keine Reibung auf. Der Auslenkwinkel ist beim Fadenpendel klein.
Berechnen Sie die prozentuale Abweichung von g vom Literaturwert $g_{EU\text{-}M} = 9{,}81\,\frac{m}{s^2}$ für Mitteleuropa. (7 BE)

2.2 Das allgemeine Gesetz für den Betrag der Gravitationskraft F zwischen zwei Massen m_1 und m_2 lautet:

$$F = G \cdot \frac{m_1 \cdot m_2}{r^2}$$

Hierbei ist

$$G \approx 6{,}67 \cdot 10^{-11}\,\frac{m^3}{kg \cdot s^2}$$

die Gravitationskonstante und r der Abstand beider Massenschwerpunkte.
Für einen Stein mit der Masse m_S auf der Erdoberfläche gilt zudem die bekannte Gleichung $F = m_S \cdot g$. Der Abstand des Steins zum Erdmittelpunkt beträgt 6 371 km. Bestimmen Sie die Erdmasse m_E unter Verwendung von $g_{EU\text{-}M} = 9{,}81\,\frac{m}{s^2}$. (4 BE)

3 Der folgende Sachverhalt stellt ein rein theoretisches Gedankenmodell mit einigen zum Teil stark vereinfachenden Annahmen dar:
Es wird angenommen, dass sich in der Erdkugel (Masse $m_E = 5{,}975 \cdot 10^{24}$ kg, Radius $r_E = 6\,371$ km) vom Nord- zum Südpol ein gerader Tunnel befindet (Material 3).
Man lässt nun am Nordpol einen Stein der Masse $m_S = 1{,}0$ kg in den Tunnel fallen. Störende Einflüsse wie z. B. Luftreibung oder Dichteunterschiede im Erdinneren sollen bei den folgenden Überlegungen nicht beachtet werden.

3.1 Die Rückstellkraft F, die auf den Stein stets in Richtung Erdmittelpunkt wirkt, hängt von der Entfernung y des Steins vom Erdmittelpunkt ab. Es gilt:

$$F(y) = -\frac{g \cdot m_S}{r_E} \cdot y$$

Begründen Sie, dass die Bewegung des Steins in diesem Modell eine harmonische Schwingung um den Erdmittelpunkt darstellt.

Geben Sie die zu dieser harmonischen Schwingung gehörende Differenzialgleichung an.
Zeigen Sie, dass $y(t) = r_E \cdot \cos(\omega \cdot t)$ eine mögliche Lösungsfunktion der Differenzialgleichung darstellt, und zeigen Sie mithilfe von Aufgabe 2.2, dass für die Kreisfrequenz der Lösungsfunktion

$$\omega = \sqrt{\frac{F \cdot m_E}{r_E^3}}$$

gilt. (8 BE)

3.2 Bestimmen Sie die Zeitdauer einer Schwingung von Nord- zu Nordpol, die Maximalgeschwindigkeit des Steins sowie den Betrag der Beschleunigung auf Höhe des Breitenkreises von Frankfurt am Main (Material 3). (10 BE)

Material 1: Zeichnung eines BMMD

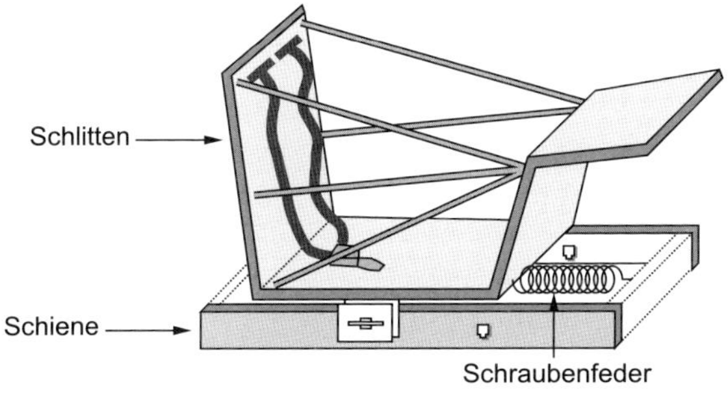

Quelle: Ernst Leitner und Ulrich Finck,
https://www.leifiphysik.de/mechanik/mechanische-schwingungen/aufgabe/massebestimmung-im-weltall

Material 2: Messreihen zum Feder- und Fadenpendel

Messreihe 1: Federpendel (Federkonstante: $D = 15\,\frac{N}{m}$)

Masse m in kg	0,5	1,0	1,5	2,0
Schwingungsdauer T in s	1,1	1,6	2,0	2,3

Messreihe 2: Fadenpendel (Pendelmasse: $m = 0{,}02$ kg)

Fadenlänge ℓ in m	0,5	1,0	1,5	2,0
Schwingungsdauer T in s	1,4	2,0	2,5	2,9

Material 3: Erdkugelmodell mit Tunnel zwischen Nord- und Südpol

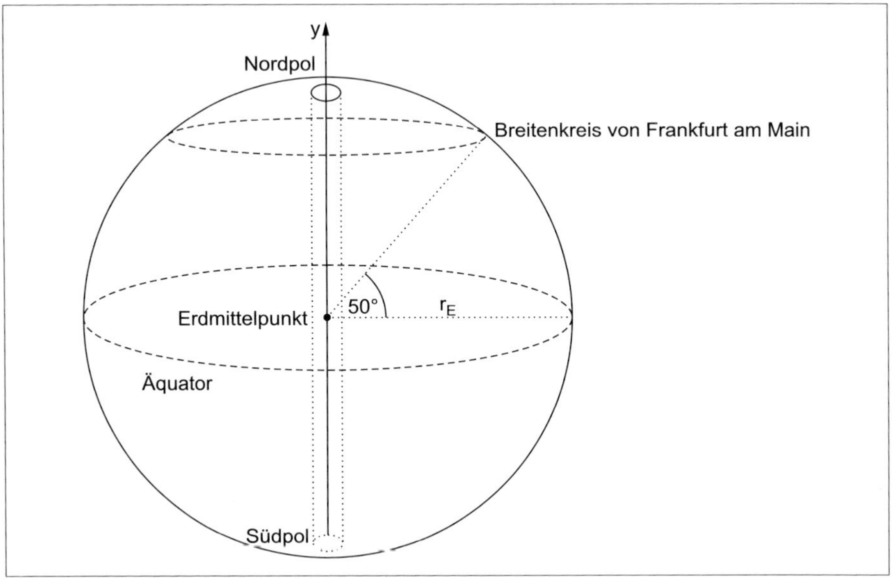

Tipps und Hinweise zur Lösung von Aufgabe B1

Tipp zu Teilaufgabe 1.1

- Betrachten und vergleichen Sie die wirkenden Kräfte auf eine Person auf der Erde und in der Erdumlaufbahn.

Tipps zu Teilaufgabe 1.2

- Das beschriebene BMMD kann man mit einem waagerechten Federschwinger vergleichen. Aus der Schwingungsdauer kann man die Gesamtmasse aus Schlitten und Astronaut berechnen.
- Wie wirkt sich die Schwerelosigkeit auf die Bewegung des Systems Schlitten – Astronaut aus?

Tipps zu Teilaufgabe 1.3

- Setzen Sie jeweils die beiden Zeiten in die gegebene Gleichung für die Gesamtenergie ein und vereinfachen Sie den Term, soweit es geht. Berücksichtigen Sie dabei auch, zu welchen Zeiten die Elongation bzw. die Geschwindigkeit den Wert null haben.
- Zur Herleitung der Formel für die Schwingungsdauer gehen Sie davon aus, dass die Gesamtenergie zu jedem Zeitpunkt konstant bleibt. Verwenden Sie daher den Ansatz $E_{ges}(0\,s) = E_{ges}\left(\frac{T}{4}\right)$ und berechnen Sie zunächst die Winkelgeschwindigkeit ω.

Tipp zu Teilaufgabe 1.4

- Ersetzen Sie in der Gleichung aus Teilaufgabe 1.3 die Gesamtmasse durch die Summe der Massen des Schlittens und des Astronauten und lösen Sie diese Gleichung dann nach der gesuchten Astronautenmasse auf.

Tipps zu Teilaufgabe 2.1

- Schauen Sie sich zur Überprüfung, welche Messreihe sie verwenden können, die Abhängigkeiten der Schwingungsdauern eines Faden- und eines Federpendels an. Nur bei einem der beiden Pendel hängt die Schwingungsdauer vom Ortsfaktor g ab.
- Werten Sie die Messreihe rechnerisch oder grafisch aus. Bei einer rechnerischen Auswertung berechnen Sie die Ortsfaktoren für alle Messwertpaare und bilden anschließend den Mittelwert und die prozentuale Abweichung. Bei einer grafischen Auswertung tragen Sie die Messwertpaare in ein geeignetes Koordinatensystem ($T^2 \sim \ell$) ein und bestimmen die Steigung der Ausgleichsgeraden.
- Denken Sie daran, die prozentuale Abweichung vom Literaturwert zu berechnen.

Tipp zu Teilaufgabe 2.2

- Die Gravitationskraft als Anziehungskraft zweier Massen lässt sich mit zwei unterschiedlichen Formeln berechnen. Natürlich müssen beide Formeln zu identischen Ergebnissen kommen. Daher setzen Sie beide Kraftformeln gleich und lösen die Gleichung nach der gesuchten Erdmasse auf.

Tipps zu Teilaufgabe 3.1

- Eine harmonische Schwingung liegt dann vor, wenn die Rückstellkraft proportional zur Auslenkung ist. Prüfen Sie dies mit den Angaben der Aufgabenstellung.
- Für das Aufstellen der Differenzialgleichung muss man wissen, dass die rücktreibende Kraft hier als beschleunigende Kraft fungiert. Das heißt, man verwendet den Ansatz $F = m \cdot a = F(y)$. Das Einsetzen liefert sofort die DGL.
- Um zu zeigen, dass $y(t)$ eine Lösung der DGL ist, setzt man diese Funktion (und die zweite Ableitung) in die DGL ein. Aus diesem Ausdruck kann man durch Umstellen eine Formel für die Kreisfrequenz ω ermitteln.

Tipps zu Teilaufgabe 3.2

- Zur Berechnung der Schwingungsdauer setzen Sie den Ausdruck für die Kreisfrequenz (Teilaufgabe 3.1) in die allgemeine Formel zur Berechnung der Schwingungsdauer ein.
- Die maximale Geschwindigkeit bestimmen Sie mit der ersten Ableitung der Funktion $y(t)$. Überlegen Sie, welchen Wert die Winkelfunktion maximal annehmen kann.
- Um die Beschleunigung auf der genannten Höhe zu bestimmen, gehen Sie am besten von dem Term für die Rückstellkraft aus Teilaufgabe 3.1 aus. Sie benötigen dann lediglich noch die konkrete Höhe des Breitenkreises, also den Abstand zum Mittelpunkt der Erde. Dieser berechnet sich mithilfe einer Winkelfunktion.

Lösungen zu Aufgabe B1

1.1 **Warum funktioniert eine Personenwaage nicht in der Erdumlaufbahn?**
Bei einer normalen Personenwaage auf der Erde wird über die Verformung einer Feder die der Masse proportionale Gewichtskraft bestimmt. Dabei wirkt die Federkraft der Gewichtskraft entgegen. Eine solche – durch eine feste Unterlage ermöglichte – Gegenkraft existiert in der Erdumlaufbahn nicht: Auf einen Körper wirkt dort nur die Gewichtskraft, er befindet sich in einem fortwährend freien Fall um die Erde.

Lassen Sie sich durch den Begriff „Schwerelosigkeit" nicht in die Irre leiten: Er meint nicht etwa eine fehlende Schwerkraft; vielmehr besagt er, dass der Körper die vorhandene Schwerkraft nicht „spürt", weil die Gegenkraft fehlt. Man spricht hier daher genauer von scheinbarer Schwerelosigkeit im Gegensatz zur realen Schwerelosigkeit, wie sie weit entfernt von Himmelskörpern im Weltall besteht.

1.2 **Funktionsprinzip des BMMD**
Die Konstruktion des dargestellten BMMD ist vergleichbar mit einem horizontalen Federschwinger. Dieser übt bei seiner Hin-und-her-Bewegung harmonische Schwingungen aus. Die Schwingungsdauer des Systems lässt sich messen. Diese Schwingungsdauer hängt von der Federkonstante und von der Masse des Schlittens inklusive Astronauten ab. Ist die Federkonstante bekannt, so kann man aus der Schwingungsdauer die schwingende Masse berechnen. Kennt man zusätzlich noch die Masse des Schlittens, so lässt sich die Masse des Astronauten bestimmen.

Warum muss der Astronaut angeschnallt sein?
In der Erdumlaufbahn herrscht Schwerelosigkeit. Das bedeutet, dass es keine Reibungskräfte zwischen dem Astronauten und dem Schlitten gibt; der Astronaut würde aufgrund seiner Trägheit der Bewegung des Schlittens nicht exakt folgen und könnte sich durch die Einwirkung beliebig kleiner Kräfte vom Schlitten wegbewegen, sodass keine Messung mehr möglich wäre. Der Gurt sorgt für eine feste Verbindung von Astronaut und Schlitten.

1.3 **Terme für die Gesamtenergie**
Die beiden Terme zu den angegebenen Zeiten erhält man durch Einsetzen der beiden Zeiten in die Formel für die Gesamtenergie aus der Aufgabenstellung. Zum Zeitpunkt $t = 0\,s$ ist die Auslenkung maximal und die Geschwindigkeit null:

$$\begin{aligned} E_{ges}(0\,s) &= \frac{1}{2} D \cdot [x(0\,s)]^2 + \frac{1}{2} m \cdot [v(0\,s)]^2 \\ &= \frac{1}{2} D \cdot x_{max}^2 + \frac{1}{2} m \cdot 0 \\ &= \underline{\underline{\frac{1}{2} D \cdot x_{max}^2}} \end{aligned}$$

Zum Zeitpunkt $\frac{T}{4}$ ist die Auslenkung null und die Geschwindigkeit maximal:

$$E_{ges}\left(\frac{T}{4}\right) = \frac{1}{2}D \cdot \left[x\left(\frac{T}{4}\right)\right]^2 + \frac{1}{2}m \cdot \left[v\left(\frac{T}{4}\right)\right]^2$$

$$= \frac{1}{2}D \cdot 0 + \frac{1}{2}m \cdot v_{max}^2$$

$$= \underline{\underline{\frac{1}{2}D \cdot v_{max}^2}}$$

Herleitung der T-Formel

Der Energieerhaltungssatz besagt, dass die Gesamtenergie eines Systems zu jedem Zeitpunkt konstant ist. Insbesondere gilt daher:

$$E_{ges}(0\,s) = E_{ges}\left(\frac{T}{4}\right)$$

Setzt man die oben ermittelten Terme ein, so ergibt sich:

$$\frac{1}{2}D \cdot x_{max}^2 = \frac{1}{2}m \cdot v_{max}^2$$

Mit $v = \omega \cdot x$ bzw. $v_{max} = \omega \cdot x_{max}$ folgt:

$$\frac{1}{2}D \cdot x_{max}^2 = \frac{1}{2}m \cdot (\omega \cdot x_{max})^2 \;\Rightarrow\; D = m \cdot \omega^2 \;\Rightarrow\; \omega = \sqrt{\frac{D}{m}}$$

Mit $\omega = \frac{2\pi}{T}$ ergibt sich hieraus die gesuchte Formel für die Schwingungsdauer:

$$T = \frac{2\pi}{\omega} = \underline{\underline{2\pi \cdot \sqrt{\frac{m}{D}}}}$$

1.4 **Masse des Astronauten**

Die Gesamtmasse setzt sich aus den beiden Einzelmassen des Schlittens und des Astronauten zusammen. Somit gilt:

$$T = 2\pi \cdot \sqrt{\frac{m_{ges}}{D}} = 2\pi \cdot \sqrt{\frac{m_{Sch} + m_A}{D}} \;\Rightarrow\; m_A = \frac{T^2 \cdot D}{4\pi^2} - m_{Sch}$$

Die Schwingungsdauer berechnet sich aus der angegebenen Anzahl der Schwingungen pro Minute:

$$T = \frac{60\,s}{39} = 1{,}54\,s$$

Damit lässt sich die Masse des Astronauten berechnen:

$$m_A = \frac{(1{,}54\,s)^2 \cdot 1800\,\frac{N}{m}}{4\pi^2} - 35\,kg = \underline{\underline{73\,kg}}$$

2.1 **Eignung der verschiedenen Pendel zur g-Bestimmung**

- Bei einem **Federpendel** hängt die Schwingungsdauer von der schwingenden Masse und der Federkonstanten der Feder ab, nicht aber vom Ortsfaktor g. Eine Bestimmung des Ortsfaktors mithilfe eines Federpendels und der Messreihe 1 ist daher **nicht möglich**.
- Die Schwingungsdauer eines **Fadenpendels** hängt von der Länge des Fadens und dem Ortsfaktor ab. Daher ist ein Fadenpendel (Messreihe 2) **geeignet**, um den Ortsfaktor zu bestimmen.

Berechnung von g

Die Schwingungsdauer bei einem Fadenpendel berechnet sich nach der Formel:

$$T = 2\pi \cdot \sqrt{\frac{\ell}{g}}$$

Stellt man diese Formel nach g um, so erhält man:

$$g = \frac{4\pi^2 \cdot \ell}{T^2}$$

Mit den entsprechenden Wertepaaren aus der Tabelle ergeben sich die in der letzten Zeile eingetragenen Ortsfaktoren:

Fadenlänge ℓ in m	0,5	1,0	1,5	2,0
Schwingungsdauer T in s	1,4	2,0	2,5	2,9
Ortsfaktor in $\frac{m}{s^2}$	10,07	9,87	9,47	9,39

Der Mittelwert lautet:

$$\overline{g} = \frac{10{,}07 + 9{,}87 + 9{,}47 + 9{,}39}{4} \frac{m}{s^2} = \underline{\underline{9{,}7 \frac{m}{s^2}}}$$

Die prozentuale Abweichung berechnet sich wie folgt:

$$\frac{\Delta g}{g_{EU\text{-}M}} = \frac{\overline{g} - g_{EU\text{-}M}}{g_{EU\text{-}M}} = \frac{9{,}7 \frac{m}{s^2} - 9{,}81 \frac{m}{s^2}}{9{,}81 \frac{m}{s^2}} = -0{,}011 = \underline{\underline{-1{,}1\,\%}}$$

Der gemessene Wert ist um 1,1 % kleiner als der Literaturwert.

2.2 **Erdmasse**

Laut Aufgabenstellung kann man die Gravitationskraft auf einen Stein an der Erdoberfläche über zwei Formeln berechnen. Zum einen über die bekannte Formel für die Gewichtskraft F_G und zum anderen über die in der Aufgabe genannte Formel für die Anziehungskraft F_{Grav} zweier Massen (Gravitationsgesetz). Beide berechneten Kräfte sind gleich groß, daher gilt:

$$F_G = F_{Grav}$$

Setzt man die entsprechenden Terme ein, so ergibt sich für die Erdmasse:

$$m_S \cdot g_{Eu\text{-}M} = G \cdot \frac{m_S \cdot m_E}{r^2}$$

$$\Rightarrow \quad m_E = \frac{g_{Eu\text{-}M} \cdot r^2}{G} = \frac{9{,}81\,\frac{m}{s^2} \cdot (6{,}371 \cdot 10^6\ m)^2}{6{,}67 \cdot 10^{-11}\,\frac{m^3}{kg \cdot s^2}} = \underline{\underline{5{,}97 \cdot 10^{24}\ kg}}$$

3.1 **Harmonische Schwingung**

Die Ruhelage des Steins im Modell ist der Erdmittelpunkt. Wird der Stein aus seiner Ruhelage heraus ausgelenkt, schwingt er aufgrund der Rückstellkraft um seine Ruhelage. Da die Rückstellkraft proportional zur Auslenkung y ist (die Größen g, m_S und r_E im Vorfaktor von y sind konstant), ist diese Schwingung um den Erdmittelpunkt harmonisch.

Differenzialgleichung der harmonischen Schwingung

Die Grundgleichung der Mechanik lautet:

$$F = m_S \cdot a = m_S \cdot \ddot{y}$$

Darin bezeichnet a die Beschleunigung, die gleich der zweiten Ableitung der Auslenkung y nach der Zeit ist. Die Kraft, die auf den Stein wirkt, ist die rücktreibende Kraft F(y). Damit ergibt sich die DGL:

$$F(y) = m_S \cdot \ddot{y} \quad \Leftrightarrow \quad -\frac{g \cdot m_S}{r_E} \cdot y = m_S \cdot \ddot{y} \quad \Leftrightarrow \quad \underline{\underline{\ddot{y} + \frac{g}{r_E} \cdot y = 0}}$$

Nachweis der Lösungsfunktion

Um zu zeigen, dass die angegebene Funktion die Differenzialgleichung löst, bildet man die zunächst die zweite Ableitung von der Funktion:

$$y(t) = r_E \cdot \cos(\omega \cdot t)$$

$$\dot{y}(t) = -r_E \cdot \omega \cdot \sin(\omega \cdot t)$$

$$\ddot{y}(t) = -r_E \cdot \omega^2 \cdot \cos(\omega \cdot t) = -\omega^2 \cdot y(t)$$

Anschließend setzt man die Grundfunktion und die zweite Ableitung in die DGL ein:

$$-\omega^2 \cdot y(t) + \frac{g}{r_E} \cdot y(t) = 0 \quad \Leftrightarrow \quad \left(-\omega^2 + \frac{g}{r_E}\right) \cdot y(t) = 0$$

Diese Gleichung ist für alle Zeiten t genau dann erfüllt, wenn die Klammer null ist:

$$-\omega^2 + \frac{g}{r_E} = 0 \quad \Rightarrow \quad \omega = \sqrt{\frac{g}{r_E}} \qquad (*)$$

Ergebnis: Die harmonische Schwingung y(t) des Steins mit der Kreisfrequenz $\omega = \sqrt{g/r_E}$ ist eine mögliche Lösung der DGL.

Kreisfrequenz

Laut Teilaufgabe 2.2 gilt:

$$F_G = F_{Grav} \Leftrightarrow m \cdot g = G \cdot \frac{m \cdot m_E}{r_E^2} \Leftrightarrow g = G \cdot \frac{m_E}{r_E^2}$$

Setzt man diesen Ausdruck in die Gleichung (*) für die Kreisfrequenz ein, so erhält man die gesuchte Beziehung:

$$\omega = \sqrt{\frac{g}{r_E}} = \sqrt{\frac{G \cdot \frac{m_E}{r_E^2}}{r_E}} = \underline{\underline{\sqrt{\frac{G \cdot m_E}{r_E^3}}}}$$

3.2 **Schwingungsdauer**

Man berechnet zunächst die Kreisfrequenz ω für die gegebenen Daten und daraus dann die Schwingungsdauer nach der bekannten Formel:

$$\omega = \sqrt{\frac{G \cdot m_E}{r_E^3}} = \sqrt{\frac{6{,}67 \cdot 10^{-11} \frac{m^3}{kg \cdot s^2} \cdot 5{,}975 \cdot 10^{24}\,kg}{(6{,}371 \cdot 10^6\,m)^3}} = 1{,}241 \cdot 10^{-3}\,\frac{1}{s}$$

$$\Rightarrow \quad T = \frac{2\pi}{\omega} = \frac{2\pi}{1{,}241 \cdot 10^{-3}\,\frac{1}{s}} = 5{,}06 \cdot 10^3\,s = \underline{\underline{84\,min}}$$

Maximalgeschwindigkeit des Steins

Sie ist gleich der Amplitude der Geschwindigkeitsfunktion, die man durch Ableiten der Bewegungsgleichung y(t) nach der Zeit erhält (vgl. Teilaufgabe 3.1):

$$v(t) = \dot{y}(t) = -r_E \cdot \omega \cdot \sin(\omega \cdot t) = -v_{max} \cdot \sin(\omega \cdot t)$$

$$\Rightarrow \quad v_{max} = r_E \cdot \omega = r_E \cdot \sqrt{G \cdot \frac{m_E}{r_E^3}} = \sqrt{G \cdot \frac{m_E}{r_E}}$$

$$= \sqrt{6{,}67 \cdot 10^{-11}\,\frac{m^3}{kg \cdot s^2} \cdot \frac{5{,}975 \cdot 10^{24}\,kg}{6{,}371 \cdot 10^6\,m}} = \underline{\underline{7{,}9 \cdot 10^3\,\frac{m}{s}}}$$

Betrag der Beschleunigung

Die Berechnung der Beschleunigung auf Höhe des Breitenkreises von Frankfurt am Main gelingt am schnellsten mithilfe der im Aufgabentext zu 3.1 angegebenen Rückstellkraft. Bezeichnet y_F die Auslenkung an diesem Ort, beträgt die Rückstellkraft auf den Stein

$$F(y_F) = -\frac{g_{EU\text{-}M} \cdot m_S}{r_E} \cdot y_F$$

und folglich die auf ihn wirkende Beschleunigung

$$g_F = \frac{F(y_F)}{m_s} = -\frac{g_{EU\text{-}M}}{r_E} \cdot y_F. \qquad (**)$$

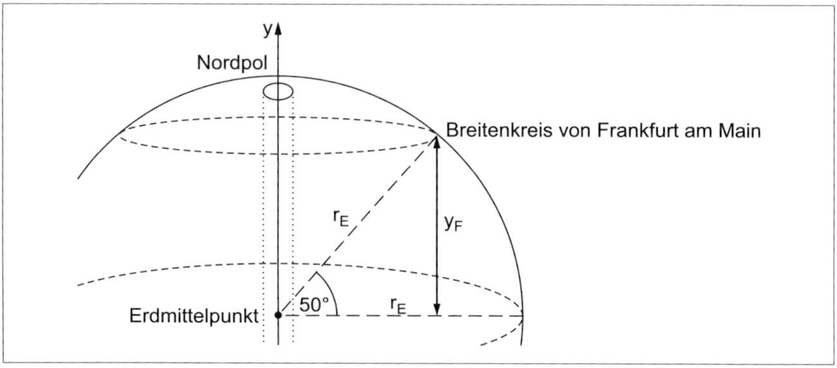

Abb. 1

y_F bestimmt man mithilfe der Winkelbeziehung im rechtwinkligen Dreieck, das durch den Breitenkreis von Frankfurt am Main festgelegt wird (Abb. 1):

$$\sin(50°) = \frac{y_F}{r_E} \quad \Rightarrow \quad y_F = r_E \cdot \sin(50°)$$

Eingesetzt in (**) ergibt sich für den gesuchten Betrag der Beschleunigung:

$$|g_F| = \frac{g_{EU\text{-}M}}{r_E} \cdot y_F = \frac{g_{EU\text{-}M}}{r_E} \cdot r_E \cdot \sin(50°) = g_{EU\text{-}M} \cdot \sin(50°)$$

$$= 9{,}81\,\frac{m}{s^2} \cdot \sin(50°) = \underline{\underline{7{,}5\,\frac{m}{s^2}}}$$

Sie können alternativ statt der Rückstellkraft die Bewegungsgleichungen der Schwingung zur Bestimmung der Beschleunigung benutzen, indem Sie den Zeitpunkt t_F berechnen, an dem die Auslenkung $y_F = y(t_F)$ erreicht ist. Zusammen mit der Kreisfrequenz ω, die sich nach der Formel aus Teilaufgabe 3.1 berechnen lässt, erhalten Sie die Beschleunigung dann aus $g_F = g_{EU\text{-}M} \cdot \cos(\omega \cdot t_F)$.

Landesabitur Physik 2021 (Hessen) – Leistungskurs
Aufgabe B2: Das Davisson-Germer-Experiment

Clinton Davisson und Lester Germer gelang es 1927 erstmals, den von Louis de Broglie 1923 postulierten Wellencharakter von Teilchen experimentell nachzuweisen. In dem nach ihnen benannten Experiment werden Elektronen senkrecht auf die Oberfläche eines Nickeleinkristalls geschossen und die Intensitäten der reflektierten Elektronen als Funktion des Streuwinkels β mit einem beweglichen Detektor gemessen (Material 1). Die Messungen erfolgen mit verschiedenen Beschleunigungsspannungen U_B für den Elektronenstrahl.

1 Nach Louis de Broglie kann jedem Teilchen jeweils eine Frequenz und eine Wellenlänge zugeordnet werden.
Geben Sie die hierfür relevanten Formeln an und nennen Sie die grundsätzliche Überlegung, die zu diesen Formeln führte. (4 BE)

2 Elektronen mit der Masse m_e und der Ladung e, deren Anfangsgeschwindigkeit vernachlässigt werden soll, werden in einem elektrischen Feld mit der Spannung U_B beschleunigt.

2.1 Berechnen Sie die Geschwindigkeit der Elektronen für $U_B = 54\,V$. (4 BE)

2.2 Elektronen haben die Spannung U_B durchlaufen.
Leiten Sie die folgende Formel zur Berechnung der theoretischen Wellenlänge λ_{th} her, die diesen Elektronen zugeordnet wird.

$$\lambda_{th} = \sqrt{\frac{h^2}{2m_e \cdot e}} \cdot \sqrt{\frac{1}{U_B}} \qquad (1)$$ (4 BE)

2.3 Berechnen Sie den Wert des obigen Ausdrucks

$$\sqrt{\frac{h^2}{2m_e \cdot e}}$$

und zeigen Sie durch eine Einheitenrechnung, dass dieser Ausdruck die Einheit $m \cdot \sqrt{V}$ hat.
Berechnen Sie mithilfe von Formel (1) die Wellenlänge λ_{th} für $U_B = 54\,V$.
[zur Kontrolle: $\lambda_{th} = 1{,}67 \cdot 10^{-10}\,m$] (6 BE)

3 Im Davisson-Germer-Experiment zeigen sich – abhängig vom Streuwinkel β und der Beschleunigungsspannung U_B – ausgeprägte Intensitätsmaxima. Diese Maxima sind nur als Interferenzerscheinungen zu erklären, die durch Streuung der Elektronen an der Gitterstruktur des Nickeleinkristalls entstehen. Wegen der geringen Energie der Elektronen kann man annehmen, dass nur die oberste Atomschicht des Kristalls für die Streuung der Elektronen verantwortlich ist.

Dabei wirkt die Anordnung der Atome für die Elektronen wie ein Reflexionsgitter mit der Gitterkonstante $d = 2{,}15 \cdot 10^{-10}$ m bei der Beugung von Licht. In Material 2 ist diese Streuung schematisch dargestellt.

3.1 Erläutern Sie für Materiewellen den Zusammenhang zwischen konstruktiver Interferenz, Intensitätsmaxima und Aufenthaltswahrscheinlichkeit.
Zeichnen Sie in Material 2 den Gangunterschied Δs ein und zeigen Sie die Gültigkeit der folgenden Formel.

$$n \cdot \lambda = d \cdot \sin\beta \qquad (2)$$

Hierbei bedeuten n die Ordnung der Maxima und d der Abstand der einzelnen Nickelatome voneinander. (5 BE)

3.2 Die experimentellen Ergebnisse solcher Streuversuche mit unterschiedlichen Spannungen sind in Material 3 dargestellt. Bestimmen Sie für $U_B = 54$ V mithilfe der Formel (2) jeweils einen experimentellen Wert λ_{exp} der Wellenlänge unter Verwendung von $n = 1$, 2 und 3.
Bestätigen Sie anhand Ihrer Ergebnisse die Plausibilität der Annahme, dass es sich bei dem gemessenen Maximum um eines der 1. Ordnung handelt. (5 BE)

3.3 Ermitteln Sie mithilfe von Material 3 für die restlichen Werte von U_B und $n = 1$ die zugehörigen Werte von λ_{exp}. (4 BE)

4 Nach der Formel (1) ist die Wellenlänge λ_{th} für $U_B > 0$ proportional zu $\frac{1}{\sqrt{U_B}}$.

4.1 Bestätigen Sie rechnerisch diese Proportionalität für die Messergebnisse der Aufgaben 3.2 und 3.3.
Berechnen Sie die Proportionalitätskonstante unter Einbeziehung aller Messwerte und vergleichen Sie diese quantitativ mit dem Ergebnis aus Aufgabe 2.3. (8 BE)

4.2 1959 wurde von Claus Jönsson die Interferenz von Elektronen am Doppelspalt nachgewiesen. Hier soll das Experiment vereinfacht ohne elektronenoptische Elemente zur Vergrößerung des Interferenzmusters betrachtet werden.
Mit der Spannung $U_B = 50$ kV beschleunigte Elektronen durchlaufen senkrecht einen Doppelspalt mit einem Spaltabstand $d = 2$ µm. Im Abstand von $e = 45$ cm vom Doppelspalt wird ein Interferenzmuster registriert, bei dem der Abstand der beiden Maxima erster Ordnung $a = 2{,}47$ µm beträgt.
Berechnen Sie die Wellenlänge der Elektronen zum einen mithilfe der Ergebnisse des Doppelspaltversuchs und zum anderen mit Formel (1) und vergleichen Sie diese quantitativ. (7 BE)

4.3 Erklären Sie, warum das Experiment von Jönsson erst mehr als 30 Jahre nach dem Experiment von Davisson und Germer durchgeführt werden konnte. (3 BE)

Material 1: Schematische Skizze des Davisson-Germer-Experiments

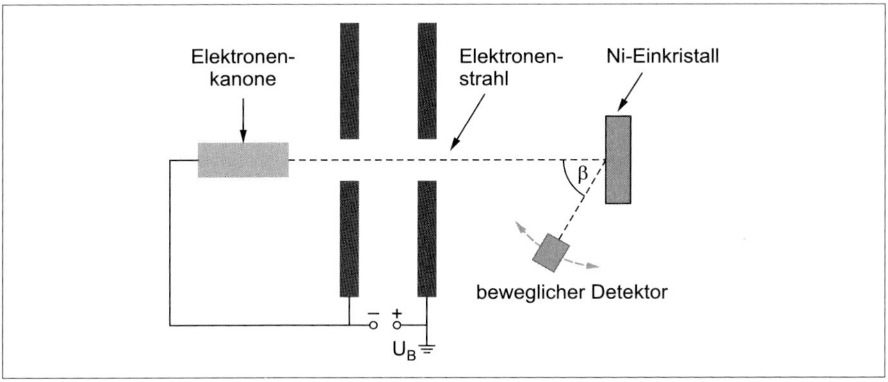

Quelle: http://qudev.phys.ethz.ch/content/science/BuchPhysikIV/PhysikIV931x.png, CC BY-SA

Material 2: Streuung von Elektronen an der Oberfläche eines Nickeleinkristalls (schematische Darstellung)

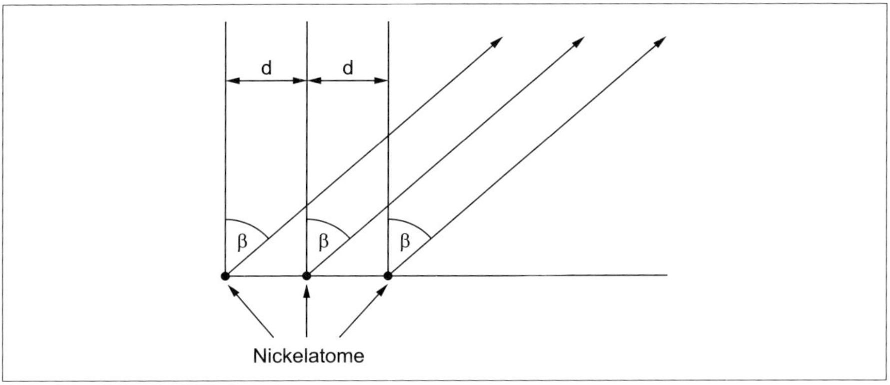

Material 3: Experimentelle Ergebnisse – Messdiagramme

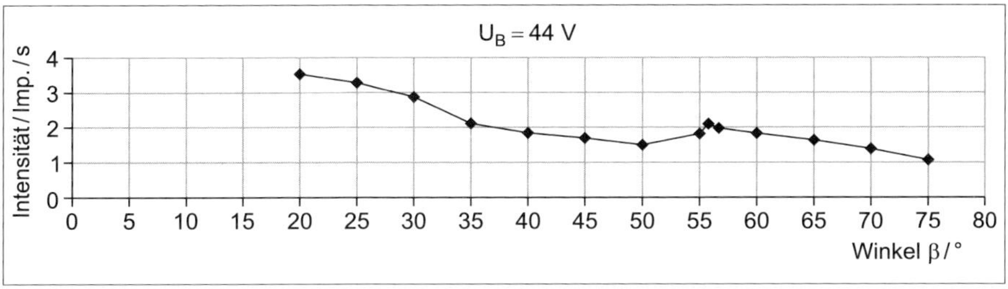

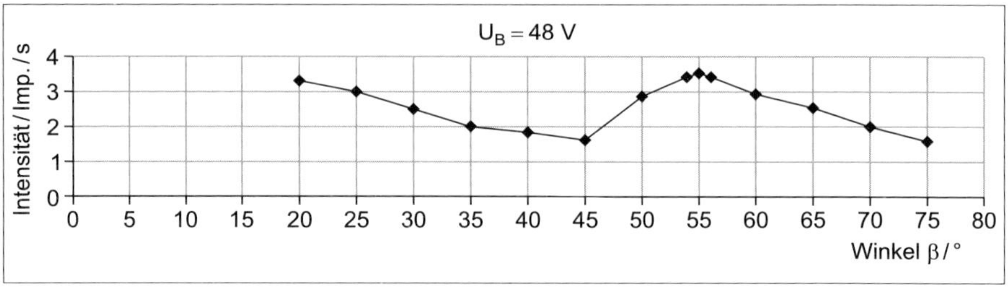
$U_B = 48$ V
Intensität / Imp. / s
Winkel β / °

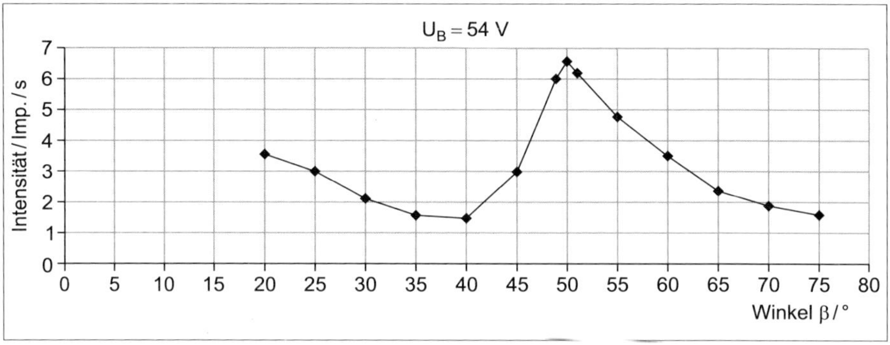
$U_B = 54$ V
Intensität / Imp. / s
Winkel β / °

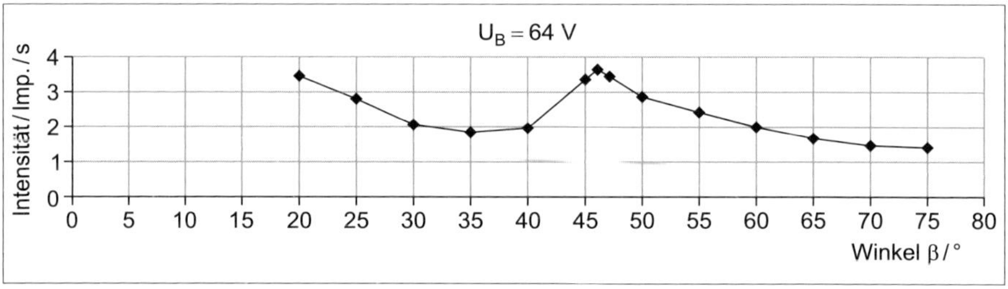
$U_B = 64$ V
Intensität / Imp. / s
Winkel β / °

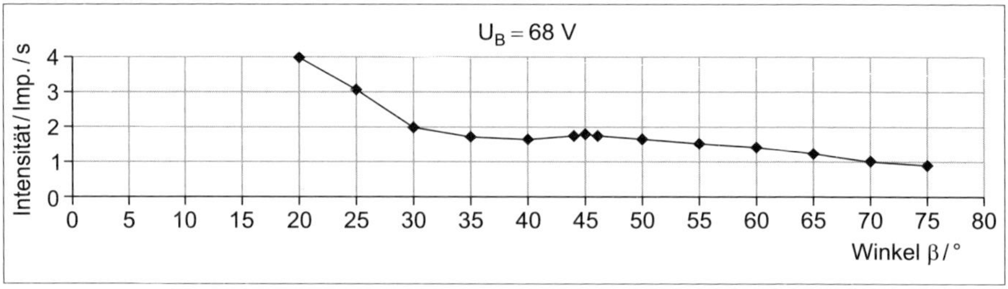
$U_B = 68$ V
Intensität / Imp. / s
Winkel β / °

Tipps und Hinweise zur Lösung von Aufgabe B2

Tipp zu Teilaufgabe 1

- Nennen Sie die beiden Formeln, die von de Broglie auf Materieteilchen übertragen wurden. Die erste Formel stellt einen Zusammenhang zwischen der Frequenz und der Energie her, die zweite Formel zwischen der Wellenlänge und dem Impuls.

Tipp zu Teilaufgabe 2.1

- Zur Berechnung der Geschwindigkeit verwenden Sie einen Energieansatz. Die gesamte elektrische Energie wird in Bewegungsenergie eines Elektrons umgewandelt. Setzen Sie in den Ansatz für die Energien die entsprechenden Formeln ein. Lösen Sie die entstehende Gleichung nach der gesuchten Geschwindigkeit v auf.

Tipp zu Teilaufgabe 2.2

- Ersetzen Sie in der De-Broglie-Gleichung für die Wellenlänge eines Materieteilchens den Impuls durch das Produkt aus Masse und Geschwindigkeit eines Elektrons. Die Geschwindigkeit ersetzen Sie durch den in Teilaufgabe 2.1 hergeleiteten Ausdruck.

Tipps zu Teilaufgabe 2.3

- Setzen Sie die physikalischen Konstanten in den Ausdruck ein und berechnen Sie den Wert.
- Um die Einheiten zu überprüfen, gibt es verschiedene Umformungsmöglichkeiten. Ersetzen Sie die vorkommenden Einheiten Joule, Coulomb und später Volt und kürzen Sie.
- Berechnen Sie die theoretisch erwartete Wellenlänge durch Einsetzen der Beschleunigungsspannung.

Tipps zu Teilaufgabe 3.1

- Das Interferenzbild kann als Maß für die Aufenthaltswahrscheinlichkeit interpretiert werden.
- Der Gangunterschied ist der Wegstreckenunterschied zwischen zwei unmittelbar benachbarten Strahlen zwischen Beugungsobjekt und Schirm. Die Bedingung der konstruktiven Interferenz ist erfüllt, wenn der Gangunterschied ein ganzzahliges Vielfaches der Wellenlänge beträgt.

Tipps zu Teilaufgabe 3.2

- Zur Berechnung der Wellenlänge stellen Sie die Formel aus Teilaufgabe 3.1 entsprechend um. Setzen Sie nacheinander die Ordnungen 1, 2 und 3 ein und berechnen Sie die Wellenlängen.
- Vergleichen Sie die experimentell bestimmten Wellenlängen mit der theoretisch erwarteten Wellenlänge aus Teilaufgabe 2.3.

Tipp zu Teilaufgabe 3.3

- Lesen Sie aus den verschiedenen Graphen zu den unterschiedlichen Beschleunigungsspannungen die jeweiligen Streuwinkel β der Intensitätsmaxima ab und berechnen Sie daraus die jeweiligen Wellenlängen.

Tipps zu Teilaufgabe 4.1

- Sind zwei Größen proportional zueinander, so ist deren Produkt konstant (= Proportionalitätskonstante). Berechnen Sie diese durch Einsetzen der bereits ermittelten Werte aus den Teilaufgaben 3.2 und 3.3.
- Berechnen Sie den Mittelwert der Proportionalitätskonstanten und die prozentuale Abweichung.

Tipps zu Teilaufgabe 4.2

- Nennen Sie die beiden relevanten Gleichungen des Doppelspaltexperiments. Es handelt sich dabei um zwei Gleichungen mit jeweils einer trigonometrischen Funktion.
- Für kleine Winkel können Sie die beiden Gleichungen über die trigonometrischen Funktionen gleichsetzen. Berechnen Sie die Wellenlänge einmal mithilfe dieser beiden Formeln und einmal mit der Gleichung aus Teilaufgabe 2.2.
- Vergleichen Sie die beiden Werte und bestimmen Sie deren prozentuale Abweichung.

Tipp zu Teilaufgabe 4.3

- Die von de Broglie postulierten Wellenlängen von Materieteilchen sind extrem klein (häufig deutlich unter einem Nanometer). Was bedeutet das für die Herstellung eines entsprechenden Doppelspalts?

Lösungen zu Aufgabe B2

1 **De-Broglie-Wellen**

De Broglie stellte die These auf, dass nicht nur Licht Teilchen- und Wellencharakter besitzt, sondern auch Elektronen und andere Objekte mit einer realen Ruhemasse. Daher übertrug er die von den Photonen bekannten Beziehungen bezüglich Energie und Impuls auf Materieteilchen, d. h., er wies auch Quantenobjekten mit einer Ruhemasse (Photon = Quantenobjekt ohne Ruhmasse) eine Frequenz f und eine Wellenlänge λ zu. Dabei hängen diese wellentypischen Größen jeweils über die Planck-Konstante h mit den teilchentypischen Größen Energie E und Impuls p zusammen.

Die zugehörigen **Formeln** lauten für die

- Frequenz: $f = \frac{E}{h}$
- Wellenlänge: $\lambda = \frac{h}{p}$

2.1 **Geschwindigkeit der Elektronen**

Bei der Beschleunigung der Elektronen wird die Energie im elektrischen Feld komplett in Bewegungsenergie der Elektronen umgewandelt. Es gilt also folgender Energieansatz:

$$E_{el} = E_{kin} \quad \Leftrightarrow \quad e \cdot U_B = \frac{1}{2} m_e \cdot v^2 \quad \Rightarrow \quad v = \sqrt{\frac{2e \cdot U_B}{m_e}}$$

Setzt man die gegebenen Werte ein, so ergibt sich für die Geschwindigkeit:

$$v = \sqrt{\frac{2 \cdot 1{,}602 \cdot 10^{-19}\,\text{C} \cdot 54\,\text{V}}{9{,}109 \cdot 10^{-31}\,\text{kg}}} = 4{,}36 \cdot 10^6\,\frac{\text{m}}{\text{s}}$$

2.2 **Herleitung der λ_{th}-Formel**

In der Formel für die De-Broglie-Wellenlänge für Materieteilchen ersetzt man den Impuls und anschließend die Geschwindigkeit (siehe Teilaufgabe 2.1):

$$\lambda_{th} = \frac{h}{p} = \frac{h}{m_e \cdot v} = \frac{h}{m_e \cdot \sqrt{\frac{2e \cdot U_B}{m_e}}} = \sqrt{\frac{h^2}{2e \cdot U_B \cdot m_e}} = \sqrt{\frac{h^2}{2e \cdot m_e}} \cdot \sqrt{\frac{1}{U_B}} \qquad (1)$$

2.3 **Wert und Einheit des Vorfaktors von (1)**

Zur Berechnung des Terms setzt man die gegebenen Werte ein:

$$\sqrt{\frac{h^2}{2e \cdot m_e}} = \frac{h}{\sqrt{2e \cdot m_e}} = \frac{6{,}626 \cdot 10^{-34}\,\text{Js}}{\sqrt{2 \cdot 1{,}602 \cdot 10^{-19}\,\text{C} \cdot 9{,}109 \cdot 10^{-31}\,\text{kg}}}$$
$$= 1{,}227 \cdot 10^{-9}\,\text{m} \cdot \sqrt{\text{V}}$$

Einheitenrechnung

$$1\sqrt{\frac{(\mathrm{Js})^2}{\mathrm{C}\cdot\mathrm{kg}}}=1\sqrt{\frac{\mathrm{kg}^2\cdot\mathrm{m}^4\cdot\mathrm{s}^2}{\mathrm{s}^4\cdot\mathrm{A}\cdot\mathrm{s}\cdot\mathrm{kg}}}=1\sqrt{\frac{\mathrm{kg}\cdot\mathrm{m}^4}{\mathrm{A}\cdot\mathrm{s}^3}}=1\sqrt{\frac{\mathrm{kg}\cdot\mathrm{m}^4}{\frac{\mathrm{W}}{\mathrm{V}}\cdot\mathrm{s}^3}}$$

$$=1\sqrt{\frac{\mathrm{kg}\cdot\mathrm{m}^4\cdot\mathrm{V}}{\mathrm{kg}\cdot\mathrm{m}^2\cdot\frac{1}{\mathrm{s}^3}\cdot\mathrm{s}^3}}=1\sqrt{\mathrm{m}^2\cdot\mathrm{V}}=1\cdot\mathrm{m}\cdot\sqrt{\mathrm{V}}$$

Alternative 1:

$$1\sqrt{\frac{(\mathrm{Js})^2}{\mathrm{C}\cdot\mathrm{kg}}}=1\sqrt{\frac{(\mathrm{V}\cdot\mathrm{A}\cdot\mathrm{s}^2)^2}{\mathrm{A}\cdot\mathrm{s}\cdot\mathrm{kg}}}=1\sqrt{\mathrm{V}\cdot\frac{\mathrm{V}\cdot\mathrm{A}\cdot\mathrm{s}^3}{\mathrm{kg}}}=1\sqrt{\mathrm{V}\cdot\frac{\mathrm{J}\cdot\mathrm{s}^2}{\mathrm{kg}}}$$

$$=1\sqrt{\mathrm{V}\cdot\frac{\mathrm{kg}\cdot\frac{\mathrm{m}^2}{\mathrm{s}^2}\cdot\mathrm{s}^2}{\mathrm{kg}}}=1\sqrt{\mathrm{V}\cdot\mathrm{m}^2}=1\,\mathrm{m}\cdot\sqrt{\mathrm{V}}$$

Alternative 2:

$$1\sqrt{\frac{(\mathrm{Js})^2}{\mathrm{C}\cdot\mathrm{kg}}}=1\sqrt{\frac{\mathrm{Js}}{\mathrm{As}}\cdot\frac{\mathrm{Js}}{\mathrm{kg}}}=1\sqrt{\frac{\mathrm{V}\cdot\mathrm{A}\cdot\mathrm{s}^2}{\mathrm{As}}\cdot\frac{\mathrm{kg}\cdot\frac{\mathrm{m}^2}{\mathrm{s}}}{\mathrm{kg}}}=1\sqrt{\mathrm{V}\cdot\mathrm{s}\cdot\frac{\mathrm{m}^2}{\mathrm{s}}}$$

$$=1\sqrt{\mathrm{V}\cdot\mathrm{m}^2}=1\,\mathrm{m}\cdot\sqrt{\mathrm{V}}$$

Wert von λ_{th}

Mit dem Ergebnis aus Teilaufgabe 2.3 folgt durch Einsetzen in (1):

$$\lambda_{th}=1{,}227\cdot10^{-9}\,\mathrm{m}\cdot\sqrt{\mathrm{V}}\cdot\sqrt{\frac{1}{54\,\mathrm{V}}}=\underline{\underline{1{,}67\cdot10^{-10}\,\mathrm{m}=167\,\mathrm{pm}}}$$

3.1 **Interferenz von Materiewellen**

In der Quantenmechanik wird davon ausgegangen, dass Teilchen keinen fest definierbaren Ort besitzen. Es ist nur möglich, eine Aufenthaltswahrscheinlichkeit anzugeben, die durch Materiewellen beschrieben werden. Interferieren diese an einem bestimmten Ort konstruktiv, entsteht dort ein Maximum an Intensität, d.h., die Aufenthaltswahrscheinlichkeit der Teilchen an diesem Ort ist (im Vergleich zur Umgebung) maximal.

Hintergrundinformation: Die prinzipielle Ortsunkenntnis ist eine Folge der Heisenberg'schen Unschärferelation, nach der Ort und Impuls eines Quantenobjekts nicht gleichzeitig messbar sind. Die Aufenthaltswahrscheinlichkeit eines Quantenobjekts an einem Ort ist nach Max Borns statistischer Interpretation der Quantenmechanik durch das Amplitudenquadrat der (sich überlagernden) Wellenfunktionen an diesem Ort gegeben.

Gangunterschied und Beugungsbedingung

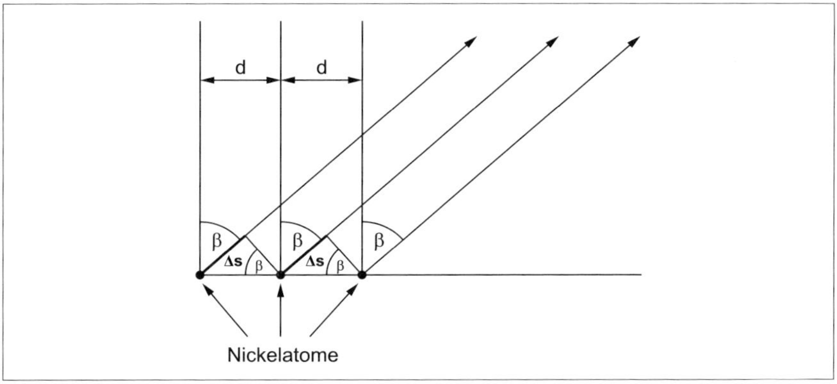

Abb. 1

Der Gangunterschied ist die Wegdifferenz zweier benachbarter Strahlen von den Nickelatomen zum weit entfernten Detektor (Abb. 1). Für den Fall der konstruktiven Überlagerung muss der Gangunterschied zweier unmittelbar benachbarter Strahlen ein ganzzahliges Vielfaches der Wellenlänge betragen. Die Bedingung lautet also:

$$\Delta s = n \cdot \lambda \quad \text{mit } n = 0, 1, 2, 3, \ldots$$

Im rechtwinkligen Dreieck mit der Hypotenuse d, dem Winkel β und der Gegenkathete Δs (vgl. Abb. 1) gilt die trigonometrische Beziehung:

$$\sin\beta = \frac{\text{Gegenkathete}}{\text{Hypotenuse}} = \frac{\Delta s}{d} \quad \Rightarrow \quad \Delta s = d \cdot \sin\beta$$

Setzt man die beiden Formeln für Δs gleich, so ergibt sich die gesuchte Formel:

$$\underline{\underline{n \cdot \lambda = d \cdot \sin\beta}} \quad \text{mit } n = 0, 1, 2, 3, \ldots$$

3.2 **Experimentell ermittelte Werte der Wellenlänge**

Zur Bestimmung von λ_{exp} löst man die Beugungsbedingung (2) aus der Aufgabenstellung 3.1 nach der gesuchten Wellenlänge auf:

$$n \cdot \lambda_{exp,\,n} = d \cdot \sin 50° \quad \Rightarrow \quad \lambda_{exp,\,n} = \frac{d \cdot \sin 50°}{n}$$

Somit erhält man für $n = 1$

$$\lambda_{exp,\,1} = d \cdot \sin 50° = 2{,}15 \cdot 10^{-10}\ \text{m} \cdot \sin 50° = \underline{\underline{1{,}65 \cdot 10^{-10}\ \text{m} = 165\ \text{pm}}}$$

und für $n = 2$ bzw. $n = 3$ wegen $\lambda_{exp,\,n} = \frac{1}{n} \cdot \lambda_{exp,\,1}$:

$$\lambda_{exp,\,2} = \frac{1}{2} \cdot \lambda_{exp,\,1} = \frac{1}{2} \cdot 165\ \text{pm} = \underline{\underline{82{,}5\ \text{pm}}}$$

$$\lambda_{exp,\,3} = \frac{1}{3} \cdot \lambda_{exp,\,1} = \frac{1}{3} \cdot 165\ \text{pm} = \underline{\underline{55{,}0\ \text{pm}}}$$

Maximum 1. Ordnung?

Die für die Beschleunigungsspannung $U_B = 54$ V theoretisch erwartete Wellenlänge wurde in Teilaufgabe 2.3 berechnet und beträgt 167 pm. Dieser Wert stimmt sehr gut mit dem experimentell gemessenen Wert von $\lambda_{exp,1}$ überein, sodass die Annahme, dass ein Maximum 1. Ordnung gemessen wurde, plausibel ist.

3.3 **Wellenlängen $\lambda_{exp,1}$ für weitere Werte von U_B**

Aus den grafisch aufgetragenen Messwerten (Material 3) kann man zu den unterschiedlichen Beschleunigungsspannungen die jeweiligen Streuwinkel β der Intensitätsmaxima ablesen. Die Wellenlängen berechnen sich nach der Formel aus Teilaufgabe 3.2, wobei jetzt n = 1 gilt:

$$\lambda_{exp,1}(\beta) = d \cdot \sin\beta = 2{,}15 \cdot 10^{-10}\ \text{m} \cdot \sin\beta$$

U_B in V	44	48	64	68
Winkel β in °	56	55	46	45
$\lambda_{exp,1}$ in pm	178	176	155	152

4.1 **Nachweis der Proportionalität**

Wenn die Wellenlänge λ proportional zu $\frac{1}{\sqrt{U_B}}$ ist, so gilt für die Proportionalitätskonstante k:

$$\lambda \sim \frac{1}{\sqrt{U_B}} \quad \Rightarrow \quad \lambda = k \cdot \frac{1}{\sqrt{U_B}} \quad \Rightarrow \quad k = \lambda \cdot \sqrt{U_B}$$

Für die Spannung $U_B = 44$ V berechnet man die Proportionalitätskonstante unter Verwendung der Ergebnisse aus den Teilaufgaben 3.2 und 3.3 wie folgt:

$$k_1 = 1{,}78 \cdot 10^{-10}\ \text{m} \cdot \sqrt{44\ \text{V}} \approx 1{,}18 \cdot 10^{-9}\ \text{m} \cdot \sqrt{\text{V}}$$

Die folgenden Proportionalitätskonstanten berechnen sich mit den entsprechenden Werten analog. Sie sind in der Tabelle dargestellt:

U_B in V	44	48	54	64	68
$\lambda_{exp,1}$ in 10^{-10} m	1,78	1,76	1,65	1,55	1,52
k in $10^{-9}\ \text{m} \cdot \sqrt{\text{V}}$	1,18	1,22	1,21	1,24	1,25

Die berechneten Werte für k sind in ausreichender Näherung konstant. Diese Konstanz bestätigt den proportionalen Zusammenhang.

Proportionalitätskonstante

Die Proportionalitätskonstante unter Einbeziehung aller Messwerte berechnet sich als Mittelwert aus den Einzelmessungen:

$$\overline{k} = \frac{1{,}18 + 1{,}22 + 1{,}21 + 1{,}245 + 1{,}25}{5} \cdot 10^{-9}\ \text{m} \cdot \sqrt{\text{V}} = \underline{\underline{1{,}22 \cdot 10^{-9}\ \text{m} \cdot \sqrt{\text{V}}}}$$

Vergleich mit dem theoretisch erwarteten Wert von k
In Teilaufgabe 2.3 ergab sich für die Proportionalitätskonstante ein Wert von:

$$k = \sqrt{\frac{h^2}{2m_e \cdot e}} = 1{,}227 \cdot 10^{-9}\ \mathrm{m} \cdot \sqrt{\mathrm{V}}$$

Für die prozentuale Abweichung der beiden Werte gilt:

$$\frac{1{,}227 \cdot 10^{-9}\mathrm{m} \cdot \sqrt{\mathrm{V}} - 1{,}22 \cdot 10^{-9}\ \mathrm{M} \cdot \sqrt{\mathrm{V}}}{1{,}227 \cdot 10^{-9}\mathrm{m} \cdot \sqrt{\mathrm{V}}} = 0{,}0057 = \underline{\underline{0{,}57\ \%}}$$

Die prozentuale Abweichung ist kleiner als 1 %, die beiden Messwerte stimmen sehr gut überein.

4.2 **Doppelspaltversuch: Wellenlänge der Elektronen**
Beim Doppelspaltexperiment kommen zwei Formeln zum Tragen: zum einen die Beugungsbedingung für konstruktive Interferenz, zum anderen die geometrische Beziehung zwischen Abstand der Maxima auf dem Schirm und Schirmabstand:

$$\sin\alpha_n = \frac{n \cdot \lambda}{d} \quad \text{mit } n = 0,\ 1,\ 2,\ 3,\ \ldots \quad \text{und} \quad \tan\alpha = \frac{\frac{1}{2} \cdot a_n}{e}$$

Dabei sind α_n der Beugungswinkel n-ter Ordnung, λ die Wellenlänge des verwendeten Lichts, d der Abstand der beiden Spalten, a_n der Abstand zwischen den beiden Maxima n-ter Ordnung und e der Abstand des Doppelspalts vom Schirm. Für kleine Winkel α_n (unter 5°) gilt die Kleinwinkelnäherung. Für diese Winkel gilt $\sin\alpha_n \approx \tan\alpha_n$. Daher folgt für kleine Winkel:

$$\frac{n \cdot \lambda}{d} = \frac{a_n}{2e}$$

Für die Wellenlänge des Elektrons gilt somit (für das Maximum 1. Ordnung):

$$\lambda = \frac{a_n \cdot d}{2e \cdot n} = \frac{a_1 \cdot d}{2e}$$

$$= \frac{2{,}47 \cdot 10^{-6}\ \mathrm{m} \cdot 2 \cdot 10^{-6}\ \mathrm{m}}{2 \cdot 0{,}45\ \mathrm{m}} = 5{,}49 \cdot 10^{-12}\ \mathrm{m} = 5{,}49\ \mathrm{pm}$$

Mit der Formel (1) aus Teilaufgabe 2.2 folgt:

$$\lambda_{th} = 1{,}227 \cdot 10^{-9}\ \mathrm{m} \cdot \sqrt{\mathrm{V}} \cdot \sqrt{\frac{1}{50 \cdot 10^3\ \mathrm{V}}} = \underline{\underline{5{,}49 \cdot 10^{-12}\ \mathrm{m} = 5{,}49\ \mathrm{pm}}}$$

Vergleich der Werte
Die beiden Werte stimmen bis zur zweiten Nachkommastelle überein, die prozentuale Abweichung liegt also höchstens im Promillebereich. Der theoretisch erwartete Wert der Wellenlänge wird somit durch das Doppelspaltexperiment sehr gut bestätigt.

4.3 **Späte Durchführung des Jönsson-Experiments**

Die postulierte De-Broglie-Wellenlängen für Elektronen sind sehr klein, sie liegen je nach Geschwindigkeit deutlich unter einem Nanometer (Davisson-Germer-Experiment), beim oben beschriebenen Jönsson-Experiment sogar bei nur einigen Pikometer.

Deswegen müssen Objekte, an denen die Elektronen gebeugt werden können, auch sehr klein sein. Jönsson musste einen Doppelspalt mit einer sehr geringen Spaltbreite und einem sehr geringen Spaltabstand verwenden. Die Herstellung eins solchen Spaltes war technisch erst gegen Ende der 1950er Jahre möglich. Der von Davisson und Germer verwendete Nickeleinkristall besitzt aufgrund seiner Kristallgitterstruktur schon von Natur aus eine sehr kleine Gitterkonstante.

Landesabitur Physik 2021 (Hessen) – Leistungskurs
Aufgabe B3: Stehende Wellen und Doppler-Effekt

1 Bei Blasinstrumenten werden Luftsäulen im Innern des Instruments zu Schwingungen angeregt. Beispielsweise bringt der Luftstrom, der von einem Musiker in eine Klarinette geblasen wird, das am Mundstück befestigte Blatt zum Schwingen (Material 1). Dies regt die Luftsäule im zylindrischen Klarinettenrohr zu einer stehenden Welle an. Die Klarinette verhält sich dabei vereinfacht wie ein einseitig geschlossenes Rohr, an dessen geschlossenem Ende die Luftsäule zu Schwingungen angeregt wird. Die Schallgeschwindigkeit beträgt $c = 340\,\frac{m}{s}$.

1.1 Beschreiben Sie allgemein, wodurch eine stehende Welle entsteht. (2 BE)

1.2 In einem einseitig geschlossenen Rohr der Länge $L = 65{,}0$ cm wird die Luftsäule durch einen Tongenerator mit regelbarer Frequenz zu Schwingungen angeregt.
Erklären Sie mithilfe von Material 2 (ohne auf eventuelle Phasensprünge einzugehen), dass nur bei bestimmten Frequenzen stehende Schallwellen entstehen und dass für die Frequenz der ersten Oberschwingung die Formel $f_1 = \frac{3c}{4\,L}$ gilt.
Berechnen Sie die Frequenzen der Grundschwingung und der ersten beiden Oberschwingungen. (7 BE)

2 Zwei Rohre mit jeweils einem offenen und einem geschlossenen Ende haben die Längen $L_1 = 65{,}0$ cm und $L_2 = 64{,}0$ cm. In ihnen wird jeweils die erste Oberschwingung durch Schallwellen gleicher Amplitude angeregt. Ein Empfänger nimmt in einiger Entfernung von den Rohren die Überlagerung der beiden Töne auf. Es ergibt sich das in Material 3 dargestellte Schwingungsbild. Diesem kann eine relativ kleine Frequenz (Schwebungsfrequenz) und eine relativ große Frequenz (Frequenz des Schwebungstons) entnommen werden. Die Schallgeschwindigkeit beträgt weiterhin $c = 340\,\frac{m}{s}$.

2.1 Erläutern Sie die Entstehung des Schwingungsbilds und bestimmen Sie aus Material 3 die Werte für die Schwebungsfrequenz und die Frequenz des Schwebungstons. (5 BE)

2.2 Berechnen Sie die Schwebungsfrequenz aus den oben gegebenen Daten. Vergleichen Sie quantitativ dieses Ergebnis mit dem Ergebnis aus Aufgabe 2.1. (6 BE)

2.3 Ein Mensch kann Schwebungsfrequenzen, die größer als $f_S = 20$ Hz sind, nicht wahrnehmen. Berechnen Sie für $L_1 = 65$ cm die minimale Länge L_2 des zweiten Rohrs, damit die Schwebung gerade noch wahrgenommen werden kann. (4 BE)

3 Ändert sich der Abstand zwischen einem Sender, der einen Ton bestimmter Frequenz f aussendet, und einem Empfänger während der Dauer des Signals, so registriert der Empfänger einen Ton anderer Frequenz f'. Bei diesem sogenannten Doppler-Effekt sind zwei Fälle zu unterscheiden. Bewegt sich im ersten Fall ein Empfänger mit einer Geschwindigkeit v von einem ruhenden Sender weg, so empfängt er einen tieferen Ton. Bewegt sich im zweiten Fall ein Sender mit der Geschwindigkeit v von einem ruhenden Empfänger weg, so lässt sich die Empfängerfrequenz mit folgender Gleichung berechnen, wobei $c = 340\,\frac{m}{s}$ die Schallgeschwindigkeit ist:

$$f' = \frac{f}{1 + \frac{v}{c}}$$

3.1 Erläutern Sie, dass es in beiden Fällen zu einer Änderung der empfangenen Frequenz kommt. (4 BE)

3.2 Ein Leslie-Kabinett besteht neben dem Basslautsprechersystem aus zwei rotierenden Hörnern, welche sich im oberen Teil befinden (Material 4). Dabei enthält nur ein Horn einen Lautsprecher. Das andere Horn enthält keinen Lautsprecher, besitzt aber die gleiche Masse.
Wir betrachten zunächst die Rotation des Lautsprechers unter Vernachlässigung der Schallreflexionen an den Wänden. Material 5 zeigt exemplarisch zwei verschiedene Positionen des Lautsprechers während eines Umlaufs sowie einen Zuhörer (Empfänger).
Da der Lautsprecher in ein Horn eingebaut ist, hat er eine bevorzugte Abstrahlrichtung. Abhängig von der Position des Lautsprechers variiert deshalb die Lautstärke, die der Empfänger wahrnimmt. Dieser Effekt wird Tremolo genannt. Außerdem variiert die wahrgenommene Tonhöhe. Dieser Effekt wird Vibrato genannt und durch den Doppler-Effekt hervorgerufen.
Im Folgenden ist die Rotationsfrequenz der Hörner auf $f_{rot} = 100$ Umdrehungen pro Minute eingestellt. Der Lautsprecher befindet sich 0,15 m von der Rotationsachse entfernt und sendet eine Tonfrequenz von $f = 880$ Hz aus. Die Schallgeschwindigkeit beträgt $c = 340\,\frac{m}{s}$.

3.2.1 Zeichnen Sie bei beiden Positionen des Lautsprechers in Material 5 die Richtung der Geschwindigkeit als Pfeil ein. Begründen Sie, dass die effektive Geschwindigkeitskomponente, die zum Dopplereffekt beiträgt, durch die Formel

$$v_{eff}(t) = v \cdot \cos(2\pi \cdot f_{rot} \cdot t)$$

beschrieben werden kann, und deuten Sie das wechselnde Vorzeichen von $v_{eff}(t)$. (8 BE)

3.2.2 Geben Sie einen Term an, der die vom Zuhörer empfangene Frequenz in Abhängigkeit von der Zeit beschreibt, und berechnen Sie die maximale und minimale empfangene Frequenz.
Zeichnen Sie für zwei volle Lautsprecherumdrehungen ein t-f-Diagramm in Material 6. (8 BE)

3.2.3 Nehmen Sie zu der folgenden Aussage Stellung: „Das Tremolo ist gegenüber dem Vibrato um 90° phasenverschoben.“ (4 BE)

3.2.4 Zusätzlich wird der Ton des Lautsprechers an den Gehäusewänden oder an Zimmerwänden reflektiert. Untersuchen Sie, welche weiteren Effekte dadurch auftreten können. (2 BE)

Material 1: Klarinette

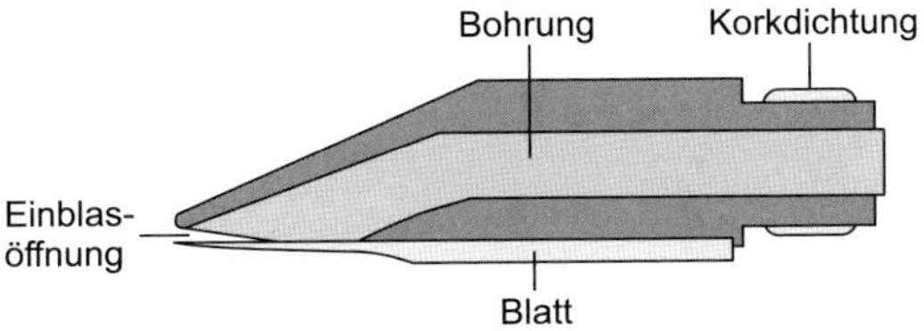

Mundstück einer Klarinette mit Rohrblatt. Danach schließt sich das zylindrische Rohr an.

Quelle: https://upload.wikimedia.org/wikipedia/commons/thumb/1/1f/Yamaha_Clarinet_YCL-657_II.tif/lossy-page1-250px-Ya- maha_Clarinet_YCL-657_II.tif.jpg (abgerufen am 09. 2. 2020)

Material 2: Schematische Darstellung der ersten Oberschwingung

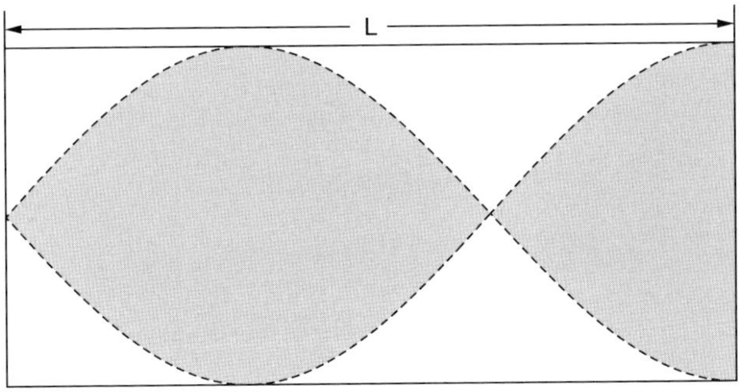

Material 3: Schwingungsbild der überlagerten Töne (Amplitude in relativen Einheiten)

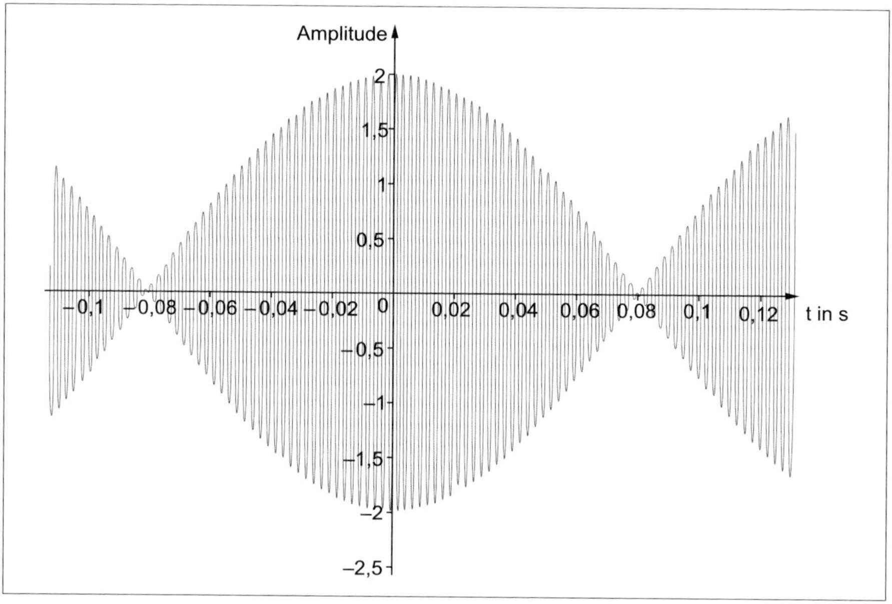

Material 4: Leslie-Kabinett

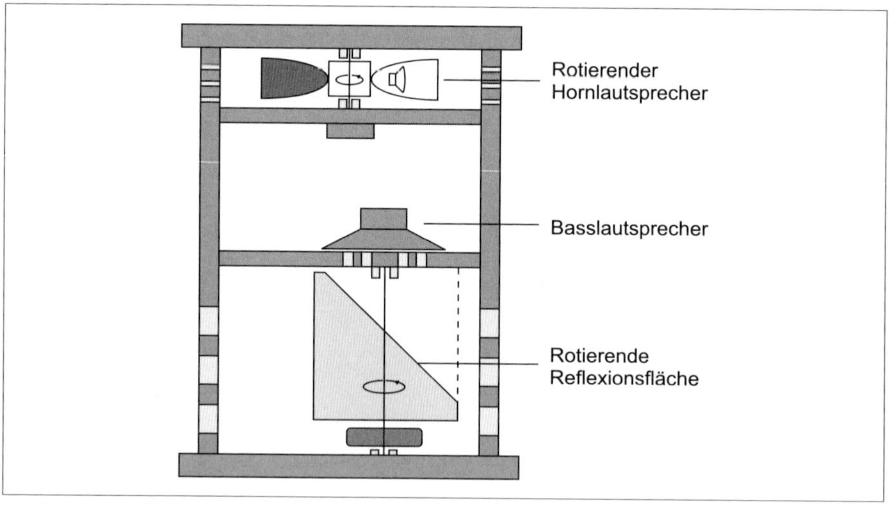

Quelle: Leopold Mathelitsch, Ivo Verovnik: Orgel ohne Pfeifen, Physik der Hammond-Orgel, in: Physik in unserer Zeit (Heft 3) 2017, S. 141.

Material 5: Rotierender Lautsprecher (gegen den Uhrzeigersinn)

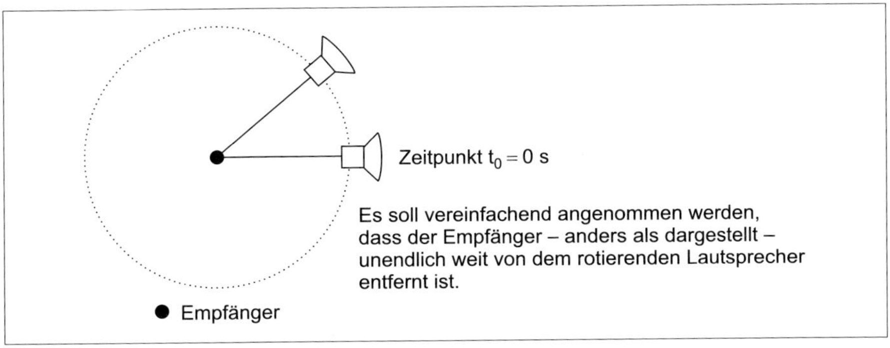

Material 6: Koordinatensystem

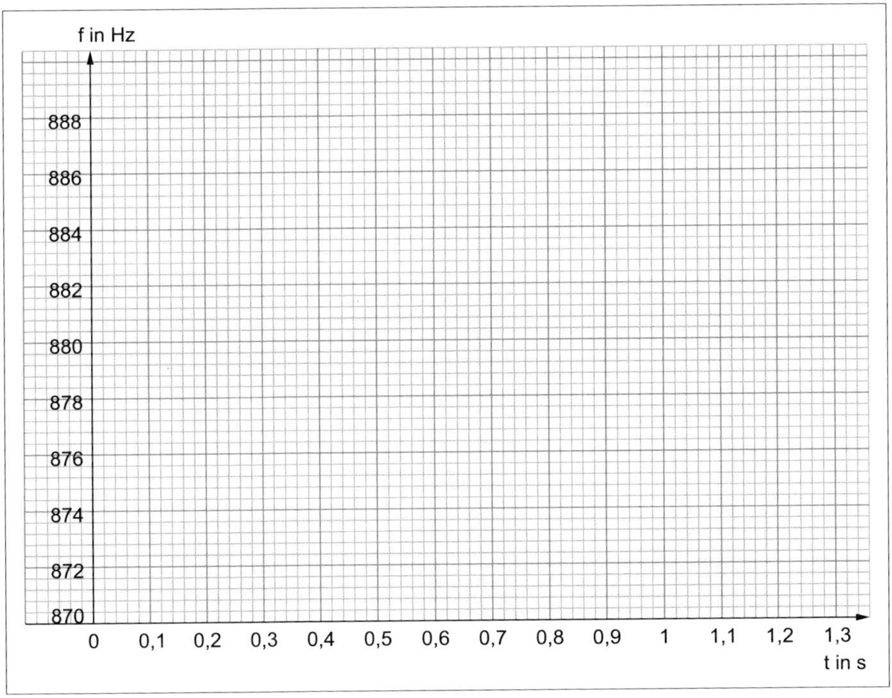

Tipps und Hinweise zur Lösung von Aufgabe B3

Tipp zu Teilaufgabe 1.1

- Unter bestimmten Bedingungen entsteht bei der Überlagerung zweier Wellenzüge eine stehende Welle. Beschreiben Sie diese Bedingungen (Frequenz, Wellenlänge, Amplitude, Ausbreitungsrichtung), die die beiden Wellenzüge erfüllen müssen.

Tipps zu Teilaufgabe 1.2

- In Material 2 sehen Sie, welche Bedingungen die stehende Welle an den beiden Rändern des Rohrs erfüllt. Geben Sie die Rohrlänge in Vielfachen der Wellenlänge an und verallgemeinern Sie diesen Ausdruck.
- Die erste Oberschwingung ist in Material 2 eingezeichnet. Geben Sie den Term für $n = 1$ an.
- Berechnen Sie die Frequenzen für $n = 0, 1, 2$.

Tipps zu Teilaufgabe 2.1

- Überlagern sich zwei Töne, die sich in ihren Frequenzen nur wenig unterscheiden, kommt es zu einer Schwebung. Beschreiben und unterscheiden Sie die Frequenz des Schwebungstons und die Schwebungsfrequenz.
- Die Schwebungsfrequenz ergibt sich aus dem Verlauf des Betrages der Einhüllenden und berechnet sich aus dem Kehrwert des zeitlichen Abstands der beiden Nullstellen in Material 3. Zur Bestimmung der Frequenz des Schwebungstons lesen Sie die Periodendauer T aus Material 3 ab.

Tipp zu Teilaufgabe 2.2

- Berechnen Sie zunächst die beiden Frequenzen $f_1(L_1)$ und $f_1(L_2)$ und die Schwebungsfrequenz als Differenzbetrag. Bestimmen Sie zum Vergleich die prozentualen Abweichung.

Tipp zu Teilaufgabe 2.3

- Berechnen Sie zunächst mittels der Bedingung $f_S < 20\,\text{Hz}$ die zweite Frequenz und daraus die Länge des Rohrs. Gesucht ist die minimale Länge, das heißt die zweite Frequenz muss größer sein als die erste.

Tipp zu Teilaufgabe 3.1

- Die Erläuterung kann mithilfe einer Skizze erfolgen, in der ein ruhender Beobachter und ein sich bewegender Sender eingezeichnet sind oder umgekehrt. Zeichnen Sie auch die Wellenfronten ein.

Tipps zu Teilaufgabe 3.2.1

- Der Lautsprecher bewegt sich entgegen der Uhrzeigerrichtung. Daher zeigt der Geschwindigkeitsvektor zunächst nach oben. Zudem steht der Vektor immer tangential zum Kreis (senkrecht auf dem Kreisradius).

- Verdeutlichen Sie den Zusammenhang zwischen dem Geschwindigkeitsvektor und dem Effektivwert der Geschwindigkeit in einer Skizze und nutzen Sie eine trigonometrische Funktion zur Begründung der Formel.
- Beachten Sie zur Deutung des Vorzeichens, dass sich die Bewegungsrichtung des Lautsprechers relativ zum Beobachter ändert und das Vorzeichen der Geschwindigkeit zu Beginn positiv ist.

Tipps zu Teilaufgabe 3.2.2

- Ersetzen Sie zur Angabe des Terms in der angegebenen Formel die Geschwindigkeit.
- Berechnen Sie die Geschwindigkeit des Lautsprechers und setzen Sie diese Geschwindigkeit mit jeweils unterschiedlichen Vorzeichen in die angegebene Formel ein.
- Sie dürfen den Zeitverlauf näherungsweise als kosinusförmig annehmen (warum?). Bestimmen Sie für die Zeichnung auch die Periodendauer T.

Tipp zu Teilaufgabe 3.2.3

- Die minimale und maximale Lautstärke werden an den Positionen 90° und 270° wahrgenommen. An diesen Orten ist die Effektivgeschwindigkeit des Lautsprechers bezüglich des Beobachters null. An den Positionen 0° und 180° ist die Frequenz maximal bzw. minimal.

Tipp zu Teilaufgabe 3.2.4

- Die Schallwellen erreichen den Empfänger auf unterschiedlich langen Wegen. Es kann sein, dass gleich Frequenzen zeitversetzt beim Empfänger ankommen oder sich unterschiedliche Frequenzen überlagern.

Lösungen zu Aufgabe B3

1 **Entstehung einer stehenden Welle**

Eine stehende Welle entsteht bei der Überlagerung zweier in entgegengesetzter Richtung laufender Wellen gleicher Amplitude, gleicher Frequenz und gleicher Wellenlänge. Dies passiert beispielsweise bei einer eingespannten Saite, wenn am Enden der Saite die eintreffende Welle zurückgeworfen wird. Die beiden Wellen überlagern sich so, dass sowohl Punkte größter Auslenkung als auch Punkte vollkommener Ruhe entstehen, die dauernd am selben Ort stehen bleiben. Die Punkte größter Auslenkung nennt man Wellenbäuche, die Punkte vollkommener Ruhe Wellenknoten.

1.2 **Stehende Wellen im einseitig geschlossenen Rohr**

Im Rohr der Klarinette breiten sich die Schallwellen aus und bilden stehende Wellen, da die Schallwellen an beiden Enden reflektiert werden. Dabei befindet sich an der Einblasöffnung ein Wellenknoten und am offenen Ende des Rohres ein Wellenbauch (siehe Material 2). Damit sich diese stehenden Wellen ausbilden können, muss das Rohr bei gegebener Wellenlänge eine ganz bestimmte Länge besitzen oder umgekehrt bei vorgegebener Länge die Wellen eine bestimmte Wellenlänge und damit Frequenz besitzen. In Material 2 hängen Rohrlänge und Wellenlänge über $L = \frac{3}{4}\lambda$ zusammen.

Als Bedingung für das Ausbilden stehender Wellen auf einem Wellenträger der Länge L mit einem festen und einem offenen Ende gilt allgemein:

$$L = (2n+1) \cdot \frac{\lambda_n}{4} \quad \text{mit } n = 0, 1, 2, 3, \dots$$

Frequenz der ersten Oberschwingung

Zu ihrer ersetzt man die Wellenlänge mithilfe der Grundgleichung der Wellenlehre:

$$c = \lambda_n \cdot f_n \quad \Rightarrow \quad \lambda_n = \frac{c}{f_n}$$

Damit ergibt sich für die Länge des Rohres:

$$L = (2n+1) \cdot \frac{c}{4f_n} \quad \text{mit } n = 0, 1, 2, 3, \dots$$

Für die erste Oberschwingung gilt nach Auflösen der Formel und Einsetzen von $n = 1$:

$$f_n = (2n+1) \cdot \frac{c}{4L}$$

$$\stackrel{n=1}{\Rightarrow} \quad f_1 = (2 \cdot 1 + 1) \cdot \frac{c}{4L} = \underline{\underline{\frac{3c}{4L}}}$$

Grundschwingung und die ersten beiden Oberschwingungen
Zur Berechnung der Frequenzen setzt man n = 0, 1, 2 in die Formel für f_n ein:

$$f_n = (2n+1) \cdot \frac{c}{4L} = (2n+1) \cdot f_0 \quad \Rightarrow \quad \begin{cases} f_0 = \dfrac{340\,\frac{m}{s}}{4 \cdot 0{,}65\text{ m}} = \underline{\underline{131\text{ Hz}}} \\ f_1 = 3f_0 = \underline{\underline{392\text{ Hz}}} \\ f_2 = 5f_0 = \underline{\underline{654\text{ Hz}}} \end{cases}$$

2.1 **Schwingungsbild**
Der Effekt der schwankenden Lautstärke nennt sich Schwebung und entsteht, wenn sich zwei harmonische Schwingungen mit ähnlicher Frequenz überlagern. Durch diese Überlagerung entsteht eine Schwingung mit der Frequenz des Schwebungstons. Die Amplitude der resultierenden Schwingung schwankt mit der Schwebungsfrequenz.

Gemessene Schwebungs- und Tonfrequenz
Als Schwebungsfrequenz bezeichnet man die Frequenz f, mit der sich der Betrag der Einhüllenden verändert. Die Schwebungsfrequenz ergibt sich also aus dem Kehrwert des zeitlichen Abstands der beiden Nullstellen in Material 3. Dieser Abstand beträgt $2 \cdot 0{,}08\text{ s} = 0{,}16\text{ s}$. Für die **Schwebungsfrequenz** ergibt sich daher:

$$f_S = \frac{1}{0{,}16\text{ s}} = \underline{\underline{6{,}25\text{ Hz}}}$$

Die Frequenz des Schwebungstons kann man ebenfalls aus Material 3 ablesen. Die Frequenz ist definiert als Anzahl der Schwingungen pro Zeit. Im Zeitintervall 0,08 s kann man 32 Schwingungen ablesen. Somit ergibt sich für die **Frequenz des Schwebungstons**:

$$f = \frac{32}{0{,}08\text{ s}} = \underline{\underline{400\text{ Hz}}}$$

2.2 **Berechnete Schwebungsfrequenz**
Nach Teilaufgabe 1.2 gilt für die Frequenz der ersten Oberschwingung

$$f_1 = \frac{3c}{4L},$$

sodass für die beiden Rohre folgt:

$$f_1(L_1) = \frac{3 \cdot 340\,\frac{m}{s}}{4 \cdot 0{,}65\text{ m}} = 392\text{ Hz}$$

$$f_1(L_2) = \frac{3 \cdot 340\,\frac{m}{s}}{4 \cdot 0{,}64\text{ m}} = 398\text{ Hz}$$

Die Schwebungsfrequenz ist definiert als:

$$f_S = |f_1(L_2) - f_1(L_1)|$$

Diese beträgt in diesem Fall:

$$f_S = |398\text{ Hz} - 392\text{ Hz}| = 6\text{ Hz}$$

Vergleich mit dem Messwert
Für die prozentuale Abweichung zum gemessenen Wert erhält man:

$$\frac{6{,}25\text{ Hz} - 6\text{ Hz}}{6{,}25\text{ Hz}} = 0{,}04 = \underline{\underline{4\ \%}}$$

Der Vergleich zwischen theoretisch und experimentell bestimmten Wert für die Frequenz des Schwebungstons ist nicht verlangt, sei hier aber der Vollständigkeit halber ergänzt. Der theoretisch erwartete Wert ergibt sich als arithmetisches Mittel der beiden Ausgangsfrequenzen:

$$f = \frac{f_1(L_1) + f_1(L_2)}{2} = \frac{392\text{ Hz} + 398\text{ Hz}}{2} = 395\text{ Hz}$$

Das bedeutet eine prozentuale Abweichung vom Messwert von

$$\frac{400\text{ Hz} - 395\text{ Hz}}{400\text{ Hz}} \cdot 100\ \% = 1{,}25\ \%.$$

2.3 **Minimale Länge L_2**

Für ein Rohr mit der Länge $L_1 = 0{,}65$ m beträgt die Frequenz der ersten Oberschwingung nach Teilaufgabe 1.2 $f_1(L_1) = 392$ Hz.
Gesucht ist die Frequenz f_2, bei der die Schwebungsfrequenz kleiner als 20 Hz ist:

$$20\text{ Hz} > f_S = |f_1(L_2) - f_1(L_1)| = \begin{cases} f_1(L_2) - 392\text{ Hz} & \text{falls } f_1(L_2) > 392\text{ Hz} \\ 392\text{ Hz} - f_1(L_2) & \text{falls } f_1(L_2) < 392\text{ Hz} \end{cases}$$

Wegen $f_1(L_2) = 3c/4L_2$ ist L_2 dann minimal, wenn $f_1(L_2)$ maximal ist, d. h., wenn $f_1(L_2) > 392$ Hz gilt. Daher folgt für die Frequenz im zweiten Rohr

$$f_1(L_2) - 392\text{ Hz} < 20\text{ Hz} \quad \Rightarrow \quad f_1(L_2) < 392\text{ Hz} + 20\text{ Hz} = 412\text{ Hz}$$

und daraus für die Länge des Rohres:

$$\frac{3c}{4L_2} < 412\text{ Hz} \quad \Rightarrow \quad L_2 > \frac{3 \cdot 340\ \frac{\text{m}}{\text{s}}}{4 \cdot 412\text{ Hz}} = 0{,}62\text{ m} = \underline{\underline{62\text{ cm}}}$$

Das Rohr muss mindestens 62 cm lang sein, damit die Schwebung wahrgenommen werden kann

Wegen der zweiten Bedingung $392\text{ Hz} - f_1(L_2) < 20\text{ Hz}$ gibt es auch eine maximal erlaubte Rohrlänge, nämlich 68,5 cm; ist das zweite Rohr länger, kann die Schwebung nicht mehr wahrgenommen werden.

3.1 **Änderung der empfangenen Frequenz**

In Abb. 1 ist der Fall eines ruhenden Empfängers (Beobachters) und eines sich bewegenden Senders dargestellt; in diesem Fall bewegt sich der Sender vom Empfänger weg. Die Wellenfronten werden am Ort des Empfängers auseinandergezogen. Damit ändert sich die Wellenlänge und auch die Frequenz (der Ton klingt tiefer). Würde der Beobachter auf der rechten Seite stehen und sich der Sender auf den Empfänger zubewegen, so würden sich die Wellenfronten zusammenschieben und es käme ebenfalls zu einer Frequenzänderung (der Ton klingt höher).

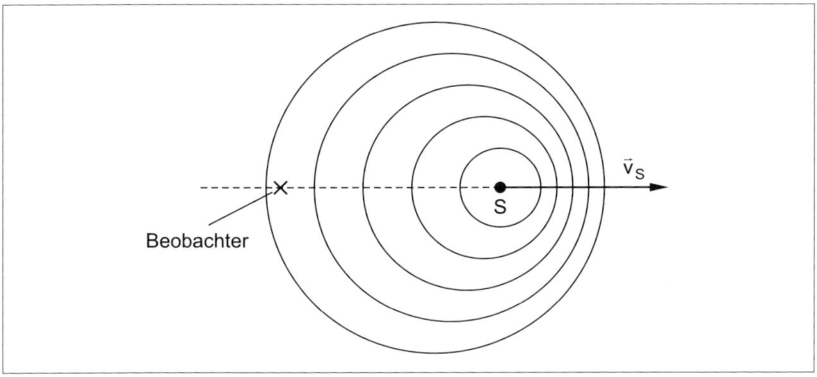

Abb. 1

Befindet sich der Sender in Ruhe und bewegt sich der Empfänger, so ändert sich die empfangene Frequenz ebenfalls, denn je nach Bewegungsrichtung empfängt der Beobachter mehr (Annäherung an Sender; Ton klingt höher) oder weniger (Entfernung vom Sender; Ton klingt tiefer) Wellen pro Zeiteinheit.

3.2.1 **Geschwindigkeit des rotierenden Lautsprechers**

Die Richtung der Geschwindigkeit ist immer tangential zur Kreisbahn des Lautsprechers, ihr Betrag ist konstant. Da der Lautsprecher sich gegen den Uhrzeigersinn dreht, zeigt die Geschwindigkeit auf der rechten Seite zum Zeitpunkt $t_0 = 0$ s nach oben.

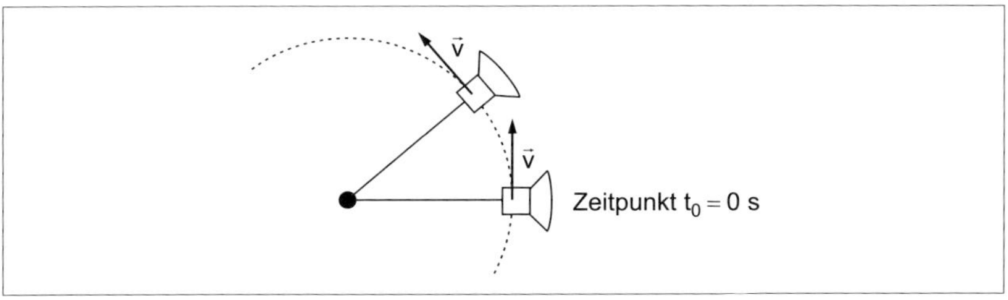

Abb. 2

Zeitverlauf der auf den Empfänger gerichteten $\vec{v}$-Komponente

Zum Doppler-Effekt tragen alle Geschwindigkeitskomponenten bei, die in Richtung des Empfängers oder entgegengerichtet zeigen. Zum Zeitpunkt t_0 trägt die gesamte Geschwindigkeit zum Doppler-Effekt bei, da der Geschwindigkeitsvektor genau vom Empfänger weg zeigt. Für den Betrag der Geschwindigkeiten gilt hier $v = v_{eff}$.

Allgemein kann man mithilfe einer trigonometrischen Funktion aus dem Geschwindigkeitsvektor den Betrag der Effektivgeschwindigkeit berechnen (Abb. 3):

$$\cos(\varphi(t)) = \frac{\text{Ankathete}}{\text{Hypotenuse}} = \frac{|\vec{v}_{eff}|}{|\vec{v}|}$$

$$\Rightarrow \quad v_{eff}(t) = v \cdot \cos(\varphi(t)) \qquad (*)$$

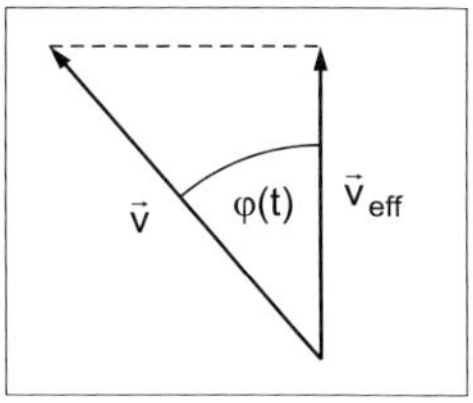

Abb. 3

Der zeitabhängige Drehwinkel $\varphi(t)$ lässt sich durch die konstante Winkelgeschwindigkeit ω ausdrücken:

$$\omega = \frac{\varphi(t)}{t} = 2\pi \cdot f_{rot} \quad \Rightarrow \quad \varphi(t) = 2\pi \cdot f_{rot} \cdot t$$

Durch Einsetzen in (*) ergibt sich die angegebene Formel:

$$\underline{\underline{v_{eff}(t) = v \cdot \cos(2\pi \cdot f_{rot} \cdot t)}} \qquad (**)$$

Vorzeichen von v_{eff}

Der Vektor der effektiven Geschwindigkeit ändert während der Rotation ständig seine Richtung:

- Zu Beginn zeigt der Vektor vom Empfänger weg, der Lautsprecher bewegt sich mit maximalem Geschwindigkeitsbetrag v vom Empfänger weg. Die Effektivgeschwindigkeit hat ein positives Vorzeichen, $v_{eff} = +v$.
- Ist der Drehwinkel von 90° erreicht, ist v_{eff} null, die Bewegungsrichtung bzgl. des Empfängers kehrt sich um.
- Die Effektivgeschwindigkeit hat ein negatives Vorzeichen, ihr Betrag nimmt bis zum Erreichen des Winkels 180° zu ($v_{eff} = -v$) und danach wieder ab, bis sie bei 270° null wird.
- Das Vorzeichen der Effektivgeschwindigkeit wechselt wieder auf positiv (Bewegungsumkehr), ihr Betrag nimmt zu, bis der Lautsprecher nach einer Drehung um 360° wieder die Ausgangsposition erreicht.

3.2.2 **Empfangsfrequenz in Abhängigkeit von der Zeit**

Die Situation entspricht genau dem im einführenden Text zu Aufgabe 3 beschrieben Fall, dass ein Sender sich mit der Geschwindigkeit v auf einen Empfänger zu und von ihm weg bewegt. Hier geschieht das periodisch mit der Geschwindigkeit $v_{eff}(t)$, sodass man durch Einsetzen des Terms (**) in die im Text angegebene Frequenzformel erhält:

$$f' = f \cdot \frac{1}{1 + \frac{v \cdot \cos(2\pi \cdot f_{rot} \cdot t)}{c}} \qquad (***)$$

Maximale und minimale Empfangsfrequenz

Für die Geschwindigkeit des Lautsprechers gilt (Radius r = 0,15 m):

$$v = 2\pi \cdot r \cdot f_{rot} = 2\pi \cdot 0{,}15\ \text{m} \cdot \frac{100}{60}\ \text{Hz} = 1{,}57\ \frac{\text{m}}{\text{s}}$$

Die maximale Frequenz registriert der Zuhörer, wenn sich der Lautsprecher auf ihn zubewegt, wenn also die Geschwindigkeit ein negatives Vorzeichen besitzt:

$$f'_{max} = f \cdot \frac{1}{1 - \frac{v}{c}} = 880\ \text{Hz} \cdot \frac{1}{1 - \frac{1{,}57\ \frac{\text{m}}{\text{s}}}{340\ \frac{\text{m}}{\text{s}}}} = 884\ \text{Hz}$$

Der Zuhörer nimmt die minimale Frequenz wahr, wenn sich der Lautsprecher von ihm wegbewegt, die Geschwindigkeit also positiv ist:

$$f'_{min} = f \cdot \frac{1}{1 + \frac{v}{c}} = 880\ \text{Hz} \cdot \frac{1}{1 + \frac{1{,}57\ \frac{\text{m}}{\text{s}}}{340\ \frac{\text{m}}{\text{s}}}} = 876\ \text{Hz}$$

t-f′-Diagramm

Die Empfangsfrequenzen schwanken gemäß der Funktionsvorschrift (***) periodisch mit der Periodendauer

$$T = \frac{1}{f_{rot}} = \frac{1}{\frac{100}{60}\ \text{Hz}} = 0{,}6\ \text{s}$$

zwischen der minimalen Frequenz von 876 Hz und der maximalen Frequenz von 884 Hz. Da die Schwankung mit ±4 Hz sehr klein gegenüber der Sendefrequenz 880 Hz ist, kann die Funktion (***) näherungsweise gut durch eine Kosinusfunktion beschrieben werden (Abb. 4).

Die Funktionsvorschrift dieser Näherungsfunktion lautet:

$$f' \approx f \cdot \left(1 - \frac{v}{c} \cdot \cos(2\pi \cdot f_{rot} \cdot t)\right)$$

Sie beschreibt die exakte Zeitabhängigkeit umso besser, je kleiner der Vorfaktor v/c ist, also je langsamer der Lausprecher sich bezogen auf die Schallgeschwindigkeit dreht. Diese Bedingung ist in der Praxis immer erfüllt.

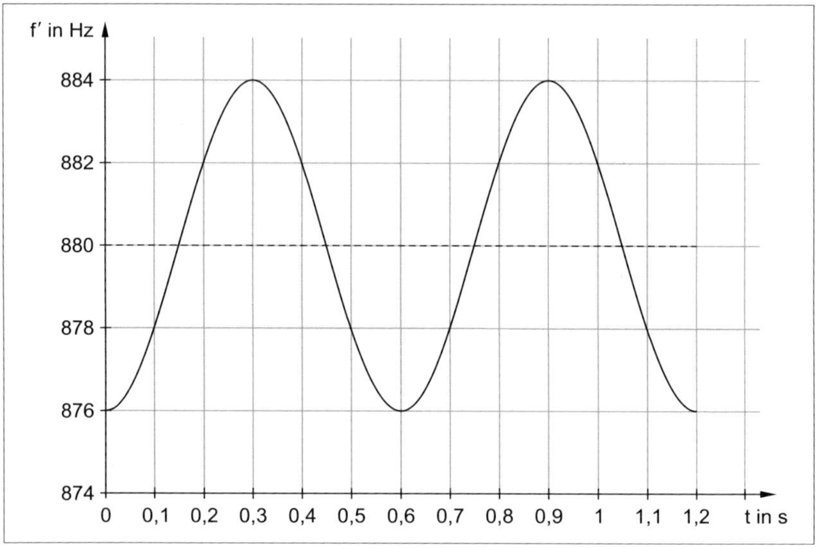

Abb. 4

3.2.3 Phasenverschiebung zwischen Tremolo und Vibrato

Der Zuhörer registriert eine maximale Lautstärke, wenn das Horn (der Lautsprecher) genau auf ihn zeigt ($\varphi = 270°$), und eine minimale Lautstärke, wenn es entgegengesetzt gerichtet ist (von ihm weg zeigt, ($\varphi = 90°$). Dies ist genau im unteren Punkt des Lautsprechers bzw. im oberen Punkt der Fall. In diesem beiden Fällen nimmt der Beobachter die tatsächliche Frequenz des Lautsprechers wahr, da die Effektivgeschwindigkeit an diesen Punkten jeweils null ist. Der Tremoloeffekt (Lautstärkeänderung) ist also hier maximal, während die Tonhöhe unverändert ist.

An den beiden Punkten dazwischen (0° und 180°) nimmt der Beobachter eine mittlere Lautstärke wahr, während der Betrag der Effektivgeschwindigkeit an diesen Punkten jeweils maximal und damit auch der Vibratoeffekt (Tonhöhenänderung) maximal ist.

Beide Effekte sind daher um 90°, also um eine Viertelperiode, phasenverschoben, die Aussage ist **korrekt**.

3.2.4 Weitere Reflexionseffekte

Werden die Schallwellen an den Wänden reflektiert, so erreichen diese den Empfänger auf unterschiedlich langen Wegen. Die Schallwellen – deren Wellenlängen im Bereich von Zentimetern bis Metern liegen und damit von ähnlicher Größenordnung sind wie die auftretenden Gangunterschiede – kommen also zeitversetzt beim Zuhörer an. Dies kann zu Interferenzen führen. Es können auch Schwebungseffekte auftreten, wenn sich unterschiedliche Frequenzen überlagern.

Landesabitur Physik 2022 (Hessen) – Leistungskurs
Aufgabe A1: Bewegte Ladungen in Feldern

1 Die Einheit Ampere wurde bis zum Jahr 2019 über die Kraft zwischen zwei stromdurchflossenen Leitern definiert. In Material 1 wird diese Definition angegeben und die prinzipielle experimentelle Anordnung für diese Definition veranschaulicht.

1.1 Skizzieren Sie den Verlauf der magnetischen Feldlinien des linken stromdurchflossenen Leiters in Material 1.
Untersuchen Sie, ob sich die stromdurchflossenen Leiter gegenseitig anziehen oder abstoßen. (6 BE)

1.2 Das Magnetfeld eines geraden Leiters, der von einem elektrischen Strom der Stärke I durchflossen wird, besitzt im Abstand r die magnetische Flussdichte[1]

$$B = \frac{\mu_0 \cdot I}{2\pi \cdot r}.$$

Bestätigen Sie durch eine Rechnung, die die Einheiten einbezieht, dass die in Material 1 angegebenen Kraft unter den dort angegebenen Rahmenbedingungen tatsächlich den Betrag $2 \cdot 10^{-7}$ N besitzt. (4 BE)

2 Seit dem Jahr 2019 basiert die Definition der Einheit Ampere auf der Elementarladung e. Diese lässt sich bei bekannter Elektronenmasse m_e aus der spezifischen Ladung $\frac{e}{m_e}$ eines Elektrons berechnen. Im Folgenden soll diese experimentell bestimmt werden. Der prinzipielle Aufbau dazu ist in Material 2 dargestellt. Mit einem Helmholtzspulenpaar wird ein homogenes Magnetfeld der Flussdichte B in einem Fadenstrahlrohr erzeugt. Die Elektronen werden mit der Spannung U_B beschleunigt, anschließend senkrecht zu den Feldlinien in das homogene Magnetfeld eingeschossen und so auf eine Kreisbahn mit dem Radius r gelenkt.

2.1 Geben Sie an, welche Richtung das homogene Magnetfeld besitzen muss, damit die Elektronen die kreisförmige Bahn in der schematischen Darstellung von Material 3 durchlaufen.
Zeichnen Sie in Material 3 an beliebiger Stelle der Bahn ein Elektron, den Geschwindigkeitsvektor dieses Elektrons und die Richtung der Lorentzkraft auf dieses Elektron ein.
Begründen Sie, dass die Flugbahn der Elektronen eine Kreisbahn ist. (5 BE)

2.2 Berechnen Sie die Geschwindigkeit der Elektronen nach Durchlaufen der Beschleunigungsspannung $U_B = 200$ V. (3 BE)

1 Die magnetische Flussdichte wird in manchen Lehrbüchern auch als magnetische Feldstärke bezeichnet.

2.3 Leiten Sie die Beziehung $\frac{e}{m_e} = \frac{2U_B}{B^2 \cdot r^2}$ für die spezifische Ladung eines Elektrons her. (4 BE)

2.4 In einer Messreihe wurden, die in Material 4 tabellarisch dargestellten Werte gemessen und daraus jeweils die spezifische Ladung eines Elektrons bestimmt. Bestimmen Sie den fehlenden Wert für Messung 5 und anschließend mithilfe aller 5 Messungen einen Wert für die spezifische Ladung eines Elektrons. Berechnen Sie die prozentuale Abweichung dieses Wertes vom Literaturwert. (5 BE)

2.5 Die Beschleunigungsspannung U_B ist konstant. Untersuchen Sie mithilfe der in Aufgabe 2.3 angegebenen Formel die funktionale Abhängigkeit des Kreisbahnradius r von der magnetischen Flussdichte B. Bestätigen Sie diese Abhängigkeit anhand von drei geeigneten Messungen in Material 4. (6 BE)

2.6 Bestätigen Sie, dass bei konstantem Magnetfeld die Zeit, die ein Elektron für das Durchlaufen einer Kreisbahn benötigt, unabhängig vom Radius der Kreisbahn und unabhängig von der Geschwindigkeit des Elektrons ist.
Berechnen Sie die Zeit für einen Umlauf bei der magnetischen Flussdichte $B = 1\ \text{mT}$ und bestätigen Sie die Einheit des Ergebnisses mit einer Einheitenrechnung. (6 BE)

3 Ein Zyklotron ist ein Teilchenbeschleuniger, der in der Medizin und in der physikalischen Forschung eingesetzt wird. In dem in Material 5 abgebildeten Zyklotron verlassen die Protonen die Quelle mit vernachlässigbarer Geschwindigkeit und durchlaufen mehrfach die Beschleunigungsspannung U_B, die zwischen zwei hohlen, halbkreisförmigen Elektroden anliegt. Die Protonen werden so mehrfach in dem homogenen elektrischen Feld im Spalt zwischen den beiden Elektroden beschleunigt. Um dies zu ermöglichen, werden die Protonen mithilfe eines homogenen Magnetfelds auf halbkreisförmige Bahnen abgelenkt. Die Zeit zum Durchlaufen der Beschleunigungsspannung kann im Vergleich zu der Zeit zum Durchlaufen der halbkreisförmigen Bahn jeweils vernachlässigt werden. Die Beschleunigungsspannung U_B wird mit einer bestimmten, festen Frequenz umgepolt. Die ganze Anordnung befindet sich in einer Vakuumkammer.

3.1 Erklären Sie mithilfe von Aufgabe 2.6, dass die Beschleunigungsspannung U_B mit einer bestimmten, festen Frequenz umgepolt werden muss. (3 BE)

3.2 Die Protonen werden in dem Zyklotron mit der magnetischen Flussdichte $B = 0{,}6\ \text{T}$ auf eine Endgeschwindigkeit von $v = 0{,}1\ c$ beschleunigt, mit der sie das Zyklotron verlassen. Berechnen Sie den Radius der Kreisbahn nach der letzten Beschleunigung und die maximale Energie der Protonen in der Einheit MeV. (4 BE)

3.3 Untersuchen Sie, ob die in Material 5 dargestellte gleichmäßige Vergrößerung der Bahnradien der halbkreisförmigen Protonenbahnen der Realität entspricht. (4 BE)

Material 1: Definition der Einheit Ampere

Die Einheit Ampere wurde bis zum Jahr 2019 folgendermaßen definiert:

1 Ampere ist die Stärke des zeitlich konstanten elektrischen Stroms, der im Vakuum zwischen zwei parallelen, unendlich langen, geraden Leitern mit vernachlässigbar kleinem, kreisförmigem Querschnitt und dem Abstand von 1 m zwischen diesen Leitern eine Kraft von $2 \cdot 10^{-7}$ Newton pro Meter Leiterlänge hervorrufen würde.

Quelle: Ampere/Wikipedia, CC-BY-SA-3.0

Veranschaulichung der Anordnung

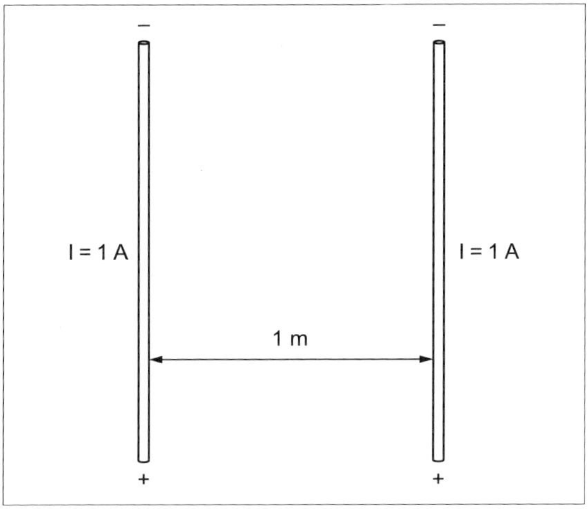

Material 2: Aufbau zur Bestimmung der spezifischen Ladung eines Elektrons

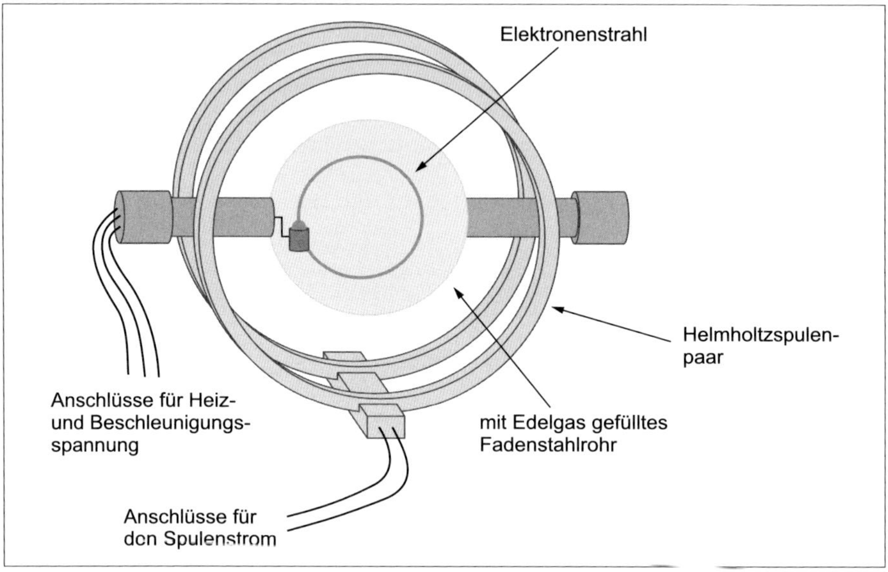

Material 3: Schematische Darstellung des Fadenstrahlrohrs (ohne Helmholtzspulenpaar)

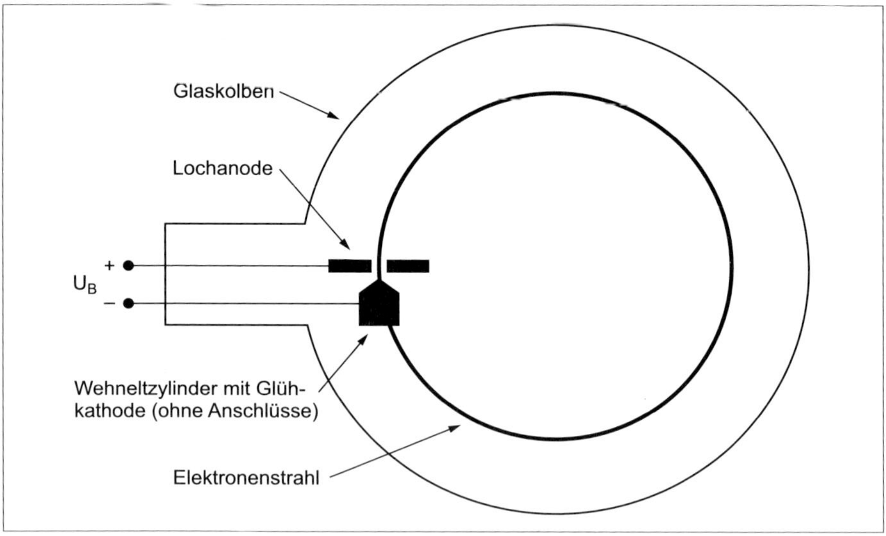

Material 4: Messreihe zur Bestimmung des spezifischen Elektronenladung

Messung	U_B in V	B in mT	r in cm	$\frac{e}{m_e}$ in $10^{11}\ \frac{C}{kg}$
1	150	1,00	4,1	1,78
2	200	1,00	4,8	1,74
3	250	1,00	5,3	1,78
4	250	1,25	4,3	1,73
5	250	1,75	3,0	

Material 5: Schematische Darstellung eines Zyklotrons

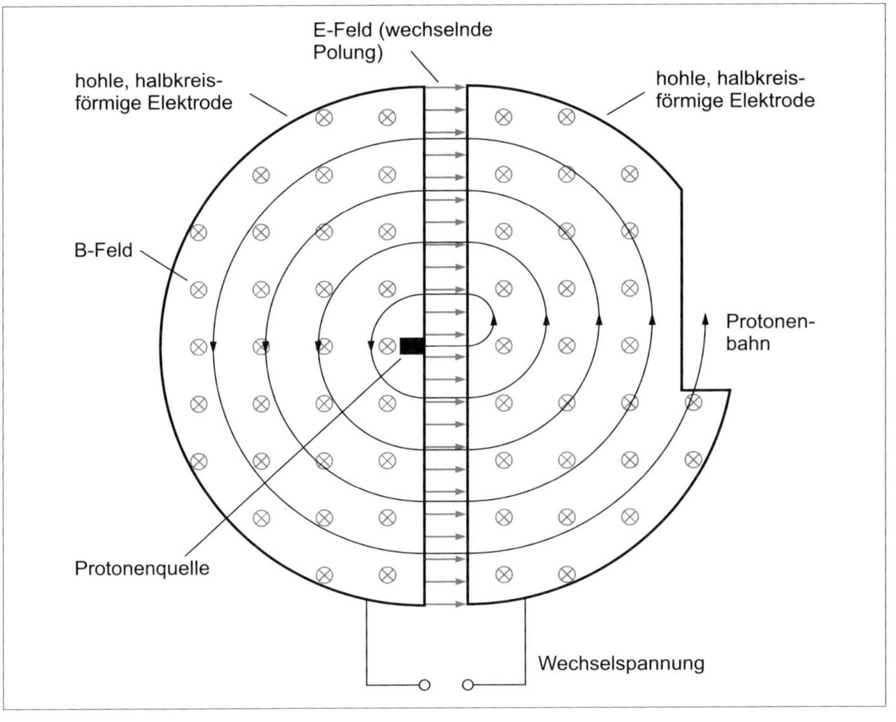

Tipps und Hinweise zur Lösung von Aufgabe A1

Tipps zu Teilaufgabe 1.1

- Die Richtung der magnetischen Feldlinien können Sie anhand der Linke-Faust-Regel ermitteln. Achten Sie dabei darauf, dass der Daumen in Bewegungsrichtung der Elektronen und nicht in Richtung der technischen Stromrichtung zeigt.
- Zur Untersuchung der Anziehung oder Abstoßung betrachten Sie die Richtungen der Lorenzkräfte in den jeweils anderen Leitern.

Tipp zu Teilaufgabe 1.2

- Verwenden Sie die in der Formelsammlung genannte Formel für die magnetische Kraft und setzen Sie dort den Ausdruck für die magnetische Flussdichte aus der Aufgabenstellung ein.

Tipps zu Teilaufgabe 2.1

- Die Richtung des magnetischen Feldes ergibt sich aus der Linke-Hand-Regel. Beachten Sie dabei, dass die Elektronen sich auf einer Kreisbahn bewegen.
- Vergleichen Sie die Bewegung der Elektronen im Magnetfeld mit einer Kreisbewegung in der Mechanik. In welche Richtung wirken dort die vorkommenden Kräfte?

Tipp zu Teilaufgabe 2.2

- Bei der Beschleunigung wird die elektrische Energie in Bewegungsenergie der Elektronen umgewandelt. Verwenden Sie diesen Ansatz zur Berechnung der Geschwindigkeit der Elektronen.

Tipps zu Teilaufgabe 2.3

- Verwenden Sie zur Herleitung des angegebenen Ausdrucks einen Kräfteansatz. Da sich die Elektronen auf einer Kreisbahn bewegen, muss hier eine Zentripetalkraft vorkommen. Welche ist das?
- Verwenden Sie im weiteren Verlauf der Rechnung die Formel für die Geschwindigkeit der Elektronen aus Teilaufgabe 2.2.

Tipps zu Teilaufgabe 2.4

- Den fehlenden Wert kann man berechnen. Schauen Sie dazu in die Aufgabenstellung 2.3.
- Die Auswertung erfolgt wie üblich durch Mittelwertbildung und Berechnung des prozentualen Abstands.

Tipps zu Teilaufgabe 2.5

- Die gesuchte Proportionalität ergibt sich durch eine geeignete Umstellung der Formel aus Teilaufgabe 2.3.
- Verwenden Sie nur solche Messwerte zur Bestätigung der Abhängigkeit, bei denen die Beschleunigungsspannung konstant ist. Welche sind das?

Tipp zu Teilaufgabe 2.6

Stellen Sie zunächst einen Ausdruck für die Umlaufdauer T eines Elektrons auf einer Kreisbahn her. Verwenden Sie dazu den Kräfteansatz aus Teilaufgabe 2.3. Untersuchen Sie anschließend die Abhängigkeiten anhand dieses Ausdrucks. Vergessen Sie nicht, noch die Umlaufzeit für $B = 1\ \text{mT}$ zu berechnen.

Tipp zu Teilaufgabe 3.1

Eine feste Umpolfrequenz bedeutet, dass die Elektronen auf ihren Kreisbahnen immer die gleichen Umlaufzeiten benötigen. Begründen Sie diesen Sachverhalt.

Tipps zu Teilaufgabe 3.2

Durch Umformen des Kräfteansatzes aus Teilaufgabe 2.3 ergibt sich der gesuchte Radius durch Einsetzen der entsprechenden Werte.

Verwenden Sie zur Berechnung der maximalen kinetischen Energie die bekannte Formel. Vergessen Sie nicht, Joule im Elektronenvolt umzurechnen.

Tipp zu Teilaufgabe 3.3

In der Realität wird der Abstand der Umlaufbahnen zueinander geringer. Welchen Grund könnte es dafür geben?

Lösungen zu Aufgabe A1

1.1 Skizze der magnetischen Feldlinien

Zur Bestimmung der Richtung der magnetischen Feldlinien verwendet man die Linke-Faust-Regel. Zeigt der abgespreizte Daumen in Richtung der Bewegung der freien negativen Ladungsträger, geben die anderen Finger die Richtung der magnetischen Feldlinien an.

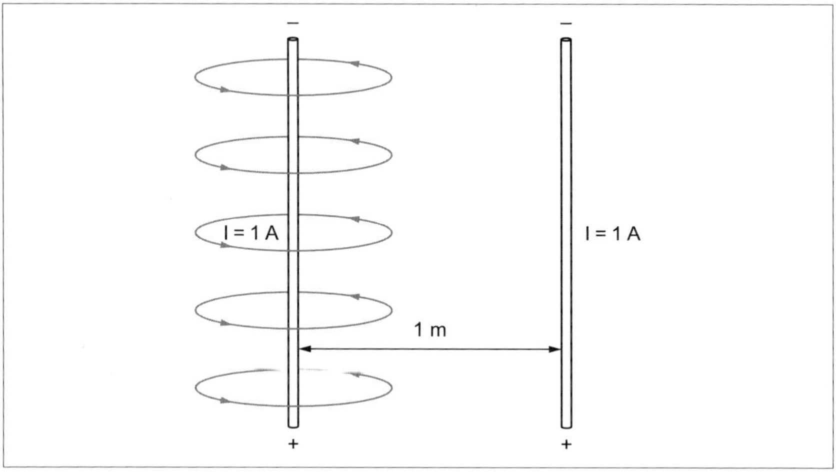

Untersuchung auf Anziehung oder Abstoßung

Liegen zwei Leiter mit gleicher Stromrichtung nebeneinander, so ziehen sie sich an. Das Magnetfeld eines Leiters übt auf die bewegten Elektronen im jeweils anderen Leiter eine Lorenzkraft aus. Diese Lorenzkräfte sind entgegengesetzt gerichtet (Linke-Hand-Regel) und zeigen jeweils in Richtung des anderen Leiters.

1.2 Berechnung der angegebenen Kraft inklusive Einheitenrechnung

Für die magnetische Kraft, die in einem Magnetfeld auf einen Leiter der Länge ℓ wirkt, der von einem Strom der Stärke I_1 durchflossen wird, gilt die Formel

$$F_{mag} = I_1 \cdot \ell \cdot B.$$

Setzt man die angegebene Formel aus der Aufgabenstellung für die magnetische Flussdichte ein, die ein Strom der Stärke I_2 hervorruft, so erhält man

$$F_{mag} = I_1 \cdot \ell \cdot \frac{\mu_0 \cdot I_2}{2\pi \cdot r}.$$

In diesem Fall sind die beiden Stromstärken gleich und es gilt $I_1 = I_2 = 1\ \text{A}$.

Setzt man die restlichen Größen in die Gleichung ein, so erhält man den angegebenen Wert für die magnetische Kraft:

$$F_{mag} = 1\,A \cdot 1\,m \cdot \frac{1{,}257 \cdot 10^{-6}\,\frac{N}{A^2} \cdot 1\,A}{2\pi \cdot 1\,m} = \frac{1{,}257 \cdot 10^{-6}}{2\pi} \cdot \frac{A \cdot m \cdot \frac{N}{A^2} \cdot A}{m}$$

$$\approx \underline{\underline{2 \cdot 10^{-7}\,N}}$$

Verwenden Sie die magnetische Feldkonstante in der Form $\mu_0 = 4\pi \cdot 10^{-7}\,\frac{Vs}{Am}$, vereinfacht sich (mit 1 VAs = 1 J = 1 Nm) die Rechnung zu

$$F_{mag} = 1\,A \cdot 1\,m \cdot \frac{4\pi \cdot 10^{-7}\,\frac{Vs}{Am} \cdot 1\,A}{2\pi \cdot 1\,m} = 2 \cdot 10^{-7} \cdot \frac{Vs \cdot A}{m} = \underline{\underline{2 \cdot 10^{-7} \cdot N}}$$

2.1 **Angabe der Richtung des Magnetfeldes**

Die Richtung des magnetischen Feldes ergibt sich aus der Linke-Hand-Regel. Da die Elektronen immer in Richtung Kreisbahnmittelpunkt abgelenkt werden, muss das Magnetfeld **in die Zeichenebene** hinein gerichtet sein.

Zeichnung des Elektrons

Exemplarisch wurden in der Zeichnung drei Elektronen an unterschiedlichen Stellen auf ihrer Kreisbahn eingezeichnet

Zur Erlangung der vollen Punktzahl reicht es aus, ein Elektron zu zeichnen.

Die zugehörigen Geschwindigkeitsvektoren verlaufen immer tangential zur Kreisbahn. Die Lorenzkraft wirkt als Zentripetalkraft immer zum Mittelpunkt der Kreisbahn.

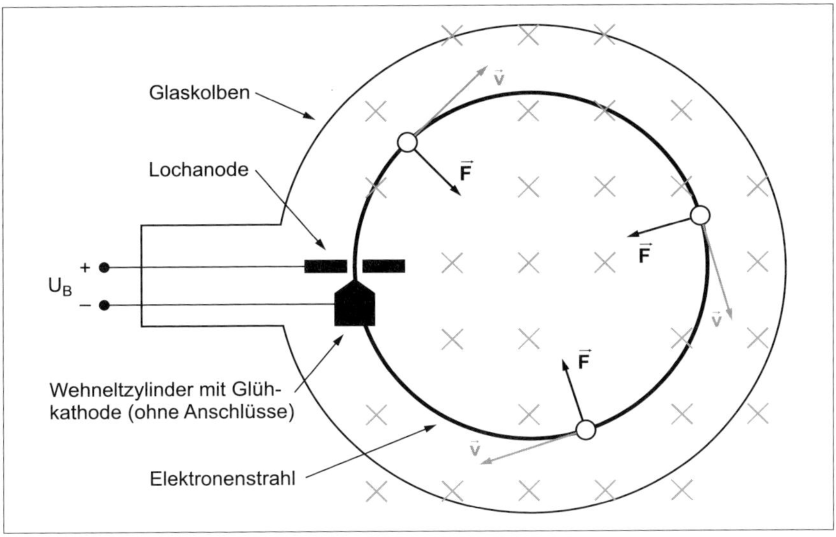

Begründung der Kreisbahn
Auf ein Elektron wirkt eine Lorentzkraft (magnetische Kraft), wenn es durch ein Magnetfeld fliegt. Die Lorenzkraft ist dabei stets senkrecht zum Vektor der momentanen Geschwindigkeit und zur Magnetfeldrichtung orientiert. Ist der Betrag der Geschwindigkeit wie hier konstant, erfährt das Elektron daher fortwährend eine in einer Ebene liegende, senkrecht zur Bewegungsrichtung wirkende konstante Kraft. Aus der Mechanik ist bekannt, dass eine solche Zentripetalkraft zu einer gleichförmigen Kreisbewegung der Elektronen führt.

2.2 **Berechnung der Geschwindigkeit der Elektronen**
Beim Durchlaufen der Beschleunigungsspannung wird die Energie des elektrischen Feldes in Bewegungsenergie der Elektronen umgewandelt. Es gilt der Energieansatz:

$$E_{el} = E_{kin}$$

Setzt man die entsprechenden Formeln ein und formt nach der gesuchten Größe um, so ergibt sich:

$$e \cdot U_B = \frac{1}{2} m_e \cdot v^2$$

$$\Rightarrow \qquad v = \sqrt{\frac{2e \cdot U_B}{m_e}} = \sqrt{\frac{2 \cdot 1{,}602 \cdot 10^{-19}\,\text{C} \cdot 200\,\text{V}}{9{,}11 \cdot 10^{-31}\,\text{kg}}} = \underline{\underline{8{,}39 \cdot 10^6\,\frac{\text{m}}{\text{s}}}}$$

2.3 **Herleitung der Beziehung für die spezifische Ladung**
Die beschleunigten Elektronen gelangen in das Magnetfeld der Helmholzspulen und erfahren dort eine Lorenzkraft, die zur Ablenkung der Elektronen führt. Dabei ist die Lorenzkraft immer zum Kreismittelpunkt gerichtet und wirkt somit als Zentripetalkraft:

$$F_Z = F_L \quad \Leftrightarrow \quad \frac{m_e \cdot v^2}{r} = e \cdot v \cdot B$$

Stellt man diese Gleichung nach der gesuchten spezifischen Ladung um, so erhält man:

$$\frac{e}{m_e} = \frac{v}{B \cdot r}$$

Nun ersetzt man die Geschwindigkeit durch den Ausdruck aus Teilaufgabe 2.2, eliminiert die Wurzel und erhält die gesuchte Beziehung:

$$\frac{e}{m_e} = \frac{\sqrt{\frac{2e \cdot U_B}{m_e}}}{B \cdot r} \quad \Rightarrow \quad \frac{e^2}{m_e^2} = \frac{2e \cdot U_B}{m_e \cdot B^2 \cdot r^2} \quad \Rightarrow \quad \underline{\underline{\frac{e}{m_e} = \frac{2U_B}{B^2 \cdot r^2}}}$$

2.4 **Berechnung des fehlenden Wertes**

Den fehlenden Wert erhält man durch Einsetzen der gemessenen Größen in die Formel aus Teilaufgabe 2.3:

$$\frac{e}{m_e} = \frac{2 \cdot 250\ \text{V}}{(1{,}75 \cdot 10^{-3}\ \text{T})^2 \cdot (3{,}0 \cdot 10^{-2}\ \text{m})^2} = \underline{\underline{1{,}81 \cdot 10^{11}\ \frac{\text{C}}{\text{kg}}}}$$

Auswertung der Ergebnisse

Die Auswertung der Messreihe zur Bestimmung der spezifischen Elektronenladung erfolgt durch Mittelwertbildung und durch die Berechnung der prozentualen Abweichung vom Literaturwert:

$$\overline{\frac{e}{m_e}} = \frac{1{,}78 + 1{,}74 + 1{,}78 + 1{,}73 + 1{,}81}{5} \cdot 10^{11}\ \frac{\text{C}}{\text{kg}} = \underline{\underline{1{,}77 \cdot 10^{11}\ \frac{\text{C}}{\text{kg}}}}$$

Der Literaturwert lautet $\frac{e}{m_{e,\,\text{Lit}}} \approx 1{,}759 \cdot 10^{11}\ \frac{\text{C}}{\text{kg}}$. Der gemessene Wert weicht somit um

$$\frac{1{,}77 - 1{,}759}{1{,}759} \approx 0{,}0063 = \underline{\underline{0{,}63\ \%}}$$

vom Literaturwert ab.

2.5 **Untersuchung der funktionalen Abhängigkeit r(B)**

Aus der Formel aus Teilaufgabe 2.3 ergibt sich durch Umstellen der Gleichung mit $U_B = \text{konst.}$ die Proportionalität:

$$r(B) = \sqrt{\frac{2U_B \cdot m_e}{B^2 \cdot e}} = \sqrt{\frac{2U_B \cdot m_e}{e}} \cdot \frac{1}{B} \quad \Rightarrow \quad \underline{\underline{r(B) \sim \frac{1}{B}}}$$

Bestätigung der Abhängigkeit mithilfe der Messreihe

Zur Bestätigung der oben genannten Proportionalität sind nur diejenigen Messwerte zu verwenden, für welche die Beschleunigungsspannung konstant ist. Dies sind die Messwerte der 3., 4. und 5. Messung. Aus der Proportionalität folgt dann:

$$r \cdot B = \text{konst.}$$

Überprüfung

Messung	U_B in V	B in mT	r in cm	$B \cdot r$ in $\text{mT} \cdot \text{cm}$
3	250	1,00	5,3	5,30
4	250	1,25	4,3	5,38
5	250	1,75	3,0	5,25

Im Rahmen von Messungenauigkeiten sind die jeweiligen Produkte gleich. Somit gilt die Proportionalität als erwiesen.

2.6 **Bestätigung der Unabhängigkeiten**

Gesucht ist zunächst ein Ausdruck für die Umlaufdauer des Elektrons auf der Kreisbahn in einem homogenen Magnetfeld. Es ist zu zeigen, dass dieser Zusammenhang unabhängig vom Radius der Kreisbahn und unabhängig von der Geschwindigkeit des Elektrons ist.

Man verwendet den Ansatz aus Teilaufgabe 2.3. Die Lorenzkraft auf die Elektronen wirkt als Zentripetalkraft:

$$F_Z = F_L \quad \Leftrightarrow \quad \frac{m_e \cdot v^2}{r} = e \cdot v \cdot B$$

Für die Geschwindigkeit ergibt sich durch Umformen:

$$v = \frac{r \cdot e \cdot B}{m_e}$$

Bei konstanter Geschwindigkeit gilt allgemein $v = s/t$, speziell für einen vollständigen Umlauf auf der Kreisbahn mit $s = 2\pi \cdot r$ und $t = T$ dann

$$v = \frac{s}{t} = \frac{2\pi \cdot r}{T}.$$

Setzt man beide Formeln gleich und löst nach T auf, so erhält man:

$$\frac{r \cdot e \cdot B}{m_e} = \frac{2\pi \cdot r}{T} \quad \Rightarrow \quad T = \frac{2\pi \cdot m_e}{e \cdot B}$$

Wie man sieht, ist die Umlaufdauer des Elektrons auf seiner Kreisbahn nur abhängig vom Magnetfeld. Insbesondere ist sie unabhängig vom Radius der Kreisbahn und von der Geschwindigkeit des Elektrons.

Berechnung der Umlaufszeit inklusive Einheitenkontrolle

Mit $B = 1\ \text{mT}$ erhält man mit der soeben hergeleiteten Formel:

$$T = \frac{2\pi \cdot m_e}{e \cdot B} = \frac{2\pi}{\frac{e}{m_e} \cdot B} = \frac{2\pi}{1{,}759 \cdot 10^{11}\,\frac{\text{C}}{\text{kg}} \cdot 1 \cdot 10^{-3}\,\text{T}} = \underline{\underline{3{,}6 \cdot 10^{-8}\,\text{s} = 36\,\text{ns}}}$$

Einheitenkontrolle:

$$1\,\frac{1}{\frac{\text{C}}{\text{kg}} \cdot \text{T}} = 1\,\frac{\text{kg}}{\text{As} \cdot \frac{\text{Vs}}{\text{m}^2}} = 1\,\frac{\text{kg} \cdot \text{m}^2}{\text{VA} \cdot \text{s}^2} = 1\,\frac{\text{Nm}}{\text{VA}} = 1\,\frac{\text{J}}{\frac{\text{J}}{\text{s}}} = \underline{\underline{1\,\text{s}}}$$

3.1 **Erklärung der festen Umpolfrequenz**

Dass die Beschleunigungsspannung <u>überhaupt</u> umgepolt werden muss, liegt daran, dass die Richtung, in der der ein Proton den Spalt zwischen den Elektroden durchläuft, pro Umlauf zweimal wechselt. Der „Takt" dieses Umpolens ist aber stets gleich: In Teilaufgabe 2.6 wurde gezeigt, dass die Umlaufdauer eines Elektrons auf seiner Kreisbahn unabhängig vom Radius dieser Kreisbahn ist. Das bedeutet, dass das Elektron für eine halbe Umdrehung auf seiner Kreisbahn immer die gleiche Zeit benötigt, egal wie lang diese Kreisbahn ist. Demzufolge ist die Zeit zwischen dem Austritt aus dem elektrischen Feld zwischen den Elektroden bis zum erneuten Eintritt in das Feld immer gleich lang. Daher genügt es, den Kondensator mit einer bestimmten festen Frequenz umzupolen.

3.2 **Berechnung des Radius der Kreisbahn**

Man verwendet den Ansatz aus Teilaufgabe 2.3:

$$F_Z = F_L \quad \Leftrightarrow \quad \frac{m_P \cdot v^2}{r} = q_P \cdot v \cdot B$$

Stellt man diese Gleichung nach dem gesuchten Radius der Kreisbahn um, so erhält man

$$r = \frac{v \cdot m_P}{q_P \cdot B} = \frac{0{,}1 \cdot 3{,}0 \cdot 10^8\ \frac{m}{s} \cdot 1{,}673 \cdot 10^{-27}\ kg}{1{,}602 \cdot 10^{-19}\ C \cdot 0{,}6\ T} = \underline{\underline{0{,}52\ m.}}$$

Berechnung der maximalen Energie der Protonen

Die kinetische Energie der Protonen mit der Geschwindigkeit v berechnet sich nach der Formel:

$$E_{kin} = \frac{1}{2} m_P \cdot v^2 = \frac{1}{2} \cdot 1{,}673 \cdot 10^{-27}\ kg \cdot \left(0{,}1 \cdot 3{,}0 \cdot 10^8\ \frac{m}{s}\right)^2$$

$$= 7{,}5 \cdot 10^{-13}\ J = 7{,}5 \cdot 10^{-13} \cdot \frac{1}{1{,}602 \cdot 10^{-19}}\ eV = \underline{\underline{4{,}7\ MeV}}$$

3.3 **Vergleich Experiment – Realität**

Die Bahnradien nehmen gemäß der Formel in Teilaufgabe 3.2 dann gleichmäßig zu, wenn die spezifische Ladung q_P / m_p des Protons und die magnetische Flussdichte B konstant bleiben und die Geschwindigkeit v gleichmäßig zunimmt. Dies ist in der Praxis nicht durchwegs erfüllt: Für $v > 0{,}1\ c$ ist die relativistische Massenzunahme nicht mehr vernachlässigbar; sie führt dazu, dass für die gleiche Geschwindigkeitszunahme immer mehr Energie benötigt wird; da die elektrische Beschleunigungsenergie aber konstant ist, nimmt die Geschwindigkeit der Protonen und damit der Bahnradius immer weniger stark zu; der Abstand der Umlaufbahnen zueinander wird immer kleiner.

Zudem geraten Umlauf- und Spannungsfrequenz im relativistischen Fall außer Takt, da nach der Formel in Teilaufgabe 2.6 die Umlaufdauer T von einer geschwindigkeitsabhängigen Masse abhängt, also nicht mehr konstant ist.
Nicht zuletzt emittieren (zentral-)beschleunigte geladene Teilchen wie das Proton bei sehr hohen Geschwindigkeiten nahe der Lichtgeschwindigkeit elektromagnetische Strahlung, sodass die Energie der Protonen pro Umlauf abnimmt.

Landesabitur Physik 2022 (Hessen) – Leistungskurs
Aufgabe A2: Hall-Effekt und Induktion am Beispiel der Stromzange

Mit einer Stromzange (Material 1) kann die Stromstärke in einem Leiter kontaktlos gemessen werden, ohne den Stromkreis zu unterbrechen. Dies geschieht über die Messung des um den Leiter erzeugten Magnetfelds. In der Stromzange befindet sich ein Metallring mit dem Radius $r_{Ring} = 2$ cm und der Permeabilitätszahl $\mu_r = 2\,000$, der konzentrisch um den Leiter geschlossen wird. Um ein Teilstück des Metallrings ist eine Spule gewickelt. Zusätzlich ist im Metallring eine Hall-Sonde eingelassen. In den folgenden Aufgaben soll die Funktionsweise genauer untersucht werden. Von möglichen Einflüssen der übrigen Teile der Stromzange ist dabei abzusehen.

1 Der Leiter ist sehr lang und wird zunächst von einem Gleichstrom durchflossen.

1.1 Skizzieren Sie in Material 2 die Magnetfeldlinien um den Leiter. (2 BE)

1.2 Die magnetische Flussdichte im Abstand r zum Leiter ist durch die Formel

$$B = \mu_r \cdot \mu_0 \cdot \frac{I_L}{2\pi \cdot r}$$

gegeben. Berechnen Sie die magnetische Flussdichte[1] B im Metallring der Stromzange, wenn der Leiter von einem Strom der Stärke $I_L = 2$ A durchflossen wird. (3 BE)

1.3 Die magnetische Flussdichte B des durch den Leiter erzeugten Magnetfelds wird in der Stromzange durch eine Hall-Sonde (Material 3) bestimmt. Die Hall-Sonde beruht auf dem Hall-Effekt, bei welchem durch das Magnetfeld eine Hall-Spannung U_H erzeugt wird.
Erklären Sie qualitativ das Zustandekommen der Hall-Spannung U_H.
Zeichnen Sie die Polung der Spannung am Voltmeter in Material 3 ein. (5 BE)

1.4 Die in der Stromzange verwendete Hall-Sonde aus Wismut hat eine Dicke von $d = 0{,}1$ mm und eine Hall-Konstante von $R_H = 5{,}0 \cdot 10^{-7}\,\frac{m^3}{C}$. Durch die Hall-Sonde fließt der Betriebsstrom $I_H = 100$ mA.

1.4.1 Die Hall-Spannung wird mit der Formel

$$U_H = R_H \cdot \frac{I_H \cdot B}{d}$$

berechnet. Zeigen Sie mithilfe dieser Formel, dass die gemessene Hall-Spannung U_H proportional zur Stromstärke I_L im Leiter ist, und berechnen Sie die Proportionalitätskonstante k.
[zur Kontrolle: $k = 1 \cdot 10^{-5}\,\frac{V}{A}$] (6 BE)

1 Die magnetische Flussdichte wird in manchen Lehrbüchern auch als magnetische Feldstärke bezeichnet.

1.4.2 An der Hall-Sonde können Hall-Spannungen von $U_H \geq 1 \cdot 10^{-7}$ V gemessen werden.
Bestimmen Sie die minimale Stromstärke I_L, die mit dieser Stromzange gemessen werden kann. Entscheiden Sie, ob die Stromzange eine Stromstärke anzeigt, wenn die Hall-Sonde ausschließlich von dem Erdmagnetfeld mit der Flussdichte $B = 48\ \mu T$ durchsetzt wird. (5 BE)

1.5 Untersuchen Sie jeweils qualitativ die Auswirkungen der in Material 4 dargestellten veränderten Durchführungen des Leiters durch die Stromzange auf den Anzeigewert der Stromzange:

a) Der Leiter wird in einer Schleife zweimal durch die Stromzange geführt.

b) Der Leiter wird in einem Bogen zweimal durch die Stromzange geführt.

(4 BE)

2 Um mit der Stromzange Wechselströme messen zu können, ist um den Metallring eine Spule gewickelt (Material 5). Sie hat einen Radius von $r_{Spule} = 0{,}5$ cm und $N = 50$ Windungen. Die an dieser Spule gemessene Spannung ist ein Maß für die Stromstärke I_L im Leiter.

2.1 Erklären Sie, wie die Spannung an den Spulenenden in Material 5 entsteht, wenn der Leiter von einem Wechselstrom durchflossen wird. (4 BE)

2.2 Mit der Stromzange wird nun ein sinusförmiger Wechselstrom gemessen.
Die zeitliche Funktion der Stromstärke durch den Leiter ist durch die Formel $I_L(t) = I_{max} \cdot \sin(2\pi \cdot f \cdot t)$ gegeben. Dabei ist $f = 50$ Hz die Frequenz des Wechselstroms und $I_{max} = 10$ A die Amplitude.
Es soll angenommen werden, dass das Magnetfeld im Metallring den Querschnitt der Spule senkrecht durchsetzt und in diesem Bereich homogen ist.

Leiten Sie für die induzierte Spannung in der Spule die folgende Formel her:

$$U_{ind}(t) = \frac{\mu_0 \cdot \mu_r \cdot N \cdot \pi \cdot r_{Spule}^2 \cdot f}{r_{Ring}} \cdot I_{max} \cdot \cos(2\pi \cdot f \cdot t)$$

Berechnen Sie die maximal in der Spule induzierte Spannung. (10 BE)

2.3 Beurteilen Sie für die beiden Messmethoden Hall-Sonde und Spule, ob Stromzangen mit nur einer dieser Messmethoden sowohl Gleich- als auch Wechselströme messen können. (3 BE)

3 Ein Gurterkennungssystem prüft in einem Fahrzeug, ob ein Sicherheitsgurt geöffnet oder geschlossen ist. In Material 6 a ist ein System skizziert, welches mit einer Hall-Sonde arbeitet. In Material 6 b ist ein System skizziert, welches mit einer Spule arbeitet.

Ein Gurterkennungssystem soll die beiden folgenden Bedingungen erfüllen:

i) Das System muss zwischen Öffnen und Schließen des Gurtes unterscheiden können.

ii) Das System muss zu jedem Zeitpunkt in der Lage sein, den aktuellen Zustand des Gurtes (geschlossen oder offen) zu erkennen.

Erläutern Sie, wie das Öffnen und das Schließen des Gurtes in den Systemen aus Material 6 a und 6 b jeweils erkannt werden kann.
Untersuchen Sie, ob beide Systeme jeweils die beiden oben angegebenen Bedingungen erfüllen. (8 BE)

Material 1 a: Aufbauskizze einer Stromzange um einen stromdurchflossenen Leiter

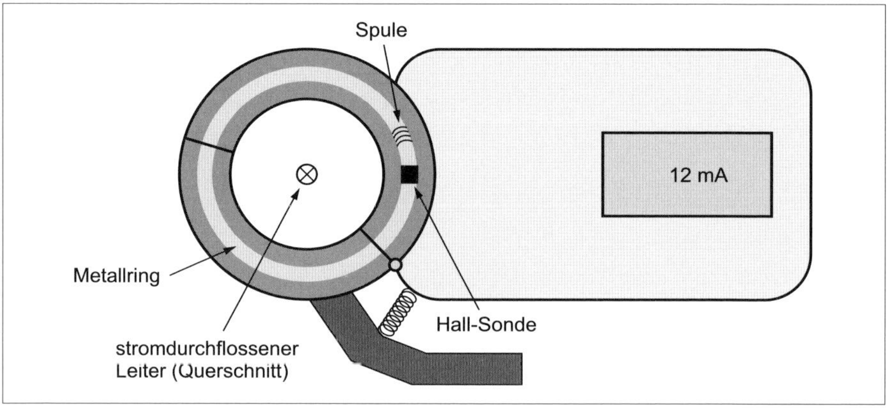

Material 1 b: Stromzange während des Messvorgangs

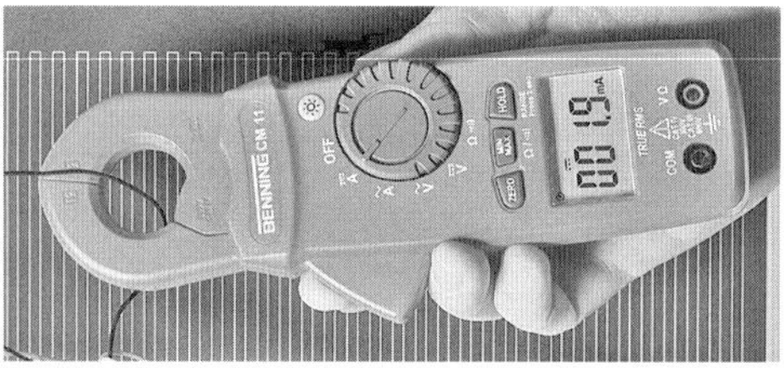

© 2015 BENNING GmbH & Co. KG, Bocholt – Alle Rechte vorbehalten

Material 2: Querschnitt eines stromdurchflossenen Leiters

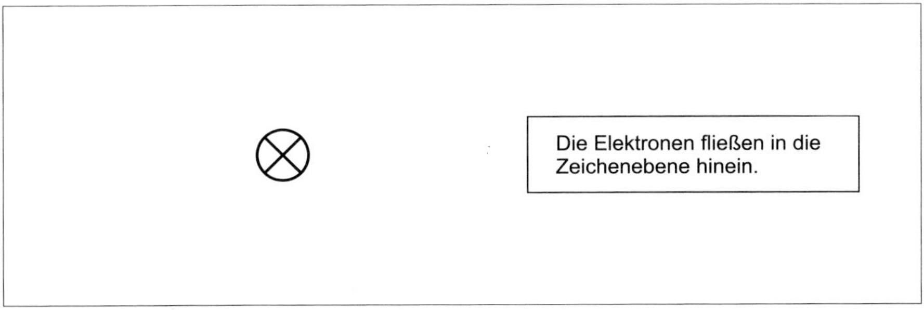

Material 3: Hall-Sonde

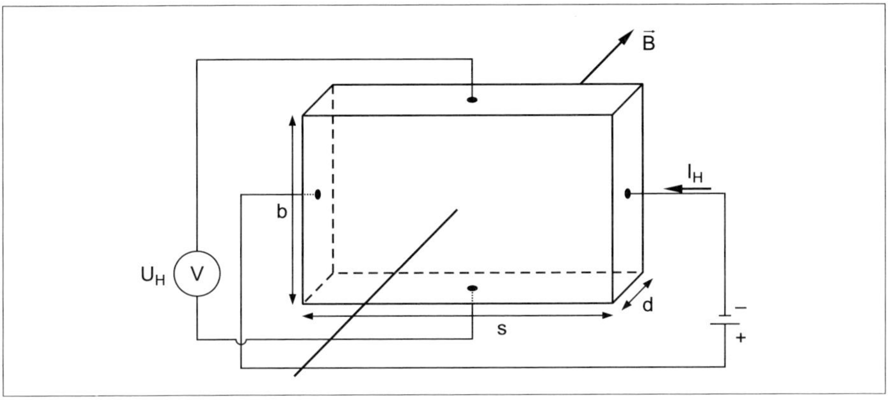

Die magnetischen Feldlinien verlaufen senkrecht durch das Plättchen.

Material 4: Durchführung eines Leiters durch den Metallring der Stromzange

a)

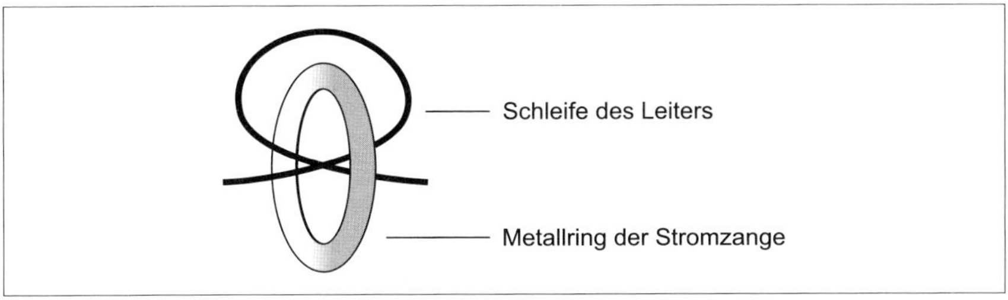

b)

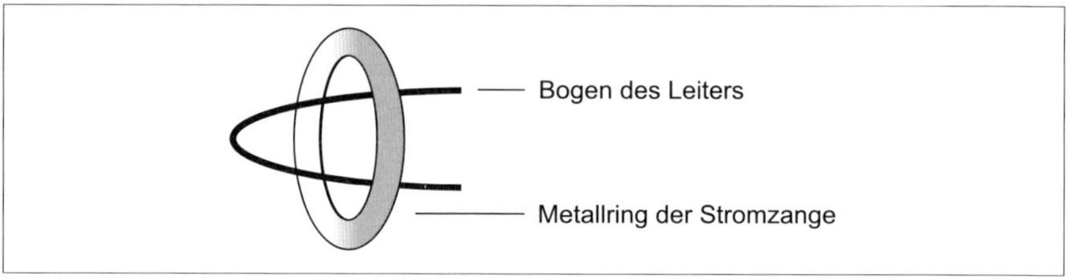

Material 5: Messung von Wechselstrom mit einer Spule

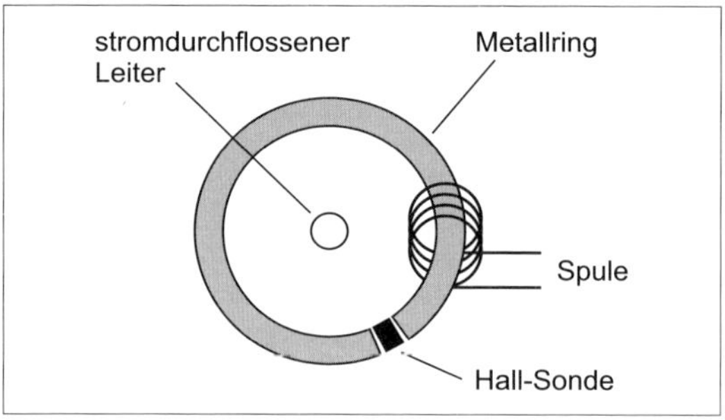

Material 6 a: Gurterkennung mit Hall-Sonde

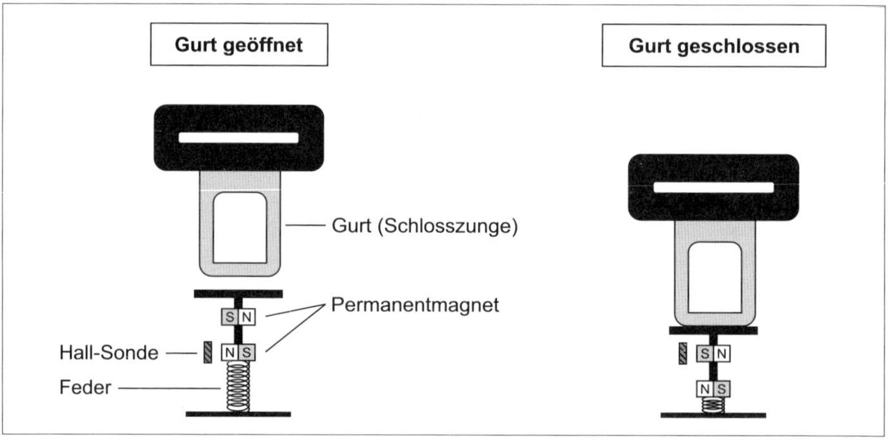

Hinweis: Die Aufbauskizzen stellen nicht alle benötigten Bauteile und elektrischen Verbindungen dar, die für die tatsächliche Erkennung des Gurtes notwendig sind.

Material 6 b: Gurterkennung mit Spule

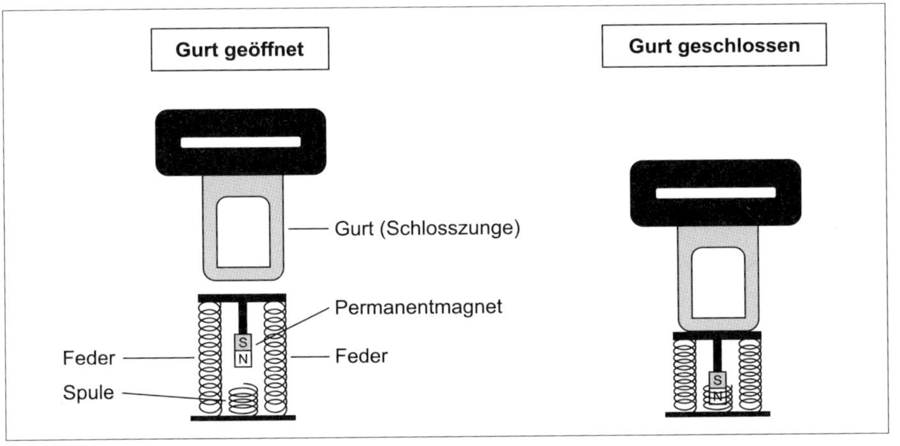

Hinweis: Die Aufbauskizzen stellen nicht alle benötigten Bauteile und elektrischen Verbindungen dar, die für die tatsächliche Erkennung des Gurtes notwendig sind.

Tipps und Hinweise zur Lösung von Aufgabe A2

Tipp zu Teilaufgabe 1.1

Die Richtung der magnetischen Feldlinien können Sie anhand der Linke-Faust-Regel ermitteln. Achten Sie dabei darauf, dass der Daumen in Bewegungsrichtung der Elektronen und nicht in Richtung der technischen Stromrichtung zeigt.

Tipp zu Teilaufgabe 1.2

Setzen Sie die aus der Aufgabenstellung bekannten Größen in die angegebene Formel ein.

Tipp zu Teilaufgabe 1.3

In magnetischen Feldern wirkt eine Kraft auf bewegte Ladungsträger. Diese Kraft führt zu einer Ladungstrennung. Daraus entsteht die Hall-Spannung. Um welche Kraft handelt es sich und in welche Richtung wirkt sie auf die Elektronen? Daraus ergibt sich die Polung der Spannung.

Tipps zu Teilaufgabe 1.4.1

- Ersetzen Sie die magnetische Flussdichte in der angegebenen Formel durch den Ausdruck in Teilaufgabe 1.2 und lesen Sie danach die Proportionalität ab.
- Die Proportionalitätskonstante berechnet sich aus dem Quotienten der konstanten Restgrößen in der Formel.

Tipps zu Teilaufgabe 1.4.2

- Berechnen Sie die minimale Stromstärke. Eine entsprechende Formel finden Sie in der Lösung der Teilaufgabe 1.4.1.
- Berechnen Sie die Hall-Spannung für die angegebene Flussdichte des Erdmagnetfelds und bewerten Sie das Ergebnis.

Tipp zu Teilaufgabe 1.5

- Untersuchen Sie jeweils die beiden Einzelmagnetfelder der beiden Leiter in den Fällen a und b und das daraus resultierende Magnetfeld.

Tipp zu Teilaufgabe 2.1

- Die beschriebene Wechselstromzange funktioniert wie ein Transformator. Der zu messende Leiter im Metallring erzeugt ein Magnetfeld im Metallring. Welchen Einfluss hat das sich aufbauende Magnetfeld auf die Spule? Wie kann man damit die Wechselspannung messen?

Tipps zu Teilaufgabe 2.2

- Gehen Sie von der allgemeinen Gleichung für die Induktionsspannung bei einem sich ändernden Magnetfeld aus. Ersetzen Sie die zeitabhängige magnetische Flussdichte durch die erste Ableitung des Ausdrucks in Teilaufgabe 1.2.
- Bei der Berechnung der maximal induzierten Spannung können Sie den Kosinus durch seinen Maximalwert (= Amplitude der Kosinusfunktion) ersetzen.

Tipp zu Teilaufgabe 2.3

- Untersuchen Sie a) den Einfluss einer Wechselspannung auf die Hall-Sonde und b) den Einfluss einer Gleichspannung auf das Magnetfeld im Metallring und die dadurch induzierte Spannung in der Spule.

Tipps zu Teilaufgabe 3

- Beschreiben Sie anhand des Materials 6 die Funktionsweise der beiden Gurterkennungssysteme. Gehen Sie bei System a insbesondere auf die wechselnde Polung der Permanentmagnete ein. Beschreiben Sie bei System b den Moment des Eintritts (Austritts) des Magneten in die (aus der) Spule.
- Welche Spannung liegt an der Spule an, wenn in b der Sicherheitsgurt offen bzw. geschlossen ist?

Lösungen zu Aufgabe A2

1.1 **Skizze der magnetischen Feldlinien**

Zur Bestimmung der Richtung der magnetischen Feldlinien verwendet man die Linke-Faust-Regel. Zeigt der abgespreizte Daumen in Richtung der Bewegung der freien negativen Ladungsträger, geben die anderen Finger die Richtung der magnetischen Feldlinien an.

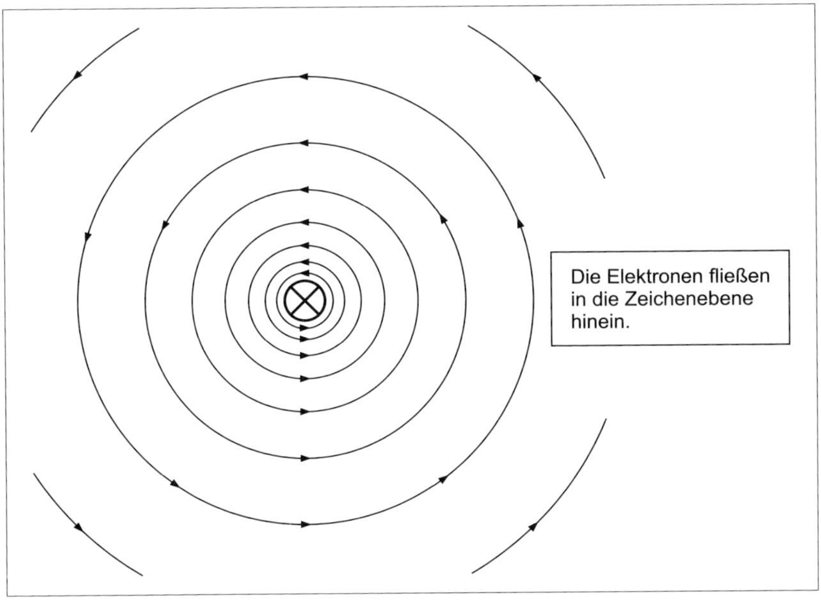

1.2 **Berechnung der magnetischen Flussdichte**

Die Berechnung erfolgt mithilfe der angegebenen Formel. Ein Einsetzen der bekannten Größen ergibt:

$$B = 2000 \cdot 1{,}257 \cdot 10^{-6}\,\frac{N}{A^2} \cdot \frac{2\,A}{2\pi \cdot 2 \cdot 10^{-2}\,m} = \underline{\underline{0{,}04\,T}}$$

Alternative Berechnung mit $\mu_0 = 4\pi \cdot 10^{-7}\,\frac{Vs}{Am}$:

$$B = 2000 \cdot 4\pi \cdot 10^{-7}\,\frac{Vs}{Am} \cdot \frac{2\,A}{2\pi \cdot 2 \cdot 10^{-2}\,m} = 0{,}04\,\frac{Vs}{m^2} = \underline{\underline{0{,}04\,T}}$$

1.3 **Erklärung der Hall-Spannung**

Befindet sich in einem Magnetfeld ein stromdurchflossener Leiter, so entsteht in diesem Leiter eine Spannung, die sogenannte Hall-Spannung. Grundlegende Ursache für diesen Hall-Effekt ist die Lorentzkraft. Die Lorentzkraft wirkt auf die bewegten Ladungen in dem vom Magnetfeld durchsetzten Leiter, und zwar immer sowohl senkrecht zur Stromrichtung als auch zum Magnetfeld (Linke-Hand-Regel). Auf diese Weise kommt es im Leiter zu einer Ladungstrennung: Auf der einen Seite bildet sich ein Ladungsüberschuss aus, auf der anderen Seite entsteht ein Ladungsmangel. Es baut sich eine elektrische Spannung zwischen diesen Polen so lange auf, bis die damit verbundene elektrische Kraft gegengleich der Lorentzkraft ist. Die resultierende konstante Spannung ist die Hall-Spannung.

Einzeichnen der Polung der Hall-Spannung
Unter Verwendung der Linke-Hand-Regel ergibt sich die gesuchte Polung (siehe Abbildung). Dabei zeigt der Daumen in Bewegungsrichtung der Elektronen, der Zeigefinger zeigt in Richtung des magnetischen Feldes und der Mittelfinger gibt die Kraft auf die Elektronen an. Diese wirkt nach oben. Die Elektronen werden durch die Lorenzkraft nach oben abgelenkt. Dort entsteht ein Elektronenüberschuss, also der negative Pol. Unten ergibt sich dadurch der Pluspol (Elektronenmangel).

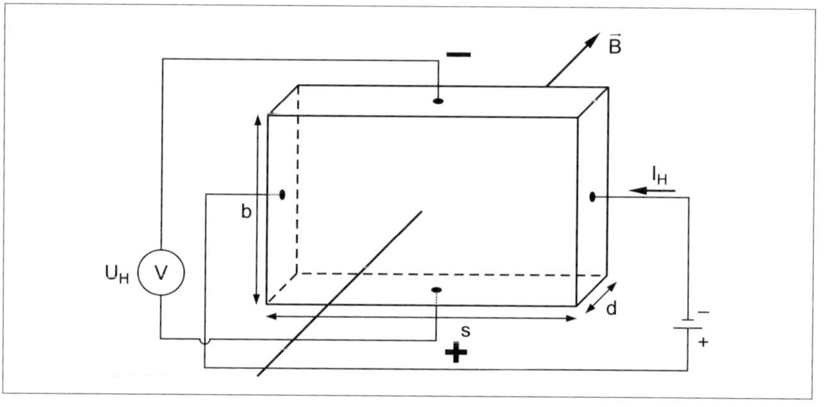

1.4.1 **Zeigen der Proportionalität $U_H \sim I_L$**
Setzt man in die Formel für die Hall-Spannung die in Teilaufgabe 1.2 angegebenen Term für die magnetische Flussdichte ein, so erhält man die Formel:

$$U_H = R_H \cdot \frac{I_H \cdot \mu_r \cdot \mu_0 \cdot \frac{I_L}{2\pi \cdot r}}{d} = \frac{R_H \cdot I_H \cdot \mu_r \cdot \mu_0}{2\pi \cdot r \cdot d} \cdot I_L = k \cdot I_L$$

$$\text{mit } k = \frac{R_H \cdot I_H \cdot \mu_r \cdot \mu_0}{2\pi \cdot r \cdot d}$$

Da alle Größen im k-Term während des Messvorgangs konstant sind, ist der Faktor k selbst eine Konstante und daher die Hall-Spannung proportional zur Stromstärke im Leiter:

$$\underline{\underline{U_H \sim I_L}}$$

Berechnung der Proportionalitätskonstanten

$$k = \frac{R_H \cdot I_H \cdot \mu_r \cdot \mu_0}{2\pi \cdot r \cdot d}$$

$$= \frac{5{,}0 \cdot 10^{-7}\,\frac{m^3}{C} \cdot 100 \cdot 10^{-3}\,A \cdot 2000 \cdot 4\pi \cdot 10^{-7}\,\frac{Vs}{Am}}{2\pi \cdot 2 \cdot 10^{-2}\,m \cdot 0{,}1 \cdot 10^{-3}\,m} = \underline{\underline{1 \cdot 10^{-5}\,\frac{V}{A}}}$$

1.4.2 Bestimmung der minimalen Stromstärke

Es gilt die Formel aus Teilaufgabe 1.4.1:

$$U_H = k \cdot I_L = 1 \cdot 10^{-5}\,\frac{V}{A} \cdot I_L$$

Durch Auflösen der Formel nach I_L erhält man bei minimaler Hall-Spannung für die minimal messbare Stromstärke im Leiter:

$$I_{L,\,min} = \frac{U_{H,\,min}}{k} = \frac{1 \cdot 10^{-7}\,V}{1 \cdot 10^{-5}\,\frac{V}{A}} = \underline{\underline{1 \cdot 10^{-2}\,A = 10\,mA}}$$

Einfluss des Erdmagnetfelds

Berechnung der Hall-Spannung unter dem Einfluss des Erdmagnetfelds:

$$U_H = R_H \cdot \frac{I_H \cdot B}{d} = 5{,}0 \cdot 10^{-7}\,\frac{m^3}{C} \cdot \frac{100 \cdot 10^{-3}\,A \cdot 48 \cdot 10^{-6}\,T}{0{,}1 \cdot 10^{-3}\,m} = 2{,}4 \cdot 10^{-8}\,V$$

Diese Spannung ist kleiner als die angegebene Minimalspannung $U_{H,\,min}$ und damit zu gering, um von der Stromzange bzw. von der Hall-Sonde erfasst zu werden.

1.5 Untersuchung der veränderten Durchführung auf den Anzeigewert der Stromzange

Fall a: Hier wird der Leiter zweimal in gleicher Richtung durch den Metallring geführt. Die beiden Magnetfelder der einzelnen Leiter addieren sich zu einem Gesamtmagnetfeld und die Anzeige der Stromzange zeigt einen höheren Strom an.

Fall b: Hier wird der Leiter ebenfalls zweimal durch den Metallring geführt, allerdings jetzt in entgegengesetzten Richtungen. Wenn Hin- und Rückleitungen gemeinsam von der Stromzange umschlossen werden, heben sich deren Magnetfelder gegenseitig (teilweise) auf. Die angezeigte Stromstärke sinkt also ab.

2.1 **Erklärung der Spannung an den Spulenenden**

Wechselstromzangen funktionieren nach dem Transformator-Prinzip. Dabei bildet der Metallring den Trafokern und der zu messende Leiter die Primärwicklung. Die Spule um den Metallring im Messgerät bildet die Sekundärwicklung. Der Strom im Leiter erzeugt ein Magnetfeld im Metallring und magnetisiert den Kern. Dadurch wird in der Sekundärwicklung (kleine Spule) eine Spannung induziert, die proportional zur Leiterstromstärke ist. An den Enden der Spule entsteht eine Wechselspannung.

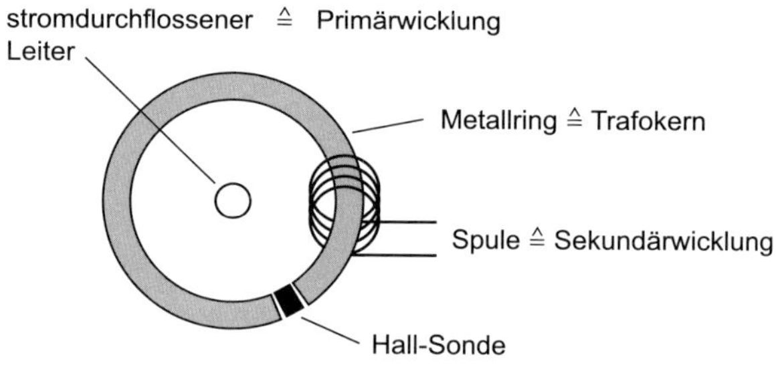

2.2 **Herleitung der Formel für die induzierte Spannung**

Die Formel für die Induktionsspannung in einer Spule lautet (bei konstantem Spulenquerschnitt A = konst.):

$$U_{ind}(t) = -N \cdot \dot{\Phi} = -N \cdot A \cdot \dot{B} = -N \cdot A \cdot \frac{dB}{dt}$$

Laut Aufgabenstellung 1.2 gilt für das Magnetfeld:

$$B(t) = \mu_r \cdot \mu_0 \cdot \frac{I_L(t)}{2\pi \cdot r_{Ring}} = \mu_r \cdot \mu_0 \cdot \frac{1}{2\pi \cdot r_{Ring}} \cdot I_{max} \cdot \sin(2\pi \cdot f \cdot t)$$

In der Formel für die Induktionsspannung muss man die erste Ableitung von B(t) nach der Zeit t einsetzen. Diese berechnet sich wie folgt:

$$\dot{B} = \frac{dB}{dt} = \mu_r \cdot \mu_0 \cdot \frac{2\pi \cdot f}{2\pi \cdot r_{Ring}} \cdot I_{max} \cdot \cos(2\pi \cdot f \cdot t)$$

$$= \mu_r \cdot \mu_0 \cdot \frac{f}{r_{Ring}} \cdot I_{max} \cdot \cos(2\pi \cdot f \cdot t)$$

Setzt man die erste Ableitung von B und den Term $A = \pi \cdot r_{Spule}^2$ in die Formel für die Induktionsspannung ein, so erhält man die gesuchte Formel:

$$U_{ind}(t) = -N \cdot A \cdot \mu_r \cdot \mu_0 \cdot \frac{f}{r_{Ring}} \cdot I_{max} \cdot \cos(2\pi \cdot f \cdot t)$$

$$\underline{\underline{= -\frac{\mu_r \cdot \mu_0 \cdot N \cdot \pi \cdot r_{Spule}^2 \cdot f}{r_{Ring}} \cdot I_{max} \cdot \cos(2\pi \cdot f \cdot t)}}$$

Berechnung der maximal induzierten Spannung
Die maximale Induktionsspannung wird erreicht, wenn der Kosinus seinen maximalen Wert 1 annimmt; sie ist gleich der Amplitude

$$U_{max} = \frac{\mu_r \cdot \mu_0 \cdot N \cdot \pi \cdot r_{Spule}^2 \cdot f}{r_{Ring}} \cdot I_{max} \quad \text{mit } U_{ind}(t) = -U_{max} \cdot \cos(2\pi \cdot f \cdot t).$$

der Kosinusfunktion. Zu ihrer Berechnung setzt man die gegebenen Werte ein:

$$U_{max} = \frac{2000 \cdot 4\pi \cdot 10^{-7} \frac{Vs}{Am} \cdot 50\pi \cdot (0{,}5 \cdot 10^{-2}\ m)^2 \cdot 50\ Hz}{2 \cdot 10^{-2}\ m} \cdot 10\ A = \underline{\underline{0{,}25\ V}}$$

2.3 **Beurteilung der beiden Messmethoden**

Die Messung mithilfe einer Hall-Sonde ist für konstante magnetische Felder gut geeignet. Solche Magnetfelder entstehen um stromdurchflossene Leiter bei Gleichstrom. Bei Wechselstrom liegt eine ständige schnelle Umpolung der Bewegungsrichtung der Elektronen und somit ein ständig wechselndes magnetisches Feld vor. Aufgrund der Wechselgeschwindigkeit kann sich in der Hall-Sonde keine Ladungstrennung und somit keine Hall-Spannung aufbauen. Die Stromzange mit **Hall-Sonde** ist daher **nur für Gleichstrom** geeignet.

Umgekehrt gilt: Wird ein Leiter von einem Gleichstrom durchflossen und versucht man, die Stromstärke mit einer Stromzange zu messen, die mit einer Spule um den Metallring misst, so wird auf der Anzeige der Wert null erscheinen. Die Messmethode beruht auf der Entstehung einer induzierten Spannung in der Spule. Diese induzierte Spannung entsteht durch Änderungen der magnetischen Flussdichte. Bei Gleichstrom ändert sich das magnetische Feld aber nicht. Daher ist diese Methode für das Messen von Gleichstrom nicht geeignet, die **Spulenmessung** eignet sich **nur für Wechselstrom**.

Fazit: Eine Stromzange, die sowohl Gleich- als auch Wechselstrom messen können soll, **benötigt** daher **beide Messmethoden**.

3 **Erläuterung der Funktionsweise**

a) **Gurterkennungssystem mit Hall-Sonde**
Im geöffneten Zustand befindet sich der Nordpol eines Permanentmagneten vor der Hall-Sonde. Die Hall-Sonde misst die magnetische Flussdichte. Wird das Gurtschloss geschlossen, so drückt die Schlosszunge den Permanentmagnet gegen eine Feder nach unten. Dabei schiebt sich ein zweiter Permanentmagnet mit entgegengesetzter Polung vor die Hall-Sonde. Im geschlossenen Zustand ist nun der Südpol eines Magneten vor der Sonde. Durch die Umpolung der Magnete ändert die Hall-Spannung ihr Vorzeichen, da die Elektronen nun in die entgegengesetzte Richtung abgelenkt werden. Durch das Vorzeichen der Hall-Spannung kann zu jedem Zeitpunkt abgefragt werden, ob der Gurt geöffnet oder geschlossen ist.

Somit sind die Bedingungen i (Richtung des Vorzeichenwechsels) und ii (aktuell vorliegendes Vorzeichen) für das Gurterkennungssystem mit Hall-Sonde erfüllt.

b) **Gurterkennungssystem mit Spule**
Wird das Gurtschloss geschlossen, so drückt die Schlosszunge einen senkrecht angeordneten Permanentmagneten in eine Spule. Durch die Änderung der magnetischen Flussdichte wird im Inneren der Spule eine Spannung induziert. Das System registriert, dass der Gurt geschlossen wurde. Wird der Gurt wieder geöffnet, so bewegt sich der Permanentmagnet in entgegengesetzter Richtung aus der Spule heraus. Hierbei wird ebenfalls eine Spannung induziert, allerdings mit entgegengesetztem Vorzeichen. Das System registriert das Öffnen des Gurtes, die Bedingung i ist somit erfüllt.
Die Bedingung ii verlangt die Abfrage des aktuellen Zustandes (geschlossen oder offen). Da nur bei einer Änderung der magnetischen Flussdichte eine Spannung induziert wird, kann man nicht bestimmen, ob das Schloss offen oder geschlossen ist, wenn sich der Permanentmagnet in Ruhe befindet. Die Bedingung ii ist somit in bei einem Gurterkennungssystem mit Spule **nicht** erfüllt.

Landesabitur Physik 2022 (Hessen) – Leistungskurs
Aufgabe B1: Materialprüfungsverfahren mittels Pendelschwingungen

Materialprüfungsverfahren sind in der Industrie nötig, um bestimmte Zertifizierungen zu erhalten. Ein Verfahren zur Prüfung von Oberflächen basiert auf einem Pendel.

1 Im Folgenden soll zunächst ein Fadenpendel der Länge ℓ mit einer punktförmigen Masse $m = 200$ g und der Schwingungsdauer $T = 1{,}40$ s untersucht werden (Material 1). Es gilt die Kleinwinkelnäherung, sodass von einer harmonischen Schwingung ausgegangen werden kann. Das Pendel wird aus der Ruhelage ausgelenkt und zum Zeitpunkt $t = 0$ s losgelassen. Die Schwingung wird als ungedämpft betrachtet.

1.1 Zeichnen Sie in Material 1 an der mit A gekennzeichneten Stelle die Kraftpfeile der wirkenden Kräfte im richtigen Größenverhältnis ein und beschriften Sie diese mit den Bezeichnungen
Rückstellkraft $\vec{F}_R$, Gewichtskraft $\vec{F}_G$ und Fadenkraft $\vec{F}_\ell$. (4 BE)

1.2 Zeigen Sie, dass bei der Auslenkung des Pendels um die Strecke s für die Rückstellkraft gilt:

$$F_R = -D \cdot s$$

mit der Richtgröße $D = \frac{m \cdot g}{\ell}$. (5 BE)

1.3 Leiten Sie ausgehend von der Formel $F_R = -D \cdot s$ aus Aufgabe 1.2 eine Differenzialgleichung für eine ungedämpfte harmonische Schwingung her.
Leiten Sie daraus mit einem geeigneten Lösungsansatz das Zeit-Beschleunigung-Gesetz und damit eine Formel zur Berechnung der Schwingungsdauer T eines ungedämpften Fadenpendels her. (6 BE)

1.4 Berechnen Sie die Länge des Pendels und die Amplitude der Schwingung für einen Auslenkungswinkel von $\alpha = 6°$.
[zur Kontrolle: $\ell = 0{,}487$ m] (5 BE)

1.5 Erläutern Sie, insbesondere unter Betrachtung der Zeitpunkte $t = 0$ s, $t = \frac{1}{4}T$ und $t = \frac{1}{2}T$, die Energieformen und ihre Umwandlung im Laufe einer halben Schwingung. (4 BE)

1.6 Berechnen Sie die maximale kinetische Energie und die maximale Geschwindigkeit des Pendels unter Verwendung der Werte aus Aufgabe 1.4.
Begründen Sie anhand einer Formel, dass die maximale Geschwindigkeit des Pendels nicht von seiner Masse abhängt. (7 BE)

1.7 Erklären Sie qualitativ, wie sich die Schwingungsdauer ändert, wenn das Pendel auf dem Mond schwingen würde.

Beschreiben Sie, wie man den Ortsfaktor des Mondes mithilfe des Pendels bestimmen könnte. Erklären Sie, wie man ohne die Verwendung besserer Messgeräte die Genauigkeit der Messung erhöhen könnte. (4 BE)

2 Mit einem speziellen Verfahren wird die Oberfläche eines Materials geprüft. Hierbei wird ein genormtes Pendel mit zwei Auflagekugeln aus Edelstahl auf der Probe, deren Oberfläche geprüft werden soll, positioniert (Material 2). Das Pendel wird um einen Winkel $\alpha_{max,\,0}$ ausgelenkt und zum Zeitpunkt $t = 0$ s losgelassen. Die Messung ist mit Abschluss derjenigen vollständigen Schwingung beendet, in der der maximale Auslenkungswinkel erstmals einen Wert $\alpha_{max,\,Ende}$ unterschreitet. Die Anzahl der vollständigen Pendelschwingungen bis zu diesem Zeitpunkt wird Pendelhärte der Oberfläche genannt (Information zum Begriff der Pendelhärte siehe Material 3). Dabei beträgt die für die Messung relevante Pendellänge $\ell = 0{,}490$ m und die Periodendauer wiederum $T = 1{,}40$ s. Die Messung beginnt mit einem Auslenkungswinkel von $\alpha_{max,\,0} = 6°$ und endet nach Unterschreiten des Winkels $\alpha_{max,\,Ende} = 3°$. Die Variable y(t) beschreibt die zeitabhängige horizontale Auslenkung des Pendels.
Die Messwerttabelle in Material 4 zeigt die Abhängigkeit der Amplitude y_{max} von der Zeit während dieser Messung.

2.1 Erklären Sie unter Beachtung des in Material 2 gezeigten Aufbaus, wie es zu der in Material 4 dargestellten Abnahme der Amplitude mit der Zeit kommt. (2 BE)

2.2 Bei einer gedämpften harmonischen Schwingung gilt für den zeitlichen Verlauf der horizontalen Auslenkung die Formel

$$y(t) = y_{max,\,0} \cdot e^{-k \cdot t} \cdot \cos(\omega \cdot t).$$

Begründen Sie, dass für $t = n \cdot T$ die Formel

$$k = \frac{-\ln\left(\frac{y_{max,\,n}}{y_{max,\,0}}\right)}{n \cdot T}$$

gilt. Zeigen Sie mithilfe dieser Formel und unter Verwendung aller Messwerte, dass die mittlere Dämpfungskonstante (auch Abklingfaktor genannt) $\overline{k} \approx 5{,}29 \cdot 10^{-3}\,\frac{1}{s}$ beträgt. (6 BE)

2.3 Berechnen Sie unter Verwendung des Startwerts für $n = 0$ in Material 4 die Zeit bis zum Ende der Messung sowie die Pendelhärte der Probe. (5 BE)

2.4 Für zwei Proben wird die Pendelhärte nach obigem Verfahren bestimmt, dabei werden die Messungen nicht im Vakuum durchgeführt, jedoch unter sonst streng vergleichbaren Bedingungen. Das Pendel ist in einer abgeschirmten Box untergebracht, sodass störender Luftzug verhindert wird.
Erörtern Sie, wie die unvermeidliche Luftreibung die Vergleichbarkeit der Versuchsergebnisse beeinflusst und ob diese Messmethode unter diesen Umständen überhaupt geeignet ist, verschiedene Proben miteinander zu vergleichen. (2 BE)

Material 1: Schematische Darstellung eines Fadenpendels

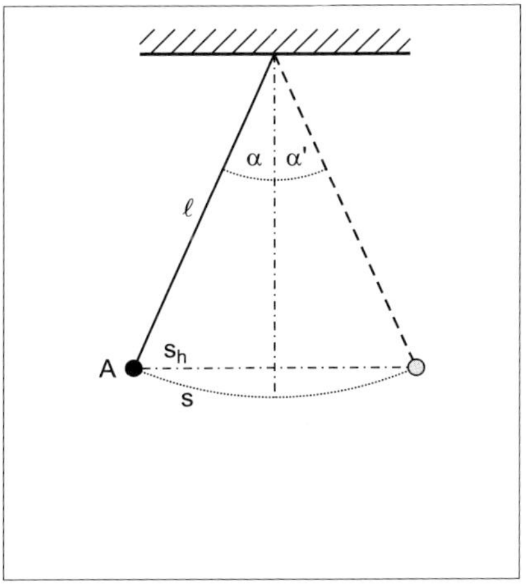

Material 2: Aufbau eines Oberflächenhärtemessgeräts

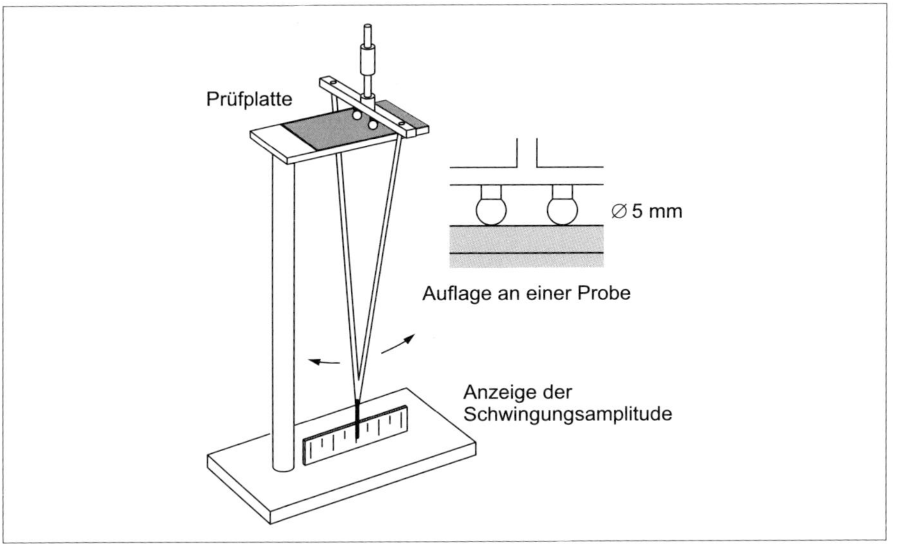

Quelle: Artur Goldschmidt, Hans-Joachim Streitberger: BASF-Handbuch Lackiertechnik, Hannover 2014, S. 415, bearbeitet

Material 3: Information zum Begriff der Pendelhärte

Das hier betrachtete Messverfahren wird üblicherweise zur Beurteilung des plastisch-elastischen Verhaltens von Beschichtungen, also z. B. von Lacken, Farben oder Grundierungen verwendet. Alle Beschichtungen zeigen ein elastisches Materialverhalten und sind somit nicht „hart“, wie man das im ersten Moment denken könnte. Der Begriff der Härte ist auf diesem Gebiet nach DIN 55945 definiert als „der Widerstand einer Beschichtung gegen eine mechanische Einwirkung wie z. B. Druck, Reiben oder Ritzen“. Dazu werden verschiedene Testverfahren genutzt, eines davon basiert auf dem in Material 2 gezeigten Aufbau.

Material 4: Messwerttabelle

n	0	20	40	60	80	100
$y_{max, n}$ in m	0,051	0,044	0,038	0,033	0,028	0,024

n: Anzahl der Schwingungen; $y_{max, n}$: Amplitude der n-ten Schwingung

Tipps und Hinweise zur Lösung von Aufgabe B1

Tipp zu Teilaufgabe 1.1

- Die Kräftepfeile beginnen alle in der punktförmigen Masse. Die Gewichtskraft wirkt senkrecht nach unten. Achten Sie beim Einzeichnen der anderen Kräftepfeile, dass diese zusammen mit der Gewichtskraft ein Kräfteparallelogramm bilden.

Tipp zu Teilaufgabe 1.2

- Verwenden Sie die Sinusfunktion in einem geeigneten Dreieck (siehe Kräfteparallelogramm in Teilaufgabe 1.1) und nutzen Sie die Kleinwinkelnäherung aus.

Tipps zu Teilaufgabe 1.3

- Das Newton'sche Grundgesetz besagt, dass eine rücktreibende Kraft zu einer Beschleunigung führt. Stellen Sie diesen Kräfteansatz auf und ersetzen Sie die darin vorkommende Beschleunigung a durch die zweite Ableitung der Strecke s nach der Zeit t.
- Begründen Sie, warum man als Lösungsansatz die Gleichung $s(t) = s_0 \cdot \cos(\omega \cdot t)$ verwendet, und bestimmen Sie durch Differenzieren und Einsetzen die beiden fehlenden Größen in diesem Lösungsansatz.

Tipps zu Teilaufgabe 1.4

- Verwenden Sie die soeben hergeleitete Formel für die Schwingungsdauer eines Fadenpendels (vgl. auch Formelsammlung).
- Die Amplitude der Schwingung ist gegeben durch die Länge des Kreisbogenstücks von der Ruhelage bis zur aktuellen Position bei einem Auslenkwinkel von 6°.

Tipp zu Teilaufgabe 1.5

- Bei dem hier beschriebenen Fadenpendel kommen zwei Energieformen vor, die periodisch ineinander umgewandelt werden. Welche sind das? Beschreiben Sie qualitativ diese Energien zu den jeweiligen Zeitpunkten. Sie können den Sachverhalt auch durch eine Zeichnung veranschaulichen.

Tipps zu Teilaufgabe 1.6

- Aufgrund des Energieerhaltungssatzes ist die maximale kinetische Energie gleich der maximalen potenziellen Energie. Nutzen Sie diesen Energieansatz zur Berechnung der maximalen kinetischen Energie und der maximalen Geschwindigkeit.
- Die bei der potenziellen Energie benötigte Höhe bestimmt man mithilfe einer geeigneten Skizze und dem Satz des Pythagoras.

Tipps zu Teilaufgabe 1.7

- Die Fallbeschleunigung auf dem Mond ist deutlich geringer als auf der Erde. Welchen Einfluss hat dies auf die Schwingungsdauer eines Fadenpendels?
- Die Fallbeschleunigung lässt sich unmittelbar aus der Formel für die Schwingungsdauer bestimmen.

Vielleicht haben Sie dieses Experiment schon einmal selbst durchgeführt. Verwenden Sie einen Faden mit einem kleinen Massestück und eine Stoppuhr.

Tipp zu Teilaufgabe 2.1

Bei Pendeln jeglicher Art entstehen die Abnahmen der Amplituden meist durch Reibungsverluste. In diesem Beispiel kommen Verformungsverluste hinzu. Beschreiben Sie die Ursachen dieser Verluste.

Tipps zu Teilaufgabe 2.2

Verwenden Sie die Ausgangsgleichung und nutzen Sie aus, dass der Kosinus an den Umkehrpunkten der Schwingung den Wert eins annimmt. Lösen Sie die Restgleichung nach der gesuchten Dämpfungskonstanten auf.

Bestimmen Sie aus den Messwerten die jeweilige Dämpfungskonstante und bilden Sie den Mittelwert. Dabei gibt das erste Messwertepaar die Auslenkung zum Zeitpunkt $t = 0\,s$ an und bleibt bei der Gesamtauswertung unberücksichtigt.

Tipps zu Teilaufgabe 2.3

Das Ende der Messung ist bei einem Auslenkwinkel von 3° erreicht. Welche Amplitude besitzt das Pendel dann? Setzen Sie diesen Wert in die Formel für den zeitlichen Verlauf der horizontalen Auslenkung aus Teilaufgabe 2.2 ein.

Machen Sie sich klar, dass der Ansatz $y(n_{max} \cdot T) = 0{,}026\ m$ zur Bestimmung der Pendelhärte verwendet werden kann.

Tipp zu Teilaufgabe 2.4

Warum hat der Luftwiderstand bei diesem Experiment nur einen geringen Einfluss? Wie kann man bei Vergleichsmessungen zweier Proben diesen Einfluss noch weiter minimieren?

Lösungen zu Aufgabe B1

1.1 **Einzeichnen der Kräftepfeile und Beschriftung**

Die Gewichtskraft $\vec{F}_G$ der Masse wirkt senkrecht nach unten. Diese teilt sich auf in eine Fadenkraft $\vec{F}_\ell$, welche in der Verlängerung des Fadens wirkt, und in eine Rückstellkraft $\vec{F}_R$ tangential zur Bogenlänge der ausgelenkten Masse in Richtung Ruhelage (siehe Abbildung).

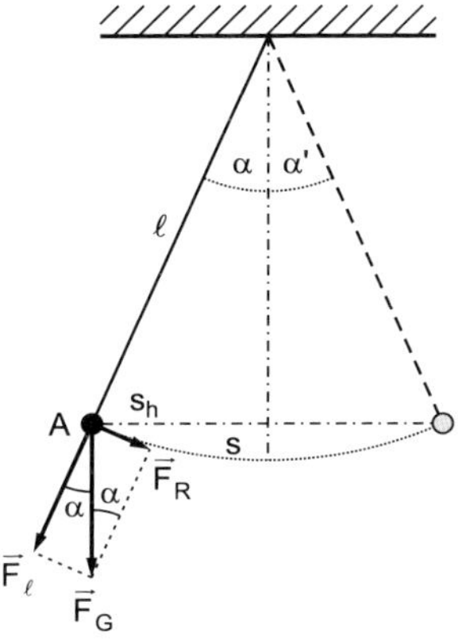

Eine weitere wirkende Kraft ist die Haltekraft $\vec{F}_H$, die gegengleich der Fadenkraft ist und von der festen Aufhängung des Pendels am Drehpunkt ausgeübt wird. Die Kompensation von Halte- und Fadenkraft führt dazu, dass als beschleunigende Kraft allein die Rückstellkraft auf den Pendelkörper wirkt.

1.2 **Herleitung der angegebenen Formel**

Die Rückstellkraft F_R ist abhängig von der Gewichtskraft F_G und der Auslenkung um den Winkel α:

$$\sin\alpha = -\frac{F_R}{F_G} \quad \Rightarrow \quad F_R = -F_G \cdot \sin\alpha$$

Das Minuszeichen zeigt an, dass die Rückstellkraft zu jedem Zeitpunkt der Auslenkung um den Winkel α bzw. um die Bogenlänge s entgegengerichtet ist. Mit der bekannten Formel $F_G = m \cdot g$ für die Gewichtskraft ergibt sich für die Rückstellkraft:

$$F_R = -m \cdot g \cdot \sin\alpha$$

Für kleine Auslenkwinkel unter 5° ist die Strecke s_h ungefähr so lang wie die Länge des Kreisbogens s, sodass gilt (vgl. Zeichnung in Teilaufgabe 1.1):

$$\sin\alpha = \frac{s_h}{\ell} \approx \frac{s}{\ell}$$

Damit folgt für die Rückstellkraft:

$$\underline{\underline{F_R = -\frac{m \cdot g \cdot s}{\ell} = -D \cdot s \quad \text{mit} \quad D = \frac{m \cdot g}{\ell}}}$$

1.3 **Herleitung der Differenzialgleichung**

Nach dem Newton'schen Grundgesetz führt eine äußere Kraft F auf eine Masse m zu einer Beschleunigung a, es gilt also:

$$F = m \cdot a$$

In diesem Fall ist die rücktreibende Kraft auf die Masse die äußere Kraft:

$$F_R = m \cdot a \quad \Leftrightarrow \quad -D \cdot s = m \cdot a \qquad (*)$$

Die Beschleunigung kann auch als zweite Ableitung des Weges nach der Zeit angegeben werden:

$$a = \ddot{s} = \frac{d^2 s}{dt^2}$$

Eingesetzt in die Gleichung (*) erhält man so eine Differenzialgleichung zweiter Ordnung, die eine ungedämpfte harmonische Schwingung beschreibt:

$$-D \cdot s = m \cdot \ddot{s} \quad \Leftrightarrow \quad -\frac{m \cdot g}{\ell} \cdot s = m \cdot \ddot{s} \quad \Leftrightarrow \quad \underline{\underline{\ddot{s} + \frac{g}{\ell} \cdot s = 0}} \qquad (**)$$

Herleitung des Zeit-Beschleunigungs-Gesetzes

Aus der Differenzialgleichung folgt durch Umstellen:

$$\ddot{s} = -\frac{g}{\ell} \cdot s$$

Gesucht ist also eine Funktion s(t), die sich durch zweimaliges Ableiten auf die ursprüngliche Funktion und einen konstanten Faktor zurückführen lässt. Eine bekannte Funktion, die diese Bedingung erfüllt, ist die Kosinusfunktion. Ein entsprechender Ansatz für den zeitlichen Verlauf der Auslenkung unter Berücksichtigung der in der Aufgabenstellung genannten Anfangsbedingung $s(0\,s) = s_0$ lautet:

$$s(t) = s_0 \cdot \cos(\omega \cdot t)$$

Jetzt gilt es, die beiden Größen s_0 und ω zu bestimmen. Zur Bestimmung von ω bildet man die zweite Ableitung der Funktion s(t) und setzte diese in die Differenzialgleichung ein:

$$\left.\begin{aligned} s(t) &= s_0 \cdot \cos(\omega \cdot t) \\ \dot{s}(t) &= -s_0 \cdot \omega \cdot \sin(\omega \cdot t) \\ \ddot{s}(t) &= -s_0 \cdot \omega^2 \cdot \cos(\omega \cdot t) = -\omega^2 \cdot s(t) \end{aligned}\right\} \overset{\text{in } (**)}{\Rightarrow} \quad -\omega^2 \cdot s(t) + \frac{g}{\ell} \cdot s(t) = 0$$

Durch Ausklammern erhält man:

$$s(t)\cdot\left(-\omega^2+\frac{g}{\ell}\right)=0$$

Diese Gleichung ist für alle Zeitpunkte t nur dann null, wenn bereits der Ausdruck in der Klammer null ist, das heißt, wenn gilt:

$$\omega^2=\frac{g}{\ell} \quad\Rightarrow\quad \omega=\sqrt{\frac{g}{\ell}}$$

Damit lautet die Schwingungsgleichung des Pendels:

$$s(t)=s_0\cdot\cos(\omega\cdot t) \quad \text{mit } \omega=\sqrt{\frac{g}{\ell}}$$

Das Zeit-Beschleunigungs-Gesetz ergibt sich, wie oben beschrieben, als zweite Ableitung des Zeit-Weg-Gesetzes:

$$\underline{\underline{a(t)=-s_0\cdot\omega^2\cdot\cos(\omega\cdot t) \quad \text{mit } \omega=\sqrt{\frac{g}{\ell}}}}$$

Herleitung einer Formel zur Berechnung der Schwingungsdauer

Aus $\omega=\sqrt{g/\ell}$ folgt mit der allgemein gültigen Beziehung $\omega=\frac{2\pi}{T}$ die Formel für die Schwingungsdauer eines ungedämpften Fadenpendels:

$$\sqrt{\frac{g}{\ell}}=\frac{2\pi}{T} \quad\Rightarrow\quad \underline{\underline{T=2\pi\cdot\sqrt{\frac{\ell}{g}}}}$$

1.4 **Berechnung der Länge des Pendels**

Bei gegebener Schwingungsdauer ergibt sich die Länge des Pendels durch Einsetzen in die Formel aus Teilaufgabe 1.3:

$$T=2\pi\cdot\sqrt{\frac{\ell}{g}} \quad\Rightarrow\quad \ell=\frac{T^2\cdot g}{4\pi^2}=\frac{(1{,}40\ \text{s})^2\cdot 9{,}81\ \frac{\text{m}}{\text{s}^2}}{4\pi^2}=\underline{\underline{0{,}487\ \text{m}=48{,}7\ \text{cm}}}$$

Berechnung der Amplitude der Schwingung

Die Amplitude s_0, also die maximale Auslenkung des Pendels, hängt mit dem Auslenkwinkel α über die folgende Beziehung mit dem Kreisumfang u zusammen:

$$\frac{s_0}{u}=\frac{\alpha}{360^\circ}$$

$$\Rightarrow\quad s_0=\frac{6^\circ\cdot u}{360^\circ}=\frac{u}{60}=\frac{2\pi\cdot\ell}{60}=\frac{\pi\cdot 48{,}7\ \text{cm}}{30}=\underline{\underline{5{,}1\ \text{cm}}}$$

1.5 Erläuterung der Energieformen und ihre Umwandlungen

Bei einem Fadenpendel wird ständig potenzielle in kinetische Energie umgewandelt und umgekehrt. Im Folgenden werden die Zeitpunkte genauer betrachtet (vgl. Abbildung).

t = 0 s: Das Fadenpendel ist ausgelenkt (erster Umkehrpunkt). Die gesamte Energie steckt in der potenziellen Energie E_{pot}.

Wird das Pendel losgelassen, so wandelt sich die potenzielle Energie in kinetische Energie E_{kin} um.

$t = \frac{1}{4}T$: Das Fadenpendel befindet sich auf dem Weg durch seine Ruhelage. Dort ist die potenzielle Energie null. Die gesamte Energie steckt in der Bewegungsenergie. Das Fadenpendel besitzt zu diesem Zeitpunkt seine Maximalgeschwindigkeit.

Nach dem Durchgang durch die Ruhelage schwingt das Pendel weiter in Richtung zweitem Umkehrpunkt.

$t = \frac{1}{2}T$: Diese Situation ist mit dem Zeitpunkt t = 0 s vergleichbar. Die gesamte kinetische Energie hat sich in potenzielle Energie umgewandelt. Die Geschwindigkeit des Pendels ist null (zweiter Umkehrpunkt).

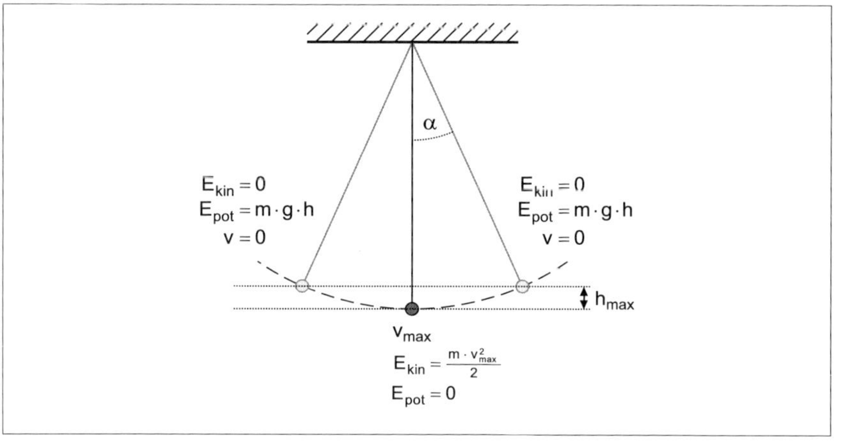

1.6 Berechnung der maximalen kinetischen Energie

Die kinetische Energie des Fadenpendels beim Durchgang durch die Ruhelage ist gleich der maximalen potenziellen Energie im Umkehrpunkt. Diese maximale potenzielle Energie hängt von der maximalen Höhe h der Masse ab:

$$E_{kin,\,max} = E_{pot,\,max} = m \cdot g \cdot h$$

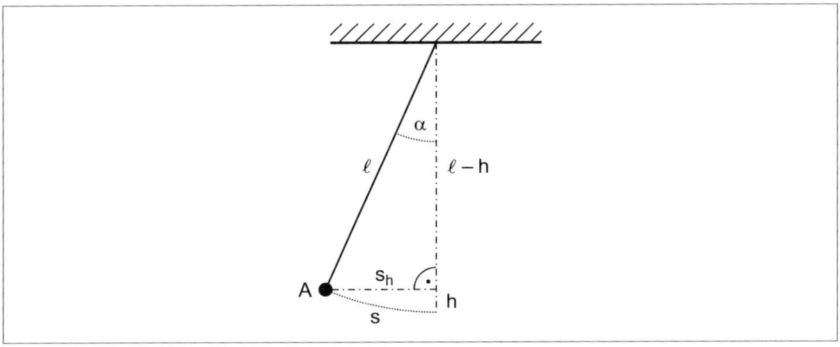

Zur Berechnung der Höhe h verwendet man den Satz des Pythagoras und die Näherung $s_h \approx s_0$ (vgl. Teilaufgabe 1.2):

$$s_h^2 + (\ell - h)^2 = \ell^2$$
$$(\ell - h)^2 = \ell^2 - s_h^2$$
$$\ell - h = \pm\sqrt{\ell^2 - s_h^2} \quad \rightarrow \quad \text{wegen } \ell > h \text{ nur + relevant}$$
$$h = \ell - \sqrt{\ell^2 - s_h^2}$$
$$h = 48{,}7\ \text{cm} - \sqrt{(48{,}7\ \text{cm})^2 - (5{,}1\ \text{cm})^2} = 0{,}27\ \text{cm} = 2{,}7\ \text{mm}$$

Sie können die Kathete s_h natürlich auch exakt über die Winkelfunktion im rechtwinkligen Dreieck berechnen:

$$\sin\alpha = \frac{s_h}{\ell} \quad \Rightarrow \quad s_h = \ell \cdot \sin\alpha = 48{,}7\ \text{cm} \cdot \sin 6° = 5{,}1\ \text{cm}$$

Damit ergibt sich für die maximale kinetische Energie des Pendelkörpers:

$$E_{\text{kin, max}} = E_{\text{pot, max}} = m \cdot g \cdot h$$
$$= 0{,}200\ \text{kg} \cdot 9{,}81\ \frac{\text{m}}{\text{s}^2} \cdot 0{,}0027\ \text{m} = \underline{\underline{5{,}3 \cdot 10^{-3}\ \text{J} = 5{,}3\ \text{mJ}}}$$

Berechnung der maximalen Geschwindigkeit des Pendelkörpers
Zur Berechnung der maximalen Geschwindigkeit verwendet man erneut den Energieansatz:

$$E_{\text{kin, max}} = E_{\text{pot, max}}$$

Daraus ergibt sich durch Einsetzen der entsprechenden Formeln:

$$\frac{1}{2} m \cdot v^2 = m \cdot g \cdot h \quad \Rightarrow \quad v = \sqrt{2g \cdot h}$$

Die Masse m kürzt sich in der letzten Gleichung heraus. In der resultierenden Formel für v taucht m daher nicht mehr auf: Die Geschwindigkeit v des Fadenpendels ist **unabhängig** von der Masse m.

Die Maximalgeschwindigkeit berechnet sich zu:

$$v = \sqrt{2 \cdot 9{,}81\,\frac{m}{s^2} \cdot 0{,}0027\ m} = \underline{\underline{0{,}23\,\frac{m}{s}}}$$

1.7 **Erklärung der Veränderung der Schwingungsdauer auf dem Mond**

Die Schwingungsdauer eines Fadenpendels berechnet man mithilfe der Formel

$$T = 2\pi \cdot \sqrt{\frac{\ell}{g_M}}.$$

Dabei ist g_M die Fallbeschleunigung auf dem Mond. Die Anziehungskraft und damit die Fallbeschleunigung sind geringer als auf der Erde.

Wegen $T \sim 1/\sqrt{g_M}$ ist folglich die Schwingungsdauer T des Fadenpendels auf dem Mond im Vergleich zur Erde größer. Aus der oben genannten Formel erhält man durch Umstellung:

$$g_M = \frac{4\pi^2 \cdot \ell}{T^2}$$

Durchführung des Experiments zur Bestimmung des Ortsfaktors

Zunächst misst man die Länge ℓ des Fadens. Dann lenkt man das Pendel um einen kleinen Winkel aus und bestimmt mithilfe einer Stoppuhr die Schwingungsdauer. Man setzt die beiden Größen in die oben genannte Formel ein und berechnet den Ortsfaktor g_M.

Erhöhung der Genauigkeit

Um die Genauigkeit des Ergebnisses zu steigern, kann man die Messdauer deutlich erhöhen und z. B. die zehnfache Schwingungsdauer messen; anschließend dividiert man das Ergebnis durch 10 und verringert so den Messfehler um den Faktor 10. Zudem kann man auch eine längere Pendellänge verwenden. Dann wird die Schwingungsdauer T selbst größer und die Schwingungszeiten lassen sich exakter bestimmen.

2.1 **Erklärung der Abnahme der Amplitude**

Im Laufe der Zeit nimmt die Amplitude der Schwingung ab. Dies lässt sich auf zwei Effekte zurückführen, nämlich auf

- **Verformungsverluste:** Das Material bzw. die Beschichtung der Prüfplatte reagiert auf eine mechanische Einwirkung (vgl. Faden- und Haltekraft im Kräftediagramm der Teilaufgabe 1.1) plastisch (bleibende Verformung) und/oder elastisch (vorübergehende Verformung). Beide Verformungsvorgänge benötigen Energie (Verformungsarbeit und Wärmeenergie), die dem schwingenden System entzogen wird.
- **Reibungsverluste:** Das genormte Pendel besitzt zwei Auflagepunkte auf der Prüfplatte. Durch die Pendelbewegung entsteht an diesen beiden Punkten Reibung. Infolgedessen wird ein Teil der Bewegungsenergie in Wärme-

energie umgewandelt; diese steht dem schwingenden System nicht mehr zur Verfügung. Auch der Luftwiderstand des Pendels, hier insbesondere der Anzeige der Schwingungsamplitude, führt zu Reibungsverlusten mit den Luftteilchen und einer Umwandlung eines Teils der Energie in Wärme.

Beide Effekte führen dazu, dass die maximale potenzielle bzw. maximale kinetische Energie geringer wird und die Amplitude der Schwingung mit der Zeit abnimmt.

2.2 **Begründung der Formel**

Das Pendel wird z. B. nach rechts ausgelenkt und zum Zeitpunkt $t=0$ losgelassen. Nach der Zeit $t=T$ (allgemein nach der Zeit $t=n\cdot T$) hat es eine Schwingungsperiode (allgemein: n Perioden) durchlaufen und wieder den rechten Umkehrpunkt erreicht. Aufgrund der Verformungs- und Reibungsverluste ist die horizontale Auslenkung y(t) an diesen Zeitpunkten nicht mehr gleich der Startauslenkung $y_{max,0}$, sondern besitzt gemäß der angegebenen Schwingungsgleichung den geringeren Wert

$$y_{max,n} = y(n\cdot T) = y_{max,0}\cdot e^{-k\cdot n\cdot T}\cdot \underbrace{\cos(\omega\cdot n\cdot T)}_{=1} = y_{max,0}\cdot e^{-k\cdot n\cdot T}.$$

Durch Umformen folgt für die Dämpfungskonstante k die Formel aus der Aufgabenstellung:

$$\frac{y_{max,n}}{y_{max,0}} = e^{-k\cdot n\cdot T}$$

$$\ln\left(\frac{y_{max,n}}{y_{max,0}}\right) = -k\cdot n\cdot T \quad\Rightarrow\quad k = -\frac{\ln\left(\frac{y_{max,n}}{y_{max,0}}\right)}{n\cdot T}$$

Bestimmung der mittleren Dämpfungskonstanten

Zunächst berechnet man die Dämpfungskonstanten der Messwertpaare in Material 4 ab $n=20$. Das Messwertpaar für $n=0$ wird als $y_{max,0}$ in der Formel verwendet. Die Berechnung erfolgt nach der oben hergeleiteten Formel unter Verwendung von $T=1{,}40\text{ s}$ (siehe Aufgabenstellung).

n	0	20	40	60	80	100
$y_{max,n}$ in m	0,051	0,044	0,038	0,033	0,028	0,024
k in $10^{-3}\,\frac{1}{s}$		5,27	5,25	5,18	5,35	5,38

Der Mittelwert $\overline{k}$ berechnet sich wie folgt:

$$\overline{k} = \frac{5{,}27+5{,}25+5{,}18+5{,}35+5{,}38}{5}\cdot 10^{-3}\,\frac{1}{s} = 5{,}29\cdot 10^{-3}\,\frac{1}{s}$$

2.3 **Berechnung der Pendelhärte und der Zeit bis zum Ende der Messung**
Die Messung beginnt bei einem Auslenkwinkel von $\alpha_{max,\,0} = 6°$ und endet bei einem Auslenkwinkel von $\alpha_{max,\,Ende} = 3°$. Einem Auslenkwinkel von 3° entspricht eine horizontale Auslenkung von 0,0256 m, wie sich mithilfe der Winkelbeziehung im rechtwinkligen Dreieck, angewendet auf die Zeichnung in Teilaufgabe 1.6, berechnen lässt:

$$\sin\alpha_{max,\,Ende} = \frac{y_{max,\,Ende}}{\ell}$$

$$\Rightarrow \quad y_{max,\,Ende} = \ell \cdot \sin\alpha = 0{,}490\ \text{m} \cdot \sin 3° = 0{,}0256\ \text{m}$$

Nach der Formel aus Teilaufgabe 2.2 gilt für die zugehörige Anzahl n_{max} der vollständigen Pendelschwingungen und damit für die **Pendelhärte der Probe**:

$$y_{max,\,Ende} = y_{max,\,n_{max}} = y_{max,\,0} \cdot e^{-k \cdot n_{max} \cdot T}$$

Durch Einsetzen von $y_{max,\,Ende} = 0{,}0256\ \text{m}$ und der bekannten Werte für $y_{max,0}$, $\overline{k}$ und T kann n_{max} berechnet werden:

$$y_{max,\,Ende} = y_{max,\,0} \cdot e^{-\overline{k} \cdot n_{max} \cdot T}$$

$$\ln\left(\frac{y_{max,\,Ende}}{y_{max,\,0}}\right) = -\overline{k} \cdot n_{max} \cdot T$$

$$n_{max} = -\frac{\ln\left(\frac{y_{max,\,Ende}}{y_{max,\,0}}\right)}{\overline{k} \cdot T} = -\frac{\ln\left(\frac{0{,}0256\ \text{m}}{0{,}051\ \text{m}}\right)}{-5{,}29 \cdot 10^{-3}\ \frac{1}{\text{s}} \cdot 1{,}40\ \text{s}} = \underline{\underline{93}}$$

Die hierfür nötige **Messzeit** beträgt

$$t_{mess} = n_{max} \cdot T = 93 \cdot 1{,}40\ \text{s} = \underline{\underline{130\ \text{s}}}.$$

Die Messung ist also nach etwa 2 Minuten und 10 Sekunden beendet.

2.4 **Erörterung des Einflusses der Luftreibung**
Der Luftwiderstand hat einen Einfluss auf die Pendelbewegung und somit auf die Amplituden der Schwingungen. Dieser Einfluss ist allerdings sehr gering, da man es hier mit kleinen Auslenkwinkeln und großen Schwingungsdauern zu tun hat. Da der Luftwiderstand die Messungen unterschiedlicher Proben in etwa gleicher Weise beeinflusst, ist ein Vergleich der Messungen und Messergebnisse zweier oder mehrerer Proben akzeptabel.

In der Praxis wird zudem eine Kalibrierungsmessung vor der eigentlichen Messung durchgeführt. Bei einer solchen Kalibrierungsmessung ohne Probe kann z. B. der Einfluss des Luftwiderstands herausgerechnet werden.

Landesabitur Physik 2022 (Hessen) – Leistungskurs
Aufgabe B2: Elektromagn. Schwingkreis und elektromagn. Wellen

1 Im Folgenden werden elektromagnetische Schwingungen betrachtet, die von einem elektromagnetischen Schwingkreis erzeugt werden. Der Kondensator des Schwingkreises kann mithilfe eines Umschalters durch eine Gleichspannungsquelle aufgeladen werden. In der Schalterstellung A wird der Kondensator geladen und in der Schalterstellung B beginnt die elektromagnetische Schwingung mit dem vollständig geladenen Kondensator. Zunächst werden die ohmschen Widerstände vernachlässigt, d. h., es wird ein ungedämpfter elektromagnetischer Schwingkreis betrachtet.

1.1 Skizzieren Sie eine Schaltung mit Kondensator, Spule, Gleichspannungsquelle und Schalter, die den obigen Vorgaben entspricht und Messgeräte zur Messung der Spannung am Kondensator und der Stromstärke durch die Spule enthält. Beschriften Sie die beiden Schalterstellungen. (2 BE)

1.2 Ein Schwingkreis besteht aus einem Kondensator der Kapazität $C = 20\ \mu F$ und einer Spule mit der Induktivität $L = 4{,}5\ mH$. Die Schwingung startet zum Zeitpunkt $t = 0\ s$ mit einer maximalen Spannung von $U_{max} = 1{,}5\ V$ am Kondensator.

1.2.1 Zeigen Sie, dass die Frequenz des Schwingkreises $f = 530{,}5\ Hz$ beträgt. Berechnen Sie die Schwingungsdauer T und begründen Sie, dass der zeitliche Verlauf der Spannung am Kondensator durch $U(t) = 1{,}5\ V \cdot \cos(3333\ \frac{1}{s} \cdot t)$ ausgedrückt werden kann. (6 BE)

1.2.2 Berechnen Sie die maximale elektrische Energie, die im Kondensator vorliegt. Erläutern Sie, wie sich daraus die maximale Stromstärke I_{max} in der Spule des Schwingkreises bestimmen lässt.
Leiten Sie den Zusammenhang $I_{max} = \frac{U_{max}}{\omega \cdot L}$ her.
Berechnen Sie die Stromstärke I_{max}. (9 BE)

1.3 Erläutern Sie allgemein die Vorgänge im Schwingkreis, die dazu führen, dass nach dem Entladen des Kondensators der Strom weiter fließt und der Kondensator in die entgegengesetzte Richtung aufgeladen wird.
Vergleichen Sie diese Phase der Schwingung mit der entsprechenden Phase bei der Schwingung einer Masse, die an einer Feder hängt, und geben Sie mithilfe der Formeln für die Schwingungsdauer die mechanischen Größen, die den Größen L und C entsprechen, an. (7 BE)

1.4 Geben Sie Terme für den Spannungsabfall über dem Kondensator und für den Spannungsabfall über der Spule an und leiten Sie daraus die Differenzialgleichung

$$\ddot{Q}(t) + \frac{1}{L \cdot C} \cdot Q(t) = 0$$

her.
Zeigen Sie, dass $Q(t) = Q_0 \cdot \cos(\omega \cdot t)$ mit $\omega = \sqrt{\frac{1}{L \cdot C}}$ eine Lösung der Differenzialgleichung ist. (8 BE)

1.5 Es wird nun ein elektromagnetischer Schwingkreis betrachtet, bei dem die ohmschen Widerstände der Schaltung berücksichtigt werden. Es ergibt sich eine gedämpfte Schwingung, die sich mit der Formel

$$U(t) = U_0 \cdot e^{-k \cdot t} \cdot \cos(\omega \cdot t)$$

für die Spannung am Kondensator ausdrücken lässt.
Bestimmen Sie für die in Material 1 dargestellte Schwingung die Dämpfungskonstante k. (4 BE)

1.6 Ein gedämpfter Schwingkreis wird mit einem Sinusgenerator zu einer erzwungenen Schwingung angeregt. In Material 2 ist die Amplitude der Kondensatorspannung in Abhängigkeit von der Anregungsfrequenz dargestellt.
Erläutern Sie das Zustandekommen des Maximums in dem Diagramm.
Skizzieren Sie in Material 2 einen möglichen Verlauf des Graphen für den Fall, dass durch einen zusätzlichen ohmschen Widerstand die Dämpfung des Schwingkreises erhöht wird. (3 BE)

2 Mithilfe eines Schwingkreises können elektromagnetische Wellen erzeugt werden, die im Folgenden genauer untersucht werden.

2.1 Es werden elektromagnetische Wellen mit einer Frequenz von 10,5 GHz verwendet. Entscheiden Sie, welche der in Material 3 beschriebenen Materialien sich grundsätzlich dazu eignen, Interferenzerscheinungen dieser Wellen experimentell zu untersuchen. (3 BE)

2.2 Mit einem Doppelspaltexperiment wird elektromagnetische Strahlung untersucht (Material 4). Erläutern Sie in diesem Zusammenhang den Begriff „Gangunterschied".
Ermitteln Sie eine mögliche Frequenz der elektromagnetischen Strahlung, die mit dem Aufbau in Material 4 am Ort P ein Intensitätsmaximum der Strahlung aufweist.
Geben Sie eine weitere mögliche Frequenz an. (8 BE)

Material 1: Spannungsverlauf am Kondensator eines Schwingkreises

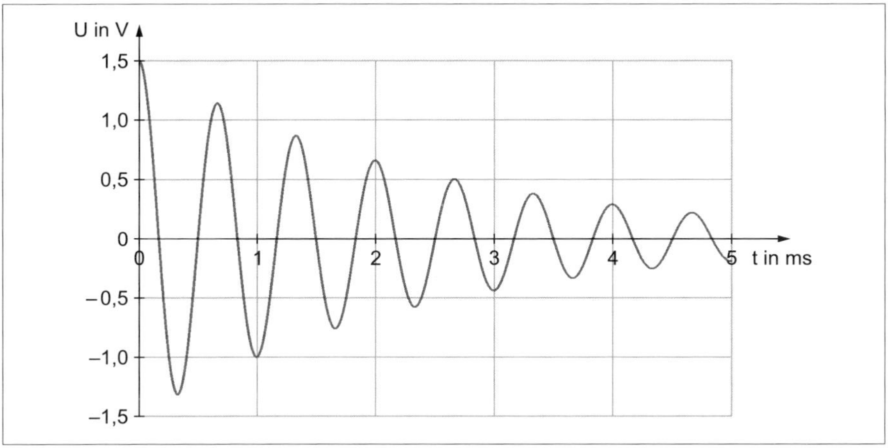

Material 2: Diagramm zur Anregung des Schwingkreises

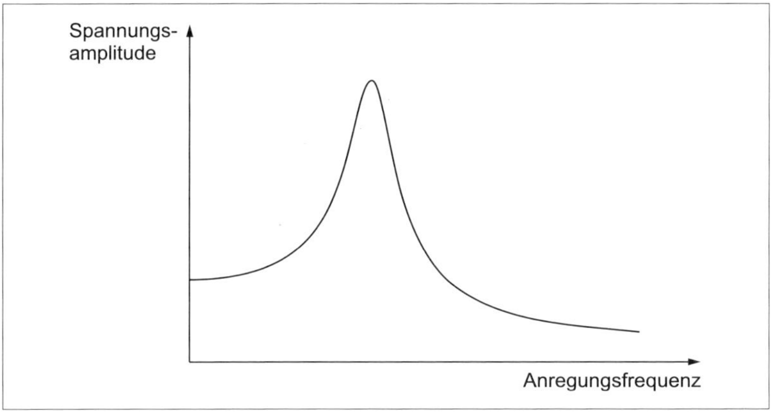

Material 3: Materialien zur Untersuchung der Wellen aus Aufgabe 2.1

a) bedruckte Folie mit Streifen im Abstand von 0,23 mm

b) kristallines Gitter aus Graphit

c) Metallgitter mit 200 Spalten pro Meter

d) Doppelspalt aus Aluminium mit einer Spaltbreite von 2 cm und einem Spaltabstand von 20 cm

Material 4: Doppelspalt zur Untersuchung der Wellenlänge von elektromagnetischer Strahlung (Zeichnung nicht maßstabsgetreu)

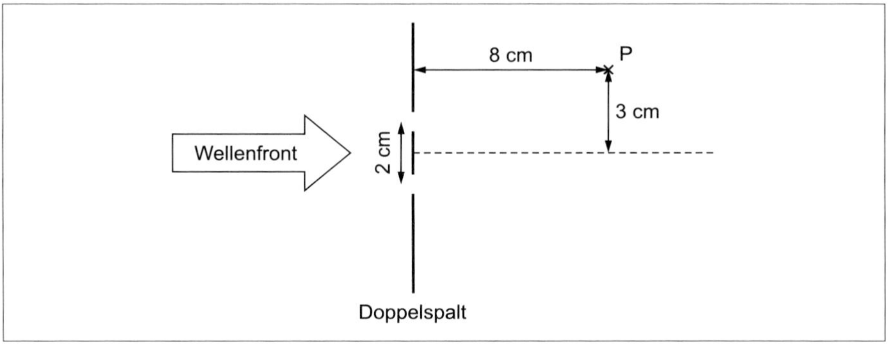

Tipps und Hinweise zur Lösung von Aufgabe B2

Tipp zu Teilaufgabe 1.1

- Achten Sie bei der Zeichnung darauf, dass die Stromstärke in Reihe und die Spannung parallel gemessen wird. Beschriften und erläutern Sie auch die Schalterstellungen.

Tipps zu Teilaufgabe 1.2.1

- Suchen Sie in Ihrer Formelsammlung nach der Thomson'schen Schwingungsgleichung zur Berechnung der Frequenz des Schwingkreises.
- Die Schwingungsdauer berechnet sich sehr einfach aus der Frequenz.
- Zu Beginn hat der Kondensator seine maximale Spannung. Diese nimmt zunächst ab. Begründen Sie daraus die Wahl der Winkelfunktion und begründen Sie die Wahl von $\hat{U}$ und ω.

Tipps zu Teilaufgabe 1.2.2

- Die entsprechende Formel finden Sie in Ihrer Formelsammlung. In der Aufgabenstellung sind die Kapazität und die maximale Spannung am Kondensator angegeben.
- Die Formel für die Spulenenergie finden Sie ebenfalls in Ihrer Formelsammlung. Verwenden Sie einen Energieansatz zur Berechnung der maximalen Stromstärke.
- Die Herleitung des Zusammenhangs gelingt unter Verwendung der Thomson'schen Schwingungsgleichung und des oben aufgestellten Energieansatzes.

Tipps zu Teilaufgabe 1.3

- Zur Erläuterung der Vorgänge verwenden Sie die Lenz'sche Regel. Was sagt diese aus? Warum führt diese Regel dazu, dass der Induktionsstrom in die gleiche Richtung fließt wie der ursprüngliche Strom?
- Die Situation ist einem Federpendel vergleichbar, dessen Pendelkörper durch die Ruhelage schwingt. Argumentieren Sie hierbei mit der Trägheit der Masse.

Tipps zu Teilaufgabe 1.4

- Die entsprechenden Terme finden Sie in Ihrer Formelsammlung.
- Die Kirchhoff'sche Maschenregel besagt, dass $U_C(t) + U_L(t) = 0$ ist. Setzen Sie die entsprechenden Terme dort ein und drücken Sie $\dot{I}$ durch $\ddot{Q}$ aus.
- Lösen Sie die so hergeleitete Differenzialgleichung mit dem angegebenen Lösungsansatz durch zweimaliges Differenzieren des Ansatzes. Bestimmen Sie aus der Lösung die Kreisfrequenz.

Tipp zu Teilaufgabe 1.5

- Verwenden Sie zur Bestimmung der Dämpfungskonstanten die angegebene Formel und ermitteln Sie die Größen U_0 und ω aus dem Graphen in Material 1. Lesen Sie ein weiteres geeignetes Messwertpaar ab (z. B. P(4 ms | 0,3 V) und setzen Sie alles in die angegebene Formel ein. Der Wert für die Dämpfungskonstante erhält man durch Auflösen der Gleichung. Achten Sie auf die korrekten Einheiten.

Tipps zu Teilaufgabe 1.6

- Erinnern Sie sich an die Unterrichtseinheit zum Thema „Resonanzen bei mechanischen Schwingungen". Übertragen Sie die Erkenntnisse aus diesem Bereich auf den angeregten elektromagnetischen Schwingkreis.
- Wird die Dämpfung erhöht, so sind die Amplituden im Resonanzbereich geringer.

Tipp zu Teilaufgabe 2.1

- Interferenzphänomene sind die Folge einer Beugung der elektromagnetischen Wellen an einer periodischen Struktur. Damit Interferenz tatsächlich auftritt bzw. beobachtet werden kann, muss die für die beugende Struktur charakteristische Länge in einem geeigneten Verhältnis zur Wellenlänge stehen. Beschreiben Sie kurz diese Voraussetzung und folgern Sie daraus, welches der angegebenen Materialien diese erfüllt.

Tipps zu Teilaufgabe 2.2

- Das Experiment in Material 4 lässt sich völlig analog zum Doppelspaltversuch mit Licht beschreiben (lediglich die Frequenz der elektromagnetischen Welle ist kleiner).
- Stellen Sie zunächst die beiden Beugungsbedingungen (Winkelbeziehungen) auf. Beachten Sie, dass aufgrund der vorgegebenen geometrischen Daten keine Kleinewinkelnäherung möglich ist.
- Gehen Sie zunächst davon aus, dass am Ort P das Interferenzmaximum erster Ordnung liegt. Zur Angabe einer weiteren Frequenz gehen Sie dann davon aus, dass es sich um das Maximum zweiter oder höherer Ordnung handelt.

Lösungen zu Aufgabe B2

1 **Skizze der Schaltung**

In Schalterstellung A wird der Kondensator durch die Gleichspannungsquelle aufgeladen. In Schalterstellung B wird die Spannungsquelle vom Kondensator abgeklemmt und die Spule wird in den Schwingkreis integriert.

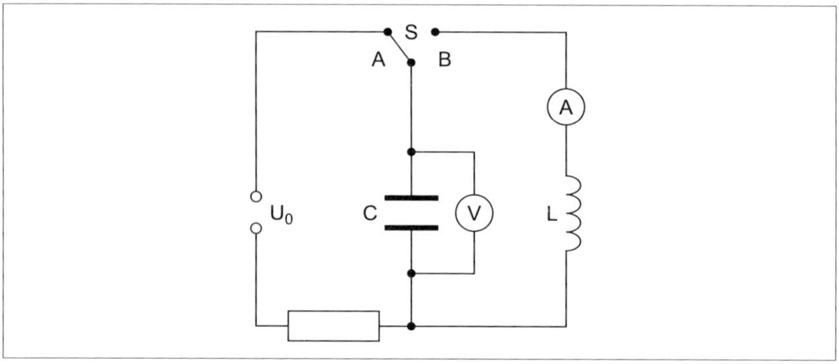

1.2.1 **Berechnung der Frequenz des Schwingkreises**

Die Frequenz eines Schwingkreises berechnet sich durch die Thomson'sche Schwingungsgleichung:

$$T = \frac{1}{f} = 2\pi \cdot \sqrt{L \cdot C} \quad \Rightarrow \quad f = \frac{1}{2\pi \cdot \sqrt{L \cdot C}}$$

Daraus ergibt sich durch Einsetzen:

$$f = \frac{1}{2\pi \cdot \sqrt{4{,}5 \cdot 10^{-3}\,\text{H} \cdot 20 \cdot 10^{-6}\,\text{F}}} = \underline{\underline{530{,}5\,\text{Hz}}}$$

Berechnung der Schwingungsdauer des Schwingkreises

$$T = \frac{1}{f} = \frac{1}{530{,}5\,\text{Hz}} = \underline{\underline{0{,}001885\,\text{s} = 1{,}885\,\text{ms}}}$$

Begründung des zeitlichen Verlaufs der Spannung

Zu Beginn des Versuchs ist der Kondensator maximal aufgeladen. Dann wird er von der Spannungsquelle getrennt und der Schwingkreis aus Kondensator und Spule beginnt zu schwingen. Zum Zeitpunkt $t = 0\,\text{s}$ hat der Schwingkreis seine maximale Spannung $\hat{U}$ am Kondensator, $U(0\,\text{s}) = \hat{U}$. Daher kann zur Beschreibung der Schwingung mit dieser Anfangsbedingung die Kosinusfunktion verwendet werden:

$$U(t) = \hat{U} \cdot \cos(\omega \cdot t) \quad \text{mit } U(0\,\text{s}) = \hat{U} \cdot \underbrace{\cos(\omega \cdot 0\,\text{s})}_{=1} = \hat{U}$$

Die maximale Spannung am Kondensator ist die Ladespannung, daher ist $\hat{U} = 1{,}5\ \text{V}$. Die Winkelgeschwindigkeit bzw. Kreisfrequenz ω berechnet sich aus der Schwingungsdauer:

$$\omega = \frac{2\pi}{T} = \frac{2\pi}{0{,}001885\ \text{s}} = 3333\,\frac{1}{\text{s}}$$

Sie können natürlich ebenso die oben berechnete Frequenz verwenden und die Kreisfrequenz über $\omega = 2\pi \cdot f = 2\pi \cdot 530{,}5\ \text{Hz} = 3333\,\frac{1}{\text{s}}$ berechnen.

Somit ergibt sich für den zeitlichen Verlauf der Spannung am Kondensator die angegebene Funktion:

$$\underline{\underline{U(t) = 1{,}5\ \text{V} \cdot \cos\left(3\,333\,\frac{1}{\text{s}} \cdot t\right)}}$$

1.2.2 **Berechnung der maximalen elektrischen Energie**

Die maximale elektrische Energie im Kondensator berechnet sich über

$$E_{\text{el, C}} = \frac{1}{2} C \cdot U_{\text{max}}^2.$$

Das Einsetzen der vorgegebenen Werte liefert:

$$E_{\text{el, C}} = \frac{1}{2} \cdot 20 \cdot 10^{-6}\ \text{F} \cdot (1{,}5\ \text{V})^2 = 2{,}25 \cdot 10^{-5}\ \text{J}$$

Erläuterung der Bestimmung der Spulenstromstärke

Die maximale elektrische Energie in der Spule ist gegeben durch die Formel

$$E_{\text{el, L}} = \frac{1}{2} L \cdot I_{\text{max}}^2.$$

Wenn sich der Kondensator vollständig entladen hat, ist die gesamte Energie des Schwingkreises in der Spule. Dort fließt ein maximaler Strom. Die elektrische Energie des Kondensators hat sich dann vollständig in elektrische Energie der Spule umgewandelt, das heißt:

$$E_{\text{el, C}} = E_{\text{el, L}} \quad \text{bzw.} \quad \frac{1}{2} C \cdot U_{\text{max}}^2 = \frac{1}{2} L \cdot I_{\text{max}}^2$$

Löst man diese Gleichung nach der gesuchten Größe I_{max} auf, so erhält man für die maximale Stromstärke:

$$I_{\text{max}} = \sqrt{\frac{C \cdot U_{\text{max}}^2}{L}} = \sqrt{\frac{C}{L}} \cdot U_{\text{max}} \qquad (*)$$

$$= \sqrt{\frac{20 \cdot 10^{-6}\ \text{F}}{4{,}5 \cdot 10^{-3}\ \text{H}}} \cdot 1{,}5\ \text{V} = \underline{\underline{0{,}10\ \text{A}}}$$

Herleitung des gegebenen Zusammenhangs
Nach der soeben gefundenen Formel (*) gilt

$$I_{max} = \sqrt{\frac{C}{L}} \cdot U_{max}.$$

Zu zeigen ist, dass ebenso gilt:

$$I_{max} = \frac{U_{max}}{\omega \cdot L} = \frac{1}{\omega \cdot L} \cdot U_{max} \qquad (**)$$

Es müssen also offenbar die Vorfaktoren von U_{max} übereinstimmen:

$$\sqrt{\frac{C}{L}} = \frac{1}{\omega \cdot L} \qquad (***)$$

Dies ist tatsächlich der Fall, denn aus der Definition der Kreisfrequenz ω folgt zusammen mit der Thomson'schen Gleichung:

$$\omega = \frac{2\pi}{T} = \frac{2\pi}{2\pi \cdot \sqrt{L \cdot C}} = \frac{1}{\sqrt{L \cdot C}}$$

$$\Rightarrow \quad \frac{1}{\omega \cdot L} = \frac{\sqrt{L \cdot C}}{L} = \sqrt{\frac{L \cdot C}{L^2}} = \sqrt{\frac{C}{L}}$$

Damit ist (***) gezeigt und folglich auch die gesuchte Beziehung (**).

Sie können die Gültigkeit der Formel (**) überprüfen, indem Sie erneut die Maximalstromstärke berechnen. Sie erhalten wiederum:

$$I_{max} = \frac{U_{max}}{\omega \cdot L} = \frac{U_{max}}{2\pi \cdot f \cdot L} = \frac{1{,}5\ \text{V}}{3333\,\frac{1}{s} \cdot 4{,}5 \cdot 10^{-3}\ \text{H}} = \underline{\underline{0{,}10\ \text{A}}}$$

Anmerkung: Nach (**) besitzt die Größe $\omega \cdot L = U_{max} / I_{max}$ die Dimension eines elektrischen Widerstandes und wird folgerichtig als induktiver Widerstand X_L der Spule bezeichnet.

1.3 Erläuterung der Vorgänge im Schwingkreis

Wenn die Spannung des Kondensators auf null abgesunken ist, erreicht der Stromfluss in der Spule seinen maximalen Wert. Zu diesem Zeitpunkt ist also der Kondensator vollständig entladen, während die magnetische Feldstärke der Spule am größten und damit die gesamte Energie nun im Magnetfeld der Spule gespeichert ist.
Der Strom beginnt nun nachzulassen, wodurch sich auch der magnetische Fluss in der Spule verringert. Nach der Lenz'schen Regel fließt ein Induktionsstrom, welcher der Ursache entgegenwirkt. In diesem Fall bedeutet das, dass dieser Induktionsstrom in die gleiche Richtung fließt wie der ursprüngliche Strom. Dieser Stromfluss bewirkt, dass der Kondensator nun mit umgekehrter Polung aufgeladen wird. Ist die Stromstärke auf null abgesunken, so erreicht die Spannung am Kondensator ihren Maximalwert, jedoch mit umge-

kehrtem Vorzeichen. Die magnetische Feldenergie wurde nun vollständig in elektrische Feldenergie umgewandelt.

Vergleich mit einem Federpendel
Beim Durchgang der Masse des Federpendels durch die Gleichgewichtslage heben sich die Kraft der Feder und die Gewichtskraft auf das Massestück gerade auf. Dabei sind die Auslenkung aus der Ruhelage s, die resultierende Kraft F_{res} und die Beschleunigung a der Masse in diesem Augenblick null. Die Masse wird nun nicht mehr schneller, sie hat ihre maximale Geschwindigkeit erreicht. Die gesamte Energie steckt in der kinetischen Energie des Körpers.
Durch die Trägheit der Masse bleibt der Körper nicht stehen, sondern bewegt sich über die Gleichgewichtslage hinaus, wobei die Richtung der Geschwindigkeit erhalten bleibt. Der Körper wird nun abgebremst, seine Geschwindigkeit sinkt und die Feder wird in umgekehrter Richtung gespannt.

Erinnern Sie sich an das 1. Newton'sche Gesetz (Trägheitsgesetz), nach dem ein kräftefreier Körper sich mit konstanter Geschwindigkeit (Betrag und Richtung) fortbewegt.

Angabe der entsprechenden Größen
Die Formel für die Schwingungsdauer eines Federpendels lautet:

$$T = 2\pi \cdot \sqrt{\frac{m}{D}}$$

Vergleicht man diese Formel mit der Thomson'schen Schwingungsgleichung

$$T = 2\pi \cdot \sqrt{L \cdot C},$$

so ergeben sich die folgenden Entsprechungen

$$m \mathrel{\hat{=}} L \quad \text{und} \quad \frac{1}{D} \mathrel{\hat{=}} C.$$

Der Induktivität der Spule in einem Schwingkreis entspricht die Masse des Gewichtsstücks bei einem Federpendel. Der Kapazität des Kondensators in einem Schwingkreis entspricht der Kehrwert der Federkonstanten eines Federpendels.

1.4 **Angabe der Terme für die Spannungsabfälle**
Über dem Kondensator in einem Schwingkreis fällt eine Spannung ab. Der Term für die Spannung lautet:

$$U_C = \frac{Q}{C}$$

Der entsprechende Term für den Spannungsabfall über der Spule lautet:

$$U_L = L \cdot \dot{I}$$

Herleitung der Differenzialgleichung

Die Kirchhoff'sche Maschenregel besagt, dass die Summe der Spannungen in einer Masche eines elektrischen Stromkreises null ist. Für den Schwingkreis gilt daher:

$$U_L(t) + U_C(t) = 0 \quad \Rightarrow \quad L \cdot \dot{I}(t) + \frac{Q(t)}{C} = 0$$

Laut Definition ist die Stromstärke die zeitliche Ableitung der Ladungsmenge:

$$I(t) = \dot{Q}(t) \quad \text{und damit} \quad \dot{I}(t) = \ddot{Q}(t)$$

Durch Einsetzen in die Differenzialgleichung erhält man:

$$L \cdot \ddot{Q}(t) + \frac{Q(t)}{C} = 0$$

Division mit L führt schließlich auf die gesuchte Differenzialgleichung:

$$\underline{\underline{\ddot{Q}(t) + \frac{1}{L \cdot C} \cdot Q(t) = 0}}$$

Lösung der Differenzialgleichung

Zum Nachweis, dass die angegebene Funktion

$$Q(t) = Q_0 \cdot \cos(\omega \cdot t) \qquad \text{mit} \quad \omega = \sqrt{\frac{1}{L \cdot C}}$$

die Differenzialgleichung löst, setzt man die Funktion und ihre zweite Ableitung nach der Zeit in die Gleichung ein. Dabei ist Q_0 die maximale Ladung am Kondensator bzw. die Amplitude der Schwingung. Mit

$$\dot{Q}(t) = -Q_0 \cdot \sin(\omega \cdot t)$$

$$\ddot{Q}(t) = -Q_0 \cdot \omega^2 \cdot \cos(\omega \cdot t) = -\omega^2 \cdot Q(t)$$

folgt:

$$-\omega^2 \cdot Q(t) + \frac{1}{L \cdot C} \cdot Q(t) = 0$$

$$\left(-\omega^2 + \frac{1}{L \cdot C}\right) \cdot Q(t) = 0$$

Diese Gleichung ist für alle Zeitpunkte t nur dann null, wenn der Term in der Klammer null ist:

$$-\omega^2 + \frac{1}{L \cdot C} = 0$$

Daraus folgt für die Kreisfrequenz ω:

$$\omega = \sqrt{\frac{1}{L \cdot C}}$$

Damit ist der Nachweis erbracht.

1.5 **Bestimmung der Dämpfungskonstanten k**

Die Schwingungsgleichung der gedämpften Schwingung ist laut Aufgabenstellung gegeben durch:

$$U(t) = U_0 \cdot e^{-k \cdot t} \cdot \cos(\omega \cdot t)$$

Dabei ist U_0 die maximale Spannung zum Zeitpunkt $t = 0\,s$, k die Dämpfungskonstante und ω die Kreisfrequenz.

Vorgehen: U_0 kann am Graphen in Material 1 abgelesen werden, ebenso die Schwingungsdauer T, aus der sich die Kreisfrequenz ω berechnen lässt. Anhand eines weiteren Messwertpaares, welches am Graphen abgelesen wird, lässt sich die Dämpfungskonstante berechnen.

Ablesen am Graphen liefert:

$$U_0 = U(0\,s) = 1{,}5\,V$$

Weiterhin kann man ablesen, dass der gedämpfte Schwingkreis bis zum Zeitpunkt $t = 4\,ms$ genau 6 komplette Schwingungen vollzogen hat. Das bedeutet:

$$T = \frac{\text{Zeit für n Schwingungen}}{\text{Anzahl n der Schwingungen}} = \frac{t_n}{n} = \frac{4 \cdot 10^{-3}\,s}{6} = \frac{2}{3} \cdot 10^{-3}\,s$$

Daraus ergibt sich die Kreisfrequenz:

$$\omega = \frac{2\pi}{\frac{2}{3} \cdot 10^{-3}\,s} = 3000\pi\,\frac{1}{s}$$

Aus Material 1 liest man ein weiteres Messwertpaar ab, in diesem Fall $P(4\,ms\,|\,0{,}3\,V)$. Dieses Messwertpaar setzt man zusammen mit U_0 und ω in die angegebene Schwingungsgleichung ein und löst diese Gleichung nach der gesuchten Dämpfungskonstanten k auf:

$$0{,}3\,V = 1{,}5\,V \cdot e^{-k \cdot 4 \cdot 10^{-3}\,s} \cdot \underbrace{\cos\left(3000\pi\,\frac{1}{s} \cdot 4 \cdot 10^{-3}\,s\right)}_{=1\ \text{(6 volle Schwingungen!)}}$$

$$e^{-k \cdot 4 \cdot 10^{-3}\,s} = \frac{0{,}3\,V}{1{,}5\,V}$$

$$-k \cdot 4 \cdot 10^{-3}\,s = \ln\left(\frac{1}{5}\right)$$

$$k = -250\,\frac{1}{s} \cdot \ln(0{,}20) = \underline{\underline{-4{,}0 \cdot 10^2\,\frac{1}{s}}}$$

1.6 **Erläuterung des Maximums im Diagramm**

Einem Schwingkreis können durch periodische Energiezufuhr auch Schwingungen aufgezwungen werden, deren Frequenz nicht unbedingt mit der Eigenfrequenz des Kreises übereinstimmen muss. Liegt die Anregungsfrequenz in der Nähe der Eigenfrequenz, so kommt es zur **Resonanz**. Die Resonanzfrequenz ist die Frequenz, bei der die Amplitude einer erzwungenen Schwingung maximal wird. Die Größe der Amplitude ist abhängig von der Dämpfung des Systems. Diese Dämpfung ist auf einen ohmschen Widerstand zurückzuführen. Je kleiner der Widerstand bzw. die Dämpfung, desto höher ist die Amplitude im Resonanzfall.

Skizze eines möglichen Verlaufs des Graphen
Bei Erhöhung der Dämpfung liegt dich Spannungsamplitude durchwegs unterhalb des ursprünglichen Werts (siehe Abbildung).

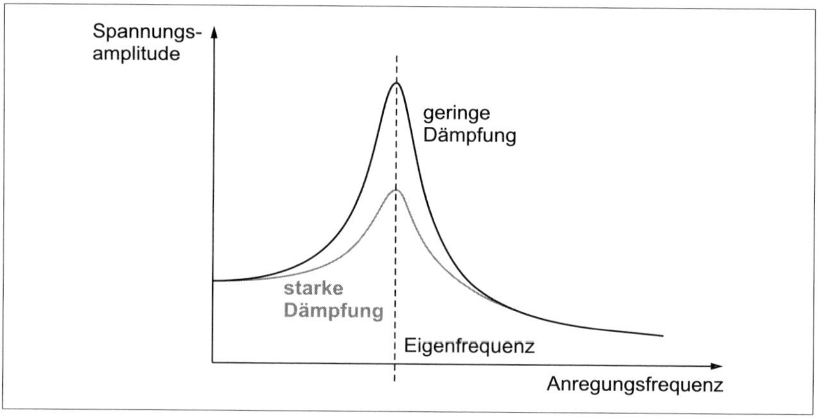

2.1 **Entscheidung zu den Materialien aus Material 3**
Um bei Wellen Interferenzerscheinungen hervorzurufen, müssen die Wellen an einem Objekt gebeugt werden. Beugung tritt auf, wenn die Dimension eines Beugungsobjekts in der Größenordnung der Wellenlänge λ liegt oder nicht wesentlich größer als λ ist.
In diesem Versuch werden elektromagnetische Wellen mit einer Frequenz von 10,5 GHz verwendet. Die zugehörige Wellenlänge beträgt

$$\lambda = \frac{c}{f} = \frac{3{,}0 \cdot 10^8 \,\frac{m}{s}}{10{,}5 \cdot 10^9 \,\frac{1}{s}} = 0{,}029 \text{ m} = 29 \text{ mm}.$$

Untersuchung der Materialien a bis d aus Material 3

a) Die Gitterkonstante der mit Streifen bedruckten Folie beträgt 0,23 mm und beträgt damit ca. ein Hundertstel von λ → Interferenz **nicht beobachtbar**.

b) Die Netzebenen eines Graphitkristallgitters besitzen einen Abstand, der um viele Größenordnungen kleiner ist als λ → Interferenz **nicht beobachtbar**.

c) Das Metallgitter hat eine Gitterkonstante von $g = \frac{1\text{ m}}{200} = 0{,}005 \text{ m} = 5 \text{ mm}$, sie beträgt damit ein Sechstel von λ → Interferenz **nicht beobachtbar**.

d) Der Spaltabstand im Doppelspalt beträgt etwa das Siebenfache von λ und damit noch in der Größenordnung der Wellenlänge → Interferenz **beobachtbar**.

2.2 **Erläuterung des Begriffs „Gangunterschied"**

Der Gangunterschied ist die Wegdifferenz zweier oder mehrerer kohärenter Wellen. Die Wegdifferenz ist entscheidend für das Auftreten von Interferenzerscheinungen.

In vorliegenden Doppelspaltexperiment ist jeder Spalt Ausgangspunkt einer neuen Elementarwelle (Huygens'sches Prinzip). Diese Wellen überlagern sich. Für jeden Punkt P, der den Ort einer solchen Überlagerung markiert, ist der Gangunterschied durch die Länge des Wegunterschieds von den jeweiligen Spaltmitten bis zum Punkt P gegeben.

Ermittlung einer möglichen Frequenz

Ein Interferenzmaximum tritt auf, wenn der Gangunterschied ein ganzzahliges Vielfaches der Wellenlänge ist:

$$\Delta s = n \cdot \lambda \quad \text{mit} \quad n = 0, 1, 2, 3, \ldots$$

In der Formelsammlung findet man die bekannten Formeln für die Interferenz am Doppelspalt:

$$\sin\alpha = \frac{\Delta s}{b} \quad \text{und} \quad \tan\alpha = \frac{d}{x}$$

Dabei sind b der Abstand der beiden Spalte (hier $b = 2$ cm), x der horizontale Abstand zum Punkt P (hier $x = 8$ cm) und d der senkrechte Abstand zum Punkt P (hier $d = 3$ cm). Den Beugungswinkel kann man sofort mit der zweiten Beugungsformel berechnen:

$$\tan\alpha = \frac{3\text{ cm}}{8\text{ cm}} = 0{,}375 \quad \Rightarrow \quad \alpha = 20{,}556°$$

Nimmt man beispielsweise an, dass am Punkt P ein Maximum 1. Ordnung vorliegt, folgt für die Wellenlänge mit $\Delta s = \lambda$ aus der ersten Beugungsformel:

$$\sin\alpha = \frac{\lambda}{b} \quad \Rightarrow \quad \lambda = b \cdot \sin\alpha = 2\text{ cm} \cdot \sin 20{,}556° = 0{,}70\text{ cm} = 7{,}0\text{ mm} \qquad (*)$$

Daraus erhält man als eine mögliche Frequenz der elektromagnetischen Welle:

$$f = \frac{c}{\lambda} = \frac{3{,}0 \cdot 10^8\ \frac{\text{m}}{\text{s}}}{7{,}0 \cdot 10^{-3}\text{ m}} = \underline{\underline{4{,}3 \cdot 10^{10}\text{ Hz} = 43\text{ Ghz}}}$$

Angabe einer weiteren möglichen Frequenz

Bei dem Intensitätsmaximum könnte es sich auch um ein Maximum höherer Ordnung handeln, z. B. $n = 2$. Dann lautet die Berechnung in (*) entsprechend:

$$\sin\alpha = \frac{2\lambda}{b} \quad \Rightarrow \quad \lambda = \frac{1}{2} b \cdot \sin\alpha = 0{,}35\text{ cm} = 3{,}5\text{ mm}$$

Bei halber Wellenlänge verdoppelt sich der Wert der Frequenz auf 86 GHz.

Allgemein ergibt sich für die n-te Ordnung die n-fache Frequenz.

Landesabitur Physik 2022 (Hessen) – Leistungskurs
Aufgabe B3: Atommodelle

Modellvorstellungen dienen in der Physik der Veranschaulichung und dem Verständnis von Beobachtungen und sind die Grundlage für die mathematische Beschreibung von physikalischen Prozessen.
Diese zentrale Rolle beim physikalischen Erkenntnisprozess wird auch bei den Atommodellen deutlich, die historisch mehrfach angepasst werden mussten.

1 Ernest Rutherford beschoss Metallfolien mit sich schnell bewegenden α-Teilchen. Beschreiben Sie anhand einer beschrifteten Skizze die Durchführung und das Ergebnis dieses Experiments.
Erläutern Sie die Deutung des Ergebnisses durch Rutherford. (7 BE)

2 Für die Berechnung der Spektrallinien von Wasserstoff fand der Baseler Gymnasiallehrer Johann Jakob Balmer 1885, ohne die eigentlichen physikalischen Hintergründe genau zu kennen, die nach ihm benannte Formel (Balmer-Formel):

$$f = R_H \cdot \left(\frac{1}{2^2} - \frac{1}{m^2} \right)$$

mit $R_H = 3{,}2898 \cdot 10^{15}$ Hz

2.1 Erläutern Sie den Zusammenhang zwischen dieser Formel und dem Atommodell von Niels Bohr. (3 BE)

2.2 Das Bohr'sche Atommodell postuliert, dass im atomaren Bereich die klassische Physik nur noch eingeschränkt gültig ist. Erläutern Sie zwei Widersprüche des Bohr'schen Atommodells zur klassischen Physik. (4 BE)

2.3 Berechnen Sie mithilfe der Balmer-Formel, welchem Übergang die blaugrüne Linie mit der Wellenlänge $\lambda = 486$ nm zugeordnet werden kann. (3 BE)

2.4 Erläutern Sie kurz die folgende Gleichung:

$$E_n = -\frac{1}{4\pi \cdot \varepsilon_0} \frac{e^2}{r_n} + \frac{1}{2} m_e \cdot v_n^2$$

Leiten Sie aus dieser Gleichung unter Verwendung der beiden Formeln

$$r_n = \frac{n^2 \cdot h^2 \cdot \varepsilon_0}{\pi \cdot m_e \cdot e^2}$$ (Radien der Bohr'schen Bahnen) und

$$v_n = \frac{e^2}{2\varepsilon_0 \cdot n \cdot h}$$ (Geschwindigkeiten der Elektronen auf diesen Bahnen)

die allgemeine Formel für die Berechnung der Frequenzen der Wasserstofflinien (Rydberg-Formel) her.
Zeigen Sie, dass R_H lediglich aus Naturkonstanten bestimmt wird. (8 BE)

2.5 Betrachtet man Atome mit mehreren Elektronen, kann man ähnliche chemische Eigenschaften mit dem Schalenmodell erklären. Atome von Alkalimetallen, wie z. B. Natrium (Material 1), besitzen nur ein einziges Elektron in der äußeren Schale (Valenzelektron) und deshalb eine geringe Ionisierungsenergie. Ein Natriumatom besitzt die Kernladungszahl $Z = 11$ und die Ionisierungsenergie $E_{Ion} = 5{,}12\ \text{eV}$, die sich aus der Formel

$$E_{Ion} = (Z - \sigma)^2 \cdot R_H \cdot h \cdot \frac{1}{n^2}$$

ergibt. Hierbei ist $n \in \mathbb{N}$, $n \geq 2$ die Nummer der äußeren Schale, R_H die Rydbergkonstante und σ eine für das Atom spezifische Abschirmkonstante.

2.5.1 Berechnen Sie die Wellenlänge und Frequenz der elektromagnetischen Strahlung, die zur Ionisierung von Natriumatomen benötigt wird. (3 BE)

2.5.2 Berechnen Sie die Abschirmkonstante σ_{Na} für ein Natriumatom.
Erläutern Sie anhand des Schalenmodells die physikalische Bedeutung der Abschirmkonstante und geben Sie den Wert an, der demnach für die Abschirmkonstante zu erwarten wäre. (6 BE)

2.6 Es wird jetzt ein einfach ionisiertes Helium (He^+) betrachtet (Material 2).
Begründen Sie mithilfe der Formel aus Aufgabe 2.5, dass für die Energiezustände des He^+-Ions folgende Gleichung gilt:

$$E_n = -4R_H \cdot h \cdot \frac{1}{n^2}$$

Vergleichen Sie quantitativ die Energiezustände des Wasserstoffatoms mit denen des He^+-Ions.
Zeichnen Sie das Energieniveauschema von He^+ für $n \leq 5$ maßstabsgetreu. (8 BE)

3 Die von Bohr aufgestellten Postulate erscheinen willkürlich und lassen sich in seinem Modell nicht aus theoretischen Überlegungen ableiten. Eine Weiterentwicklung stellt das quantenmechanische Atommodell des linearen Potenzialtopfs dar.

3.1 Erläutern Sie das Modell des linearen Potenzialtopfs.
Skizzieren Sie den Verlauf der potenziellen Energie eines Teilchens in diesem Modell. (4 BE)

3.2 Ein Teilchen der Masse m befinde sich in einem eindimensionalen Potenzialtopf der Länge L.
Zeigen Sie, dass die kinetische Energie des Teilchens nur die diskreten Werte

$$E_{kin,\,n} = \frac{h^2 \cdot n^2}{8m \cdot L^2}$$

annehmen kann. (4 BE)

Material 1: Schalenmodell eines Natriumatoms (Z = 11)

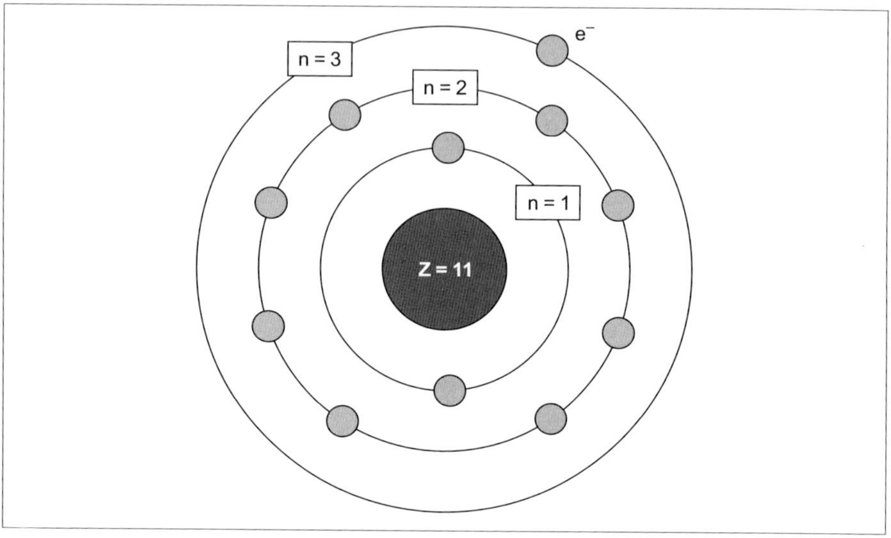

Material 2: Schalenmodell eines He^{+}-Ions (Z = 2)

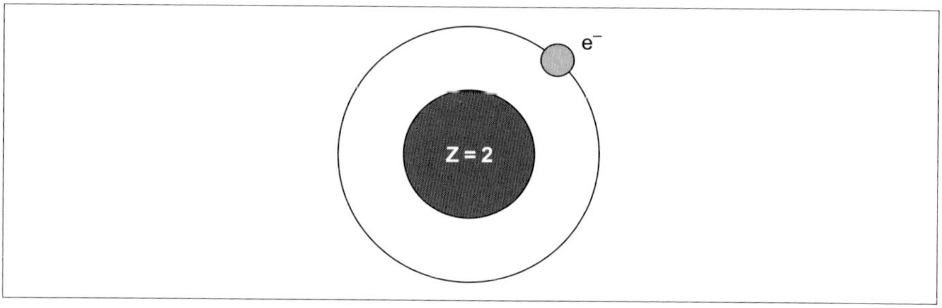

Tipps und Hinweise zur Lösung von Aufgabe B3

Tipps zu Teilaufgabe 1

- Rutherford beschoss eine dünne Goldfolie mit einem α-Strahler. Vergessen Sie in Ihrer Skizze nicht den Schirm zum Detektieren der α-Strahlen.
- Was erwartete Rutherford für ein Ergebnis und welche erstaunliche Beobachtung konnte er machen?

Tipp zu Teilaufgabe 2.1

- Beschreiben Sie kurz das Bohr'sche Atommodell und seine Postulate und erläutern Sie die angegebene Formel mit dem Übergang eines Elektrons von einem angeregten Niveau auf ein niedrigeres Niveau. Welche Bedeutung hat dabei die Frequenz f?

Tipp zu Teilaufgabe 2.2

- Die Widersprüche haben zum Beispiel etwas mit der Energieabgabe bei einer beschleunigten Bewegung der Elektronen um den Kern und mit der Beschreibung des ausgesandten Lichts zu tun.

Tipp zu Teilaufgabe 2.3

- Berechnen Sie zunächst die Frequenz der blaugrünen Linie und vergleichen Sie diese mit den Frequenzen aus der Balmer-Formel.

Tipps zu Teilaufgabe 2.4

- Die Gesamtenergie eines Elektrons in einem Atom berechnet sich als Summe der potenziellen und der kinetischen Energie. Dabei ist die potenzielle Energie durch das Coulomb-Gesetz gegeben.
- Um die Rydberg-Formel herzuleiten, setzen Sie zunächst die beiden weiteren Formeln in die angegebene Formel für die Energie eines Elektrons auf der n-ten Bahn ein. Beachten Sie, dass die Rydberg-Formel die Frequenz des emittierten Lichts angibt.

Tipp zu Teilaufgabe 2.5.1

- Verwenden Sie die bekannte Gleichung $E_{Ph} = h \cdot f$, um die Wellenlänge und die Frequenz zu berechnen.

Tipps zu Teilaufgabe 2.5.2

- Durch Umstellung der gegebenen Formel aus dem Aufgabentext 2.5 und Einsetzen der gegebenen Größen bestimmen Sie die Abschirmkonstante für ein Natriumatom.
- Aus Sicht eines Valenzelektrons wird das elektrische Feld vom Kern durch die sogenannten Rumpfelektronen teilweise abgeschirmt. Wie hoch ist die Kernladungszahl von Natrium und wie viele Elektronen dienen der Abschirmung? Welchen Wert der Abschirmkonstanten erwarten Sie für das Valenzelektron eines Natriumatoms?

Tipps zu Teilaufgabe 2.6

- Setzen Sie in die angegebene Formel die Kernladungszahl und die Anzahl der Rumpfelektronen ein. Durch Auflösen der Klammer erhält man die gesuchte Formel.
- Berechnen Sie mithilfe der hergeleiteten Formel aus Teilaufgabe 2.4 und der angegeben Formel aus Teilaufgabe 2.6 die Energiezustände eines Wasserstoff-Atoms und eines He^{+}-Ions und vergleichen Sie diese Werte miteinander.
- Zeichnen Sie die ersten fünf Werte des He^{+}-Ions in ein Termschema ein.

Tipps zu Teilaufgabe 3.1

- Der lineare Potenzialtopf sieht aus wie ein Topf mit unendlich hohen Wänden. In diesem Topf befinden sich die Elektronen. Diese werden durch De-Broglie-Wellen beschrieben. Machen Sie sich die Vorgänge mithilfe einer Analogie zur Mechanik klar, indem Sie sie mit den möglichen Schwingungsformen einer auf beiden Seiten eingespannten schwingenden Saite vergleichen.
- Fertigen Sie eine Skizze des linearen Potenzialtopfes mit unendlich hohen Wänden an.

Tipp zu Teilaufgabe 3.2

- Welcher Bedingung genügen die sich in einem Potenzialtopf ausbildenden stehenden Wellen? Beschreiben Sie diese Bedingung in Abhängigkeit der Wellenlänge. Mithilfe der Formel für die De-Broglie-Wellenlänge erhalten Sie einen Ausdruck für die Geschwindigkeit, welche Sie zur Berechnung der kinetischen Energie benötigen.

Lösungen zu Aufgabe B3

1 **Beschreibung der Durchführung und des Ergebnisses**

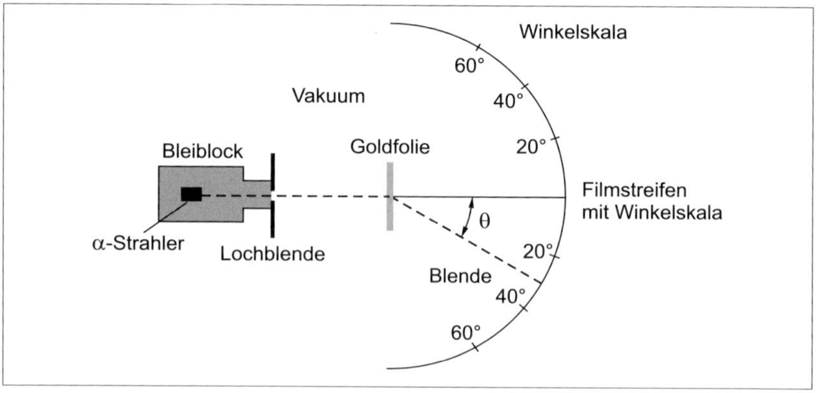

Ernest Rutherford beschoss sehr dünne Metallfolien, insbesondere Goldfolien, mit sich schnell bewegenden α-Teilchen. Diese wurden von einem α-Strahler (Radium) emittiert, der sich in einem Bleiblock befand. Eine Lochblende sorgte für eine geradlinige Ausrichtung der α-Teilchen. Diese trafen auf die hauchdünne Metallfolie und wurden danach auf einem Schirm (Filmstreifen) detektiert, der sich ringförmig um der Metallfolie befand (siehe Skizze). Rutherford fand zu seinem Erstaunen heraus, dass fast alle α-Teilchen die Folie ungehindert passierten. Nur sehr wenige α-Teilchen wurden mehr oder weniger stark abgelenkt, manche unter einem Winkel größer als 90°. Er konnte sogar nachweisen, dass einige Teilchen reflektiert wurden (Ablenkwinkel 180°).

Erläuterung der Deutung des Ergebnisses
Rutherford deutete die Ergebnisse wie folgt: Die geringe Streuung der α-Teilchen an der dünnen Metallfolie lässt vermuten, dass die Atome nicht aus einer dichten, kontinuierlich verteilten Masse bestehen, wie Thomson es in seinem Rosinenkuchenmodell erklärte. Vielmehr muss die Masse des Atoms sich auf einen sehr kleinen Raum beschränken. Damit wird deutlich: Ein Atom besteht vor allem aus „nichts", der bei weitem größte Teil des eingenommenen Atomvolumens ist leer. Die Masse des Atoms ist in einem sehr kleinen Bereich, dem Kern, konzentriert. Dieser Kern ist positiv geladen. Die negativen Elektronen bewegen sich in dem großen leeren Raum, der Atomhülle. Das Atom ist nach außen elektrisch neutral.

2.1 **Zusammenhang Balmer-Formel – Bohr'sches Atommodell**
Das Atommodell des dänischen Physikers Niels Bohr war das erste Modell, mit dem das Spektrum des Wasserstoffatoms erklärt werden konnte. Bohr ging dabei vom Rutherford'schen Atommodell aus, indem er weiterhin annahm, dass sich im Wasserstoffatom das negativ geladene Elektron auf einer Kreisbahn um den positiv geladenen Kern bewegt. Er erweiterte nun dieses Modell, indem er ausgehend von den experimentellen Erkenntnissen folgende Postulate formulierte:

- Der Umlauf der Elektronen um den Atomkern in einem Atom erfolgt nur auf bestimmten stabilen Bahnen, auf denen die Energie bzw. der Drehimpuls eines Elektrons jeweils nur ganz bestimmte Werte annehmen kann.
- Um von einer stabilen Bahn auf eine andere stabile Bahn zu wechseln, benötigt ein Elektron eine bestimmte Menge zusätzlicher Energie (Absorption, Übergang auf eine höhere Bahn) oder gibt eine bestimmte Energiemenge ab (Emission, Übergang auf eine niedrigere Bahn).

Die Balmer-Serie ist ein Beispiel für quantenhafte Emission: Das von einem Atom ausgesandte Licht setzt sich aus verschiedenen Wellenlängen zusammen und bildet auf einem Messschirm ein Linienspektrum, das für das Atom charakteristisch ist. Die beobachteten und von Balmer berechneten Spektrallinien sind auf den Übergang von Elektronen vom m-ten Energieniveau auf das 2. Energieniveau (mit $m > 2$) zurückzuführen (Postulat 2). Die Energiedifferenz wird jeweils in Form eines Photons der Frequenz f emittiert, wodurch gleichzeitig die Wellenlänge $\lambda = c/f$ der betreffenden Linie im Spektrum festgelegt ist. Die Frequenz f ist durch die Balmer-Formel gegeben.

2.2 **Erläuterung zweier Widersprüche des Bohr'schen Atommodells**

Bohr postulierte, dass sich die Elektronen nur auf bestimmten stabilen Bahnen um den Atomkern bewegen (Postulat 1). Auf diesen Bahnen wird keine Energie abgestrahlt. Nach den Ergebnissen der klassischen Elektrodynamik gibt eine beschleunigte Ladung aber immer Energie ab. Das Elektron müsste demnach im Lauf der Zeit in den Atomkern stürzen.
Zudem wird nach dem zweiten Bohr'schen Postulat Licht in Form von Photonen ausgesandt, deren Energie proportional zur Frequenz des Lichts ist und nicht, wie es klassisch zu erwarten wäre, von der Amplitude (und damit Intensität) einer Lichtwelle.

2.3 **Berechnung des Übergangs**

Zur Berechnung des passenden Übergangs $m \rightarrow 2$ ermittelt man aus der gegebenen Wellenlänge zunächst die zugehörige Frequenz und vergleicht diese mit den Frequenzen aus der Balmer-Formel:

$$f = \frac{c}{\lambda} = \frac{3{,}00 \cdot 10^8 \,\frac{m}{s}}{486 \cdot 10^{-9}\,m} = 6{,}17 \cdot 10^{14}\,Hz$$

Die angegebene Balmer-Formel gilt für $m = 3, 4, 5, \ldots$ Für die ersten beiden Frequenzen erhält man durch Einsetzen von $m = 3$ und $m = 4$:

$$f_{m=3} = 3{,}2898 \cdot 10^{15}\,Hz \cdot \left(\frac{1}{2^2} - \frac{1}{3^2}\right) \approx 4{,}57 \cdot 10^{14}\,Hz$$

$$f_{m=4} = 3{,}2898 \cdot 10^{15}\,Hz \cdot \left(\frac{1}{2^2} - \frac{1}{4^2}\right) \approx 6{,}17 \cdot 10^{14}\,Hz$$

Die oben berechnete Frequenz f stimmt mit $f_{m=4}$ überein, d. h.: Die blaugrüne Linie entsteht, wenn ein Photon beim Übergang eines Elektrons **vom 4. Niveau auf das 2. Niveau** emittiert wird.

2.4 **Erläuterung der angegebenen Gleichung**

Die Gleichung beschreibt die **Gesamtenergie** eines Elektrons im Atom. Sie setzt sich zusammen aus potenzieller und kinetischer Energie. Dabei erklärt sich die potenzielle Energie durch die Coulomb-Kraft und den Abstand des Elektrons zum Kern. Für die Energie eines Elektrons auf der n-ten Bahn folgt:

$$E_n = E_{pot,\,n} + E_{kin,\,n}$$

Die potenzielle Energie des negativ geladenen Elektrons im Radialfeld des Atomkerns (positiv geladenes Proton) lässt sich mithilfe des Coulomb-Gesetzes berechnen:

$$E_{pot,\,n} = \frac{1}{4\pi \cdot \varepsilon_0} \cdot \frac{Q_1 \cdot Q_2}{r_n} = \frac{1}{4\pi \cdot \varepsilon_0} \cdot \frac{e \cdot (-e)}{r_n} = -\frac{1}{4\pi \cdot \varepsilon_0} \cdot \frac{e^2}{r_n}$$

Für die kinetische Energie des Elektrons auf der n-ten Bahn verwendet man die bekannte Gleichung:

$$E_{kin,\,n} = \frac{1}{2} m_e \cdot v_n^2$$

Daher setzt sich die Gesamtenergie eines Elektrons auf der n-ten Bahn wie folgt zusammen:

$$\underline{\underline{E_n = -\frac{1}{4\pi \cdot \varepsilon_0} \cdot \frac{e^2}{r_n} + \frac{1}{2} m_e \cdot v_n^2}} \qquad (*)$$

Herleitung der Rydberg-Formel

Setzt man in die Gleichung (*) der Energie eines Elektrons auf der n-ten Bahn die angegebenen Formeln für die Geschwindigkeit eines Elektrons auf dieser Bahn und den Radius der Bahn ein, so ergibt sich:

$$\begin{aligned} E_n &= -\frac{1}{4\pi \cdot \varepsilon_0} \cdot \frac{e^2 \cdot \pi \cdot m_e \cdot e^2}{n^2 \cdot h^2 \cdot \varepsilon_0} + \frac{1}{2} m_e \cdot \frac{e^4}{4\varepsilon_0^2 \cdot n^2 \cdot h^2} \\ &= -\frac{1}{4} \cdot \frac{e^4 \cdot m_e}{\varepsilon_0^2 \cdot n^2 \cdot h^2} + \frac{1}{8} \frac{m_e \cdot e^4}{\varepsilon_0^2 \cdot n^2 \cdot h^2} = \frac{m_e \cdot e^4}{\varepsilon_0^2 \cdot n^2 \cdot h^2} \cdot \left(\frac{1}{8} - \frac{1}{4}\right) \\ &= -\frac{m_e \cdot e^4}{8\varepsilon_0^2 \cdot h^2} \cdot \frac{1}{n^2} \qquad (**) \end{aligned}$$

Die Rydberg-Formel berechnet die Frequenz eines Photons, welches beim Übergang eines Elektrons von einem Energieniveau m auf ein niedrigeres Energieniveau n abgestrahlt wird. Für dessen Energie gilt mit (**):

$$\begin{aligned} E_{Photon} = \Delta E = E_m - E_n &= -\frac{m_e \cdot e^4}{8\varepsilon_0^2 \cdot h^2} \cdot \frac{1}{m^2} - \left(-\frac{m_e \cdot e^4}{8\varepsilon_0^2 \cdot h^2} \cdot \frac{1}{n^2}\right) \\ &= \frac{m_e \cdot e^4}{8\varepsilon_0^2 \cdot h^2} \cdot \left(\frac{1}{n^2} - \frac{1}{m^2}\right) \end{aligned}$$

Wegen $E_{Photon} = h \cdot f$ folgt daraus für die Frequenz des Photons:

$$\begin{aligned} f = \frac{E_{Photon}}{h} &= \frac{1}{h} \cdot \frac{m_e \cdot e^4}{8\varepsilon_0^2 \cdot h^2} \cdot \left(\frac{1}{n^2} - \frac{1}{m^2}\right) \\ &= \frac{m_e \cdot e^4}{8\varepsilon_0^2 \cdot h^3} \cdot \left(\frac{1}{n^2} - \frac{1}{m^2}\right) \\ &= \underline{\underline{R_H \cdot \left(\frac{1}{n^2} - \frac{1}{m^2}\right) \quad \text{mit} \quad R_H = \frac{m_e \cdot e^4}{8\varepsilon_0^2 \cdot h^3}}} \end{aligned}$$

Dies ist die bekannte Rydberg-Formel.

Zu zeigen: R_H besteht nur aus Naturkonstanten
Wie man anhand der hergeleiteten Formel oben sieht, kommen in dem Term nur Naturkonstanten vor: Die Masse des Elektrons m_e, die Elementarladung e, die elektrische Feldkonstante ε_0 und das Planck'sche Wirkungsquantum h.

Die Balmer-Formel ist somit ein Spezialfall der Rydberg-Formel für n = 2. Setzt man die Werte der Naturkonstanten in den Term für R_H ein, erhält man in sehr guter Übereinstimmung den von Balmer empirisch gefunden Wert (vgl. Eingangstext zur Aufgabenstellung 2).

2.5.1 **Berechnung der Wellenlänge und Frequenz**
Zur Ionisierung des Na-Atoms muss mindestens die Energie $E_{Ion} = 5{,}12$ eV aufgebracht werden. Die Frequenz der zur Ionisierung benötigten elektromagnetischen Strahlung berechnet sich zu:

$$E_{Ph} = h \cdot f = E_{Ion} \quad \Rightarrow \quad f = \frac{E_{Ion}}{h} = \frac{5{,}12\ \text{eV}}{4{,}136 \cdot 10^{-15}\ \text{eVs}} = \underline{\underline{1{,}24 \cdot 10^{15}\ \text{Hz}}}$$

Die zugehörige Wellenlänge beträgt:

$$\lambda = \frac{c}{f} = \frac{3{,}00 \cdot 10^{8}\ \frac{\text{m}}{\text{s}}}{1{,}24 \cdot 10^{15}\ \text{Hz}} = \underline{\underline{2{,}42 \cdot 10^{-7}\ \text{m} = 242\ \text{nm}}}$$

2.5.2 **Berechnung der Abschirmkonstanten**
Die Abschirmkonstante für ein Natriumatom berechnet sich durch Umstellen der in Teilaufgabe 2.5 genannten Formel nach σ_{Na} und Einsetzen der entsprechenden Werte:

$$E_{Ion} = (Z - \sigma_{Na})^2 \cdot R_H \cdot h \cdot \frac{1}{n^2}$$

$$\Rightarrow \quad (Z - \sigma_{Na})^2 = \frac{E_{Ion} \cdot n^2}{R_H \cdot h}$$

$$\sigma_{Na} = Z - \sqrt{\frac{E_{Ion} \cdot n^2}{R_H \cdot h}}$$

$$\sigma_{Na} = 11 - \sqrt{\frac{5{,}12\ \text{eV} \cdot 3^2}{3{,}2898 \cdot 10^{15}\ \frac{1}{\text{s}} \cdot 4{,}136 \cdot 10^{-15}\ \text{eVs}}}$$

$$\sigma_{Na} = 11 - 1{,}84 = \underline{\underline{9{,}16}}$$

Erläuterung der physikalischen Bedeutung der Abschirmkonstanten
In einem Atom mit N Elektronen in den Schalen wirkt auf ein einzelnes Elektron nicht allein das vom Kern der Kernladungszahl Z erzeugte elektrische Feld, sondern ein durch die restlichen N – 1 Elektronen reduziertes Feld. In dieser Aufgabenstellung handelt es sich um das Valenzelektron, das heißt, die

Abschirmung rührt von allen Elektronen her, die näher am Kern liegen (Rumpfelektronen). Dieses Valenzelektron spürt also nur das von den $N-1$ Rumpfelektronen teilweise abgeschirmte elektrische Feld des Kerns. An die Stelle der Kernladungszahl Z tritt eine effektive Kernladungszahl $Z-\sigma$. Die Korrektur σ wird als Abschirmkonstante bezeichnet.
Da bei einem Natriumatom ($N=11$) das elektrische Feld, welches auf das Valenzelektron wirkt, von den 10 Rumpfelektronen teilweise abgeschirmt wird, müsste man für die Abschirmkonstante σ einen Wert von 10 erwarten.

2.6 **Begründung der angegebenen Gleichung**

Die Formel aus Teilaufgabe 2.5 lautet:

$$E_n = (Z-\sigma)^2 \cdot R_H \cdot h \cdot \frac{1}{n^2}$$

Für ein He^+-Ion gilt $Z=2$. Da das He^+-Ion nur ein Außenelektron besitzt, wird das elektrische Feld des Kerns von keinem Rumpfelektron abgeschirmt. Daher ist die Abschirmkonstante $\sigma=0$. Zu beachten ist noch, dass im Atom gebundene Elektronen negative Energien besitzen, da man Energie aufwenden muss, um ein Elektron vollständig aus dem Atom zu entfernen, also um das Atom zu ionisieren. Damit erhält man durch Einsetzen:

$$E_{n,\,He^+} = -(2-0)^2 \cdot R_H \cdot h \cdot \frac{1}{n^2} = \underline{\underline{-4R_H \cdot h \cdot \frac{1}{n^2}}}$$

Vergleich der Energiezustände von Wasserstoff und He^+

Die Energiezustände von Wasserstoff berechnen sich nach der in Teilaufgabe 2.4 hergeleiteten Formel (**) :

$$E_{n,\,H} = -\frac{m_e \cdot e^4}{8e_0^2 \cdot h^2} \cdot \frac{1}{n^2} = -13{,}6\ \text{eV} \cdot \frac{1}{n^2}$$

Die Energiezustände von He^+ berechnen sich nach der Formel in der Aufgabenstellung. Daraus ergeben sich für $n \leq 5$ die folgenden Energien:

n	H-Atom $E_{n,H}$ in eV	He^+-Ion $E_{n,He+}$ in eV
1	–13,60	–54,43
2	–3,40	–13,60
3	–1,51	–6,05
4	–0,85	–3,40
5	–0,54	–2,18

Die Energiezustände des Wasserstoffs sind im Vergleich zum He^+-Ion betragsmäßig kleiner. Das Elektron des He^+-Ions ist deutlich stärker an den Atomkern gebunden als das Elektron des Wasserstoffatoms.
Zudem fällt noch auf, dass die 2. und 4. Energiestufe des He^+-Ions mit den ersten zwei Stufen des Wasserstoffatoms übereinstimmen.

Die Übereinstimmung ist kein Zufall: Nach Teilaufgabe 2.4 lässt sich bei $E_{n,H}$ der Vorfaktor vor $1/n^2$ durch $-R_H \cdot h$ ersetzen, sodass gilt:

$$\frac{E_{n,\,He^+}}{E_{n,\,H}} = \frac{-4R_H \cdot h \cdot \frac{1}{n^2}}{-R_H \cdot h \cdot \frac{1}{n^2}} = 4 \quad \text{bzw.} \quad \frac{E_{2n,\,He^+}}{E_{n,\,H}} = \frac{-4R_H \cdot h \cdot \frac{1}{(2n)^2}}{-R_H \cdot h \cdot \frac{1}{n^2}} = 1$$

Es gilt also generell $E_{2n,\,He^+} = E_{n,\,H}$.

Energieniveauschema von He⁺

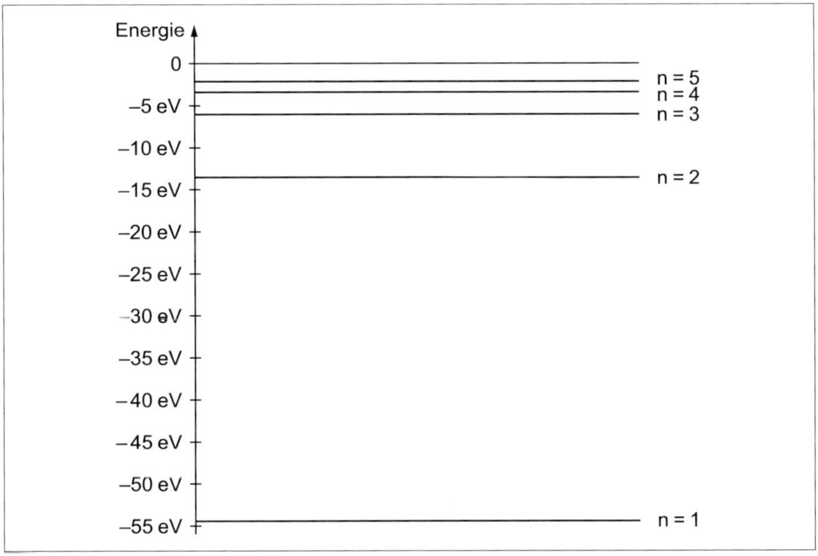

3.1 **Erläuterung des Modells des linearen Potenzialtopfs**

Das Modell des linearen Potenzialtopfes lässt sich beschreiben als ein begrenzter Raumbereich, in dem sich die Elektronen ungestört in einer Raumdimension (daher „linear") bewegen können, während sie in die begrenzenden Wände nicht eindringen können. Um diese Bedingungen zu gewährleisten, besitzt das Modell folgende Eigenschaften:

- lineare Bewegung: Das Elektron bewegt sich längs der x-Achse.
- Begrenzung: Das Elektron ist in einem lang gestreckten Körper der Länge L eingeschlossen.
- Freie Bewegung im Inneren: Die potenzielle Energie ist im Bereich $0 < x < L$ konstant und wird auf $E_{pot} = 0$ festgelegt.
- Undurchdringliche Wände: E_{pot} ist für $x = 0$ und $x = L$ unendlich groß.

Der Verlauf der potenziellen Energie hat also die Form eines unendlich hohen Topfes, daher die Bezeichnung des Modells als linearer Potenzialtopf (mit unendlich hohen Wänden), vgl. Abbildung auf der nächsten Seite.

In diesem Modell werden die Elektronen durch quantenmechanische Wellenfunktionen (De-Broglie-Wellen) beschrieben. Da die Wände undurchdringlich sind, kann sich dort kein Elektron befinden, sodass die Wellenfunktionen für $x = 0$ und $x = L$ null sein müssen; sie besitzen dort Knoten. Im Potenzialtopf bilden sich stehende Wellen (Eigenschwingungen) mit diskreten Wellenlängen aus. Man kann dies mit der Grund- und den Oberschwingungen einer an beiden Enden fest eingespannten schwingenden Saite vergleichen.

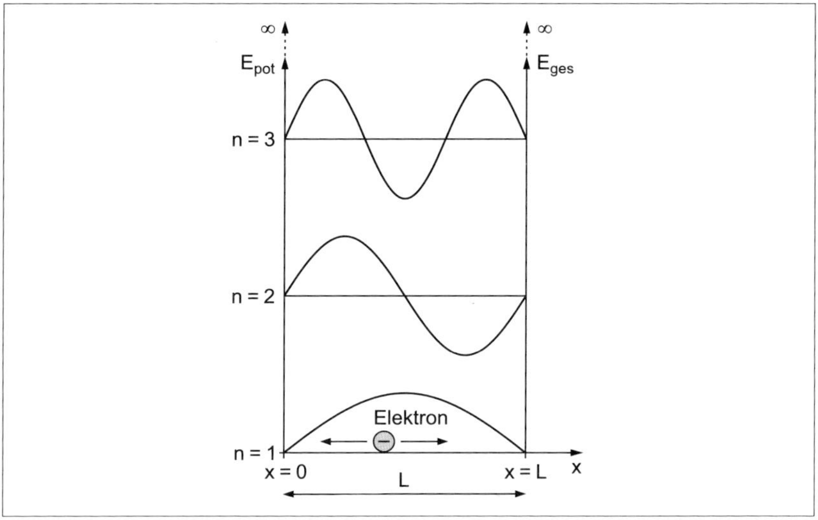

Sie müssen laut Aufgabenstellung lediglich den Verlauf der potenziellen Energie, also den Potenzialtopf, zeichnen. In der Abbildung oben sind zur Veranschaulichung zusätzlich noch die Wellenfunktionen im Grundzustand und in den beiden ersten Anregungszuständen des Elektrons skizziert (nicht verlangt).

3.2 **Herleitung der Formel für die kinetische Energie**

In einem eindimensionalen Potentialtopf bilden sich stehende Wellen aus, die an beiden Seiten Knoten besitzen (siehe Teilaufgabe 3.1). Dabei besitzen die benachbarten Knoten jeweils einen Abstand von $\frac{\lambda}{2}$. Somit ergibt sich für die Länge L des Potenzialtopfs die Formel:

$$L = n \cdot \frac{\lambda_n}{2} \quad \text{mit} \quad n = 1, 2, 3, \ldots$$

Dabei ist λ_n die De-Broglie-Wellenlänge, welche sich auch wie folgt ausdrücken lässt:

$$\lambda_n = \frac{h}{p_n} = \frac{h}{m \cdot v_n}$$

Löst man diese Gleichung nach der Geschwindigkeit v_n auf und ersetzt die Wellenlänge λ_n durch die obige Bedingung, so erhält man:

$$v_n = \frac{h}{m \cdot \lambda_n} = \frac{h}{m \cdot \frac{2L}{n}} = \frac{h}{2m \cdot L} \cdot n \quad \text{mit } n = 1, 2, 3, \ldots$$

Für die gesuchte kinetische Energie ergibt sich damit:

$$E_{kin,\,n} = \frac{1}{2} m \cdot v_n^2 = \frac{1}{2} m \cdot \left(\frac{h \cdot n}{2m \cdot L} \right)^2 = \underline{\underline{\frac{h^2 \cdot n^2}{8m \cdot L^2}}} \quad \text{mit } n = 1, 2, 3, \ldots$$

Somit ist gezeigt, dass die kinetische Energie nur diskrete Werte in Abhängigkeit der natürlichen Zahl n annehmen kann.

Landesabitur Physik 2023 (Hessen) – Leistungskurs
Aufgabe A1: Schallwellen bei einer Orgel

Die sogenannten Labialpfeifen einer Orgel erzeugen Töne, indem Luft von unten an einer Öffnung vorbei in die Pfeife geblasen wird. Innerhalb der Pfeife bilden sich stehende Wellen aus, wobei die Frequenz der erzeugten Töne abhängig von den Abmessungen der Pfeife ist. Weiterhin überlagern sich die von der Pfeife ausgehenden Schallwellen im Kirchenraum, wodurch es zu verschiedenen Phänomenen im Höreindruck kommt. Die physikalischen Grundlagen dieser Phänomene werden im Folgenden betrachtet.
Verwenden Sie, sofern nicht anders angegeben, für die Schallgeschwindigkeit in Luft $c_{Luft} = 340\,\frac{m}{s}$.

1.1 In Material 1 sind das Ort-Elongation-Diagramm und das Zeit-Elongation-Diagramm einer sich ausbreitenden Schallwelle dargestellt.
Geben Sie die Wellenlänge und die Schwingungsdauer dieser Welle an und berechnen Sie ihre Frequenz.
Zeigen Sie, dass die Ausbreitungsgeschwindigkeit der Schallwelle den oben angegebenen Wert für die Schallgeschwindigkeit hat. (5 BE)

1.2 Organisten nehmen einen deutlich bemerkbaren Zeitunterschied zwischen dem Drücken einer Taste und dem Eintreffen des Tons am Ohr wahr. Verzögerungen durch die Mechanik der Orgel sollen vernachlässigt werden.
Berechnen Sie die Zeit, die ein Ton für einen Abstand von 15 m zwischen der Pfeife und dem Ohr des Organisten benötigt. (2 BE)

1.3 Eine Orgel muss in regelmäßigen Abständen nachgestimmt werden. Neben Veränderungen der Pfeifenlänge durch Feuchtigkeits- oder Temperaturschwankungen verändert sich auch die Schallgeschwindigkeit mit der Temperatur ϑ in °C nach der Gesetzmäßigkeit

$$c(\vartheta) = c_0 \cdot \sqrt{1 + \frac{\vartheta}{273{,}15\,°C}}.$$

Dabei entspricht c_0 der Schallgeschwindigkeit in Luft bei 0 °C mit $c_0 = 331{,}5\,\frac{m}{s}$.

Berechnen Sie die Schallgeschwindigkeit bei einer Raumtemperatur von 18 °C.
Bestimmen Sie den Temperaturbereich, in dem die Abweichung der Schallgeschwindigkeit maximal 2 % zur Schallgeschwindigkeit bei 0 °C beträgt.
(6 BE)

2 Die sich in einer Orgelpfeife (Material 2) ausbildenden stehenden Wellen besitzen auf der linken Seite einen Geschwindigkeitsbauch. Auf der rechten Seite unterscheidet man zwischen gedackten und offenen Pfeifen. Bei einer gedackten Pfeife ist das obere Ende mit einem Deckel verschlossen und daher befindet sich dort ein Geschwindigkeitsknoten. Der charakteristische Klang einer Orgelpfeife entsteht durch die Mischung von Grundton und Obertönen mit unterschiedlichen Intensitäten. Grundton und Obertöne werden üblicherweise als Grundschwingung und Oberschwingung bezeichnet.

2.1 Skizzieren Sie die Grundschwingung und die ersten beiden Oberschwingungen einer gedackten Pfeife in Material 2.
Ermitteln Sie die Wellenlängen der Grundschwingung und der ersten beiden Oberschwingungen einer stehenden Welle in einer gedackten Pfeife der Länge $L = 1{,}5\,\text{m}$. (8 BE)

2.2 Ermitteln Sie den prozentualen Längenunterschied einer offenen Pfeife zu einer gedackten Pfeife bei gleicher Frequenz der Grundschwingung f_0.
Begründen Sie, dass bei einer gedackten Pfeife keine Oktave (Schwingung mit doppelter Frequenz) als Oberschwingung zum Grundton erzeugt werden kann. (5 BE)

2.3 In der Praxis des Pfeifenbaus zeigt sich, dass sich der Durchmesser einer offenen Pfeife auf die Wellenlänge der Grundschwingung auswirkt. Es wurde nun der Einfluss des Pfeifendurchmessers d auf die Wellenlänge λ der Grundschwingung einer 1,5 m langen Pfeife untersucht. Die Daten der Messreihe sind im Durchmesser-Wellenlängen-Diagramm in Material 3 abgebildet.
Bestimmen Sie die Gleichung der Ausgleichsgeraden durch die Messpunkte.
Deuten Sie die beiden Parameter der Geradengleichung im Sachzusammenhang.
Entscheiden und begründen Sie, ob der Ton mit zunehmendem Durchmesser einer Pfeife durch den in Material 3 dargestellten Effekt höher oder tiefer wird. (8 BE)

3 Da der Ton einer bestimmten einzelnen Pfeife im Orgelklang zu leise ist, wird eine zweite gleiche Pfeife zusätzlich aufgebaut. In Material 4 ist die Situation in einem Kirchenraum dargestellt, in dem die zwei Pfeifen mit derselben Frequenz $f = 1\,760\,\text{Hz}$ ertönen. Nehmen Sie für die Aufgaben 3.1 bis 3.3 an, dass die beiden Pfeifen in Phase schwingen.

3.1 Obwohl sich Person 2 näher an den Pfeifen befindet als Person 3, kann die Lautstärke für Person 3 größer sein als die Lautstärke für Person 2.
Erklären Sie den Lautstärkeunterschied qualitativ. (4 BE))

3.2 Berechnen Sie den Abstand a zwischen Person 1 und Person 3, wenn diese beiden Personen im Lautstärkemaximum 1. bzw. 2. Ordnung sitzen. Dabei kann $e \gg d_{Pf}$ angenommen werden. (5 BE)

3.3 Untersuchen Sie die Auswirkung der Verringerung des Abstands d_{Pf} der zwei Pfeifen auf die Lage der Maxima und Minima am Ort der Sitzbank. (2 BE)

3.4 Erklären Sie mithilfe von Material 5, wie es dazu kommen kann, dass bei der Verwendung von zwei Pfeifen eine Verringerung der Lautstärke auftritt. Untersuchen Sie, wie sich der Höreindruck verändert, wenn sich der Graph B der Schwingung der zweiten Pfeife geringfügig nach links verschiebt. (5 BE)

Material 1: Ort-Elongation-Diagramm und Zeit-Elongation-Diagramm

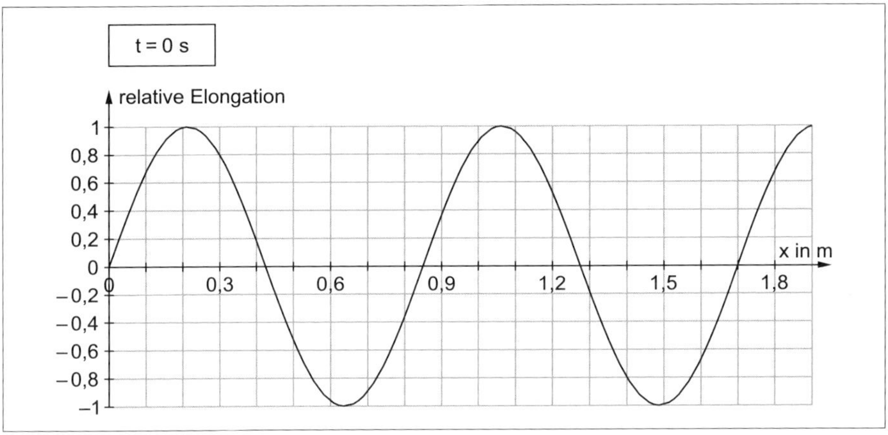

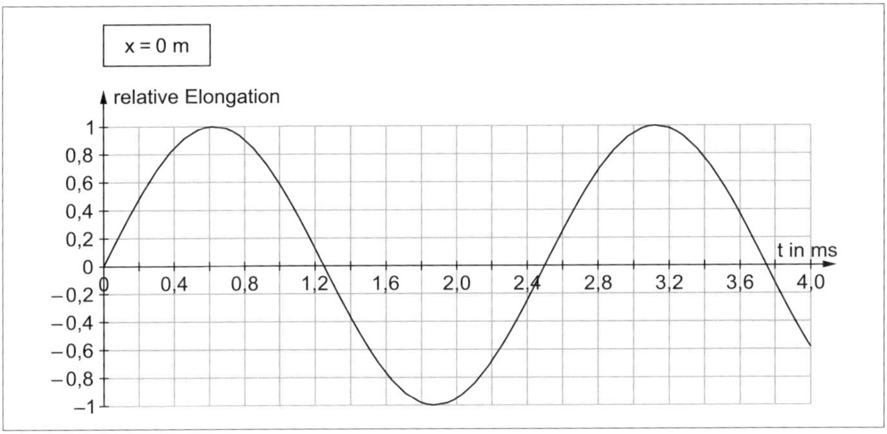

Material 2: Abbildungen einer gedackten Orgelpfeife zum Einzeichnen der stehenden Wellen

Grund-schwingung	
1. Ober-schwingung	
2. Ober schwingung	

Die Orgelpfeife ist um 90° gedreht dargestellt. Das obere Ende der Orgelpfeife ist hier rechts.

Material 3: Abhängigkeit der Wellenlänge λ vom Durchmesser d der Pfeife

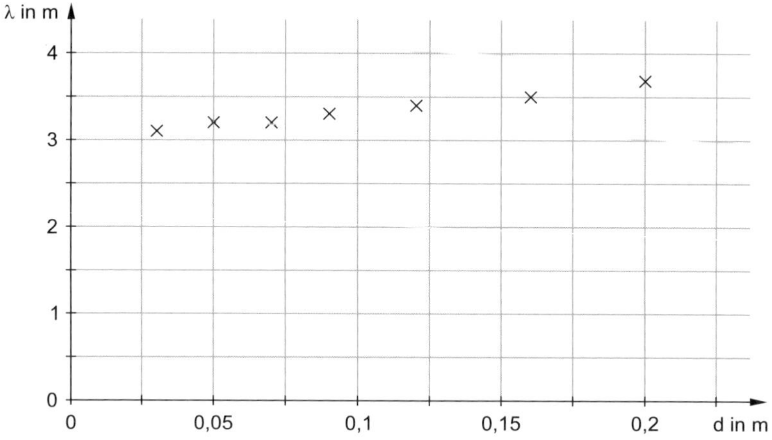

Material 4: Anordnung von Pfeifen und Personen in einer Kirche

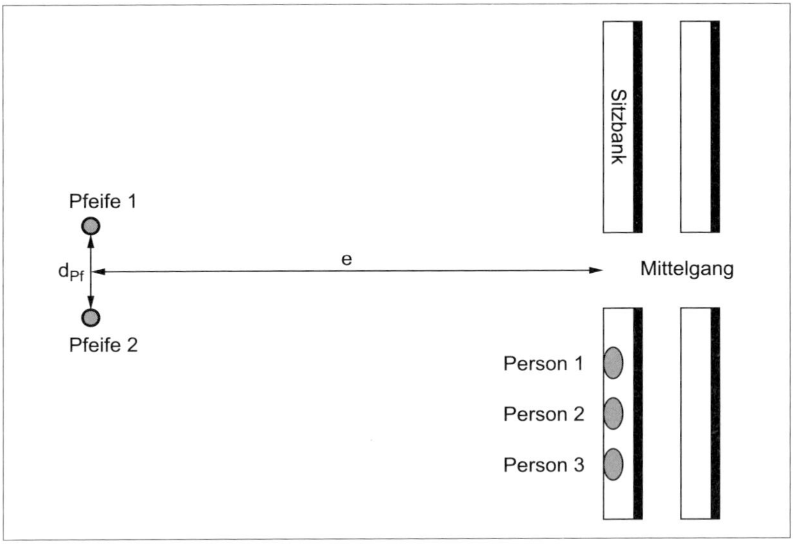

Abstand der beiden Pfeifen: $d_{Pf} = 1{,}5$ m
Abstand Pfeife – Sitzbank: $e = 16$ m

Material 5: Elongation der Schwingung an einem Ort in der Kirche

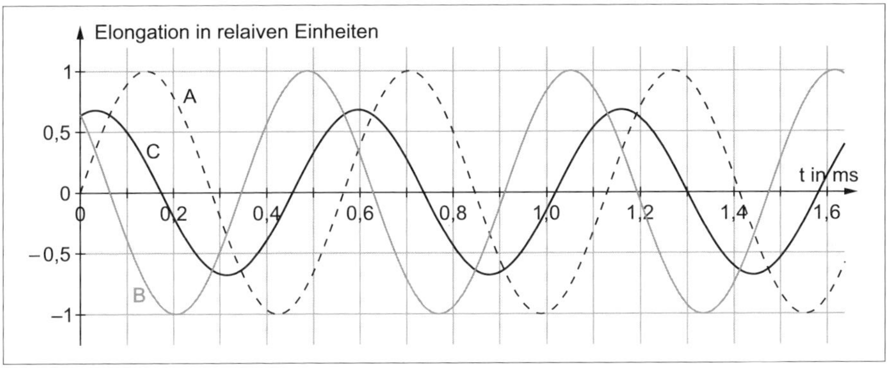

A: nur erste Pfeife ertönt
B: nur zweite Pfeife ertönt
C: beide Pfeifen ertönen gleichzeitig

Tipps und Hinweise zur Lösung von Aufgabe A1

Tipp zu Teilaufgabe 1.1

Die Wellenlänge lässt sich unmittelbar aus dem Diagramm ablesen. Die Schwingungsdauer einer Welle ist die Zeit für eine komplette Hin- und Herbewegung des schwingenden Systems. Daraus lässt sich die Frequenz berechnen.

Tipp zu Teilaufgabe 1.2

Schall breitet sich gradlinig gleichförmig aus. Verwenden Sie die Geschwindigkeitsformel für diesen Bewegungstyp aus der Mechanik.

Tipps zu Teilaufgabe 1.3

Zur Berechnung der Schallgeschwindigkeit bei Raumtemperatur setzen Sie die gegebenen Werte in die angegebene Gleichung ein.

Um den Temperaturbereich zu bestimmen, bilden Sie die Quotienten aus der Schallgeschwindigkeit bei der Temperatur ϑ_{min} bzw. ϑ_{max} und der Schallgeschwindigkeit bei 0 °C. Dieser Quotient muss einmal 0,98 und einmal 1,02 betragen.

Tipps zu Teilaufgabe 2.1

Bei der gedackten Pfeife aus der Aufgabenstellung handelt es sich um einen Wellenträger mit einem offenen Ende an der linken Seite und einem festen Ende an der rechten Seite. Vergleichen Sie diese Situation mit einer erzwungenen stehenden Welle auf einem an einer Seite angebundenen Seil.

Zur Berechnung der Wellenlängen ermitteln Sie den Bruchteil der Wellenlängen, die sich jeweils auf dem Wellenträger der Länge L befinden.

Tipps zu Teilaufgabe 2.2

Eine offene Pfeife besitzt links und rechts ein offenes Ende. In der Mitte zwischen den Enden muss sich also ein Wellenknoten bilden. Welcher Bruchteil der Welle befindet sich in diesem Fall in der Grundschwingung auf dem Wellenträger?

Eine Welle mit der doppelten Frequenz besäße die halbe Wellenlänge. Gehen Sie von dieser Annahme aus und führen Sie diese zu einem Widerspruch. Überlegen Sie dabei, wie eine solche Welle auf dem Wellenträger aussehen würde und wo sich in diesem Fall die Wellenknoten und Wellenbäuche befinden müssten.

Tipps zu Teilaufgabe 2.3

Legen Sie eine Ausgleichsgerade durch die eingezeichneten Punkte. Ermitteln Sie durch Ablesen den Achsenschnittpunkt mit der vertikalen Achse und die Steigung mithilfe eines Steigungsdreiecks.

Hinweise zur Deutung: Am Ort des Achsenabschnitts beträgt der Durchmesser der Pfeife null und ist somit zu vernachlässigen. Die Steigung beschreibt den Zusammenhang zwischen den Änderungen der Wellenlänge des Tons und des Durchmessers der Pfeife.

Hinweise zur Begründung: Eine Zunahme der Wellenlänge entspricht einer Abnahme der Frequenz und umgekehrt. Große Frequenzen entsprechen hohen Tönen, kleine Frequenzen niedrigen Tönen.

Tipp zu Teilaufgabe 3.1

Die von den zwei Schallquellen ausgehenden Wellen gleicher Frequenz interferieren, d. h. überlagern einander. Dabei kann es Orte der Auslöschung und Orte der Überlagerung geben. Beschreiben Sie dieses Phänomen im Sachzusammenhang unter Verwendung des Gangunterschieds.

Tipps zu Teilaufgabe 3.2

Vergleichen Sie die Situation der Aufgabenstellung mit dem Ihnen aus dem Unterricht bekannten Experiment zur Interferenz am Doppelspalt. Dabei entspricht die Lage der Interferenzmaxima auf dem Schirm den Positionen der beiden Personen; aus diesen Positionen können Sie den gegenseitigen Abstand berechnen.

Verwenden Sie zur Berechnung die beiden bekannten Formeln $\sin\alpha_n = \frac{n \cdot \lambda}{d_{Pf}}$ und $\tan\alpha_n = \frac{a_n}{e}$.

Tipp zu Teilaufgabe 3.3

Verwenden Sie zur Untersuchung die beiden oben genannten Formeln und beachten Sie die Veränderung des Winkels bei Verringerung des Abstands der beiden Pfeifen.

Tipps zu Teilaufgabe 3.4

Die beiden dargestellten Sinuskurven sind phasenverschoben. Die Schwingung C ist die Überlagerung der beiden Einzelschwingungen A und B.

Bei einer kleinen Verschiebung des Graphen B nach links nähern sich die Orte der Maxima und Minima beider Schwingungen weiter an. Welchen Einfluss hat das auf die Amplitude der resultieren Schwingung C?

Lösungen zu Aufgabe A1

1.1 Angabe der Wellenlänge

Die Wellenlänge lässt sich anhand des Ort-Elongation-Diagramms der Schwingung bestimmen. In diesem Diagramm ist die Elongation in Abhängigkeit des Ortes angegeben. Die Wellenlänge ist festgelegt als der minimale Abstand zwischen zwei Punkten gleicher Phase, also gleicher Amplitude und Bewegungsrichtung. Dies ist im Diagramm z. B. an den Orten $x_1 = 0$ m und $x_2 = 0{,}85$ m der Fall. Sie müssen den ermittelten Wert lediglich angeben.

Die Wellenlänge beträgt:

$$\lambda = x_2 - x_1 = 0{,}85\ \text{m} - 0\ \text{m} = \underline{\underline{0{,}85\ \text{m}}}.$$

Angabe der Schwingungsdauer

Die Schwingungsdauer ist festgelegt als die Zeit für eine vollständige Hin- und Herbewegung eines schwingungsfähigen Körpers. Aus dem Zeit-Elongation-Diagramm lässt sich die Schwingungsdauer ablesen. Betrachtet man den Zeitpunkt $t_1 = 0$ ms als Beginn der Schwingung, so ist eine komplette Hin- und Herbewegung nach der Zeit $t_2 = 2{,}5$ ms beendet. Auch hier müssen Sie diesen Wert nur angeben.

Die Schwingungsdauer beträgt

$$T = t_2 - t_1 = 2{,}5\ \text{ms} - 0\ \text{ms} = \underline{\underline{2{,}5\ \text{ms}}}.$$

Berechnung der Frequenz
Die Frequenz der Schwingung ist gleich dem Kehrwert der Schwingungsdauer:

$$f = \frac{1}{T} = \frac{1}{2{,}5 \cdot 10^{-3}\ \text{s}} = \underline{\underline{0{,}40\ \text{kHz}}}.$$

Berechnung der Schallgeschwindigkeit
Die Ausbreitungsgeschwindigkeit der Schallwelle berechnet sich mithilfe der Grundgleichung der Wellenlehre:

$$c_{\text{Luft}} = \lambda \cdot f = 0{,}85\ \text{m} \cdot 0{,}40 \cdot 10^3\ \text{Hz} = 3{,}4 \cdot 10^2\ \frac{\text{m}}{\text{s}} \approx \underline{\underline{340\ \frac{\text{m}}{\text{s}}}}.$$

1.2 Berechnung des Zeitunterschieds

Schall breitet sich in einer gradlinig gleichförmigen Bewegung aus. Für die Geschwindigkeit gilt daher die Formel $c_{\text{Luft}} = \frac{s}{t}$. Stellt man diese Formel nach der gesuchten Zeit t um, so erhält man:

$$t = \frac{s}{c_{\text{Luft}}} = \frac{15\ \text{m}}{3{,}40 \cdot 10^2\ \frac{\text{m}}{\text{s}}} = \underline{\underline{0{,}044\ \text{s} = 44\ \text{ms}}}$$

1.3 **Berechnung der Schallgeschwindigkeit**

Die Schallgeschwindigkeit bei einer Raumtemperatur von 18 °C berechnet sich durch Einsetzen dieses Wertes in die angegebene Formel:

$$c(18\,°C) = 331{,}5\,\frac{m}{s} \cdot \sqrt{1 + \frac{18°}{273{,}15\,°C}} = \underline{\underline{342{,}2\,\frac{m}{s}}}$$

Bestimmung des Temperaturbereichs

Gesucht sind diejenigen Temperaturen ϑ_{min} und ϑ_{max}, für die die Verhältnisse der Ausbreitungsgeschwindigkeiten zur Ausbreitungsgeschwindigkeit bei 0 °C wie folgt sind:

$$\frac{c(\vartheta_{min})}{c(0\,°C)} = 100\,\% - 2\,\% = 0{,}98 \quad \text{und} \quad \frac{c(\vartheta_{max})}{c(0\,°C)} = 100\,\% + 2\,\% = 1{,}02$$

Aus der ersten Gleichung folgt für ϑ_{min} mithilfe der angegebenen Formel:

$$\frac{c(0\,°C) \cdot \sqrt{1 + \frac{\vartheta_{min}}{273{,}15\,°C}}}{c(0\,°C)} = 0{,}98$$

$$\sqrt{1 + \frac{\vartheta_{min}}{273{,}15\,°C}} = 0{,}98$$

$$1 + \frac{\vartheta_{min}}{273{,}15\,°C} = 0{,}9604$$

$$\vartheta_{min} = (0{,}9604 - 1) \cdot 273{,}15\,°C = \underline{\underline{-10{,}82\,°C}}$$

Analog folgt für ϑ_{max}:

$$\frac{c(0\,°C) \cdot \sqrt{1 + \frac{\vartheta_{max}}{273{,}15\,°C}}}{c(0\,°C)} = 1{,}02$$

$$\sqrt{1 + \frac{\vartheta_{max}}{273{,}15\,°C}} = 1{,}02$$

$$1 + \frac{\vartheta_{max}}{273{,}15\,°C} = 1{,}0404$$

$$\vartheta_{max} = (1{,}0404 - 1) \cdot 273{,}15\,°C = \underline{\underline{11{,}04\,°C}}$$

Die Schallgeschwindigkeit weicht um weniger als 2 % von der Schallgeschwindigkeit bei 0 °C ab, wenn die Raumtemperatur **innerhalb des Bereichs zwischen –10,82 °C und 11,03 °C** liegt.

2.1 **Skizze der Grundschwingung und der Oberschwingungen**

Bei der in Material 2 dargestellten gedackten Pfeife befindet sich auf der rechten Seite (Deckel) ein Schwingungsknoten und auf der linken Seite (Einblasöffnung) ein Schwingungsbauch. Bei einer Grundschwingung handelt es sich um diejenige Schwingung mit der größten Wellenlänge, die in diesem Fall auf der linken Seite ein loses Ende und auf der rechten Seite ein festes Ende besitzt. Unter den genannten Voraussetzungen passt somit genau eine viertel Wellenlänge auf den Wellenträger.

Grundschwingung:

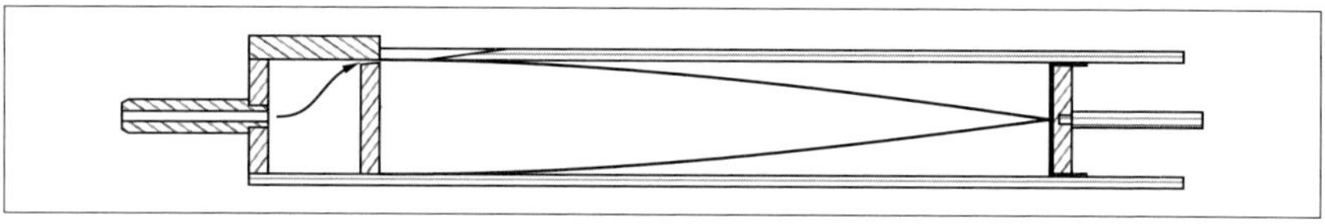

Für die erste und alle weiteren Oberschwingungen gelten die gleichen Bedingungen für das linke und rechte Ende wie bei der Grundschwingung; die Knotenzahl erhöht sich aber zur nächsten Oberschwingung jeweils um 1. Bei der ersten Oberschwingung befindet sich nach $\frac{1}{3}$ der Länge des Wellenträgers ein Schwingungsknoten und nach $\frac{2}{3}$ ein Schwingungsbauch.

1. Oberschwingung:

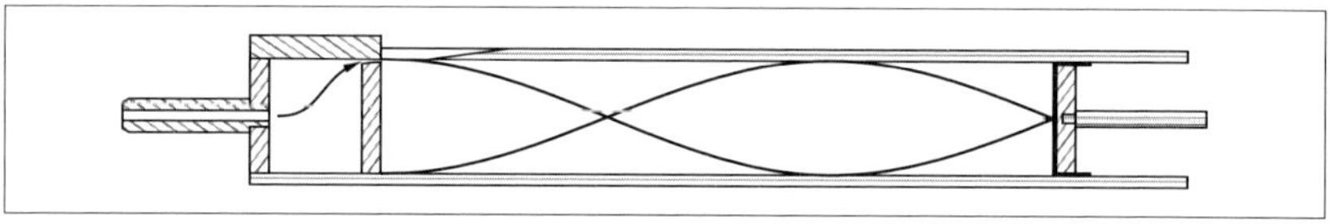

Bei der zweiten Oberschwingung kommt noch ein weiterer Schwingungsbauch und ein weiterer Schwingungsknoten hinzu.

2. Oberschwingung:

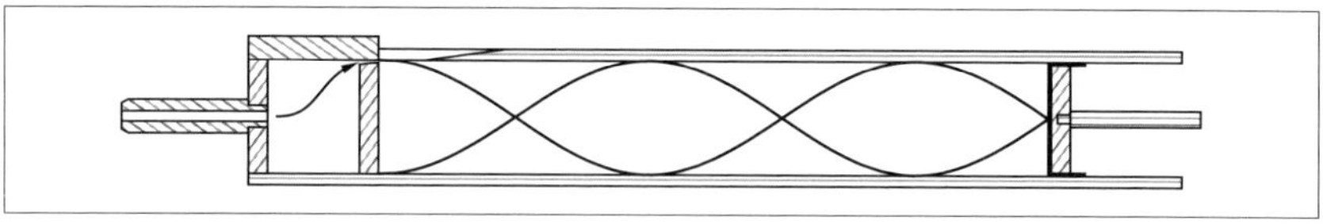

Ermittlung der Wellenlängen

In der **Grundschwingung** befindet sich genau eine viertel Wellenlänge auf dem Wellenträger, das heißt es gilt:

$$\frac{\lambda_0}{4} = L \quad \Rightarrow \quad \lambda_0 = 4L = 4 \cdot 1{,}5\ \text{m} = \underline{\underline{6\ \text{m}}}$$

Die Wellenlänge der Grundschwingung beträgt 6 m.

Für die **1. Oberschwingung** ergibt sich die Bedingung:

$$\frac{3}{4}\lambda_1 = L \quad \Rightarrow \quad \lambda_1 = \frac{4}{3}L = \frac{4}{3}\cdot 1{,}5\ \text{m} = \underline{\underline{2\ \text{m}}}$$

Analog gilt für die **2. Oberschwingung** die Bedingung:

$$\frac{5}{4}\lambda_2 = L \quad \Rightarrow \quad \lambda_2 = \frac{4}{5}L = \frac{4}{5}\cdot 1{,}5\ \text{m} = \underline{\underline{1{,}2\ \text{m}}}$$

2.2 **Ermittlung des prozentualen Längenunterschieds**

Bei einer gedackten Pfeife beträgt die Wellenlänge der Grundschwingung genau ein Viertel der Länge des Wellenträgers (siehe Teilaufgabe 2.1), es gilt somit

$$\lambda_0 = 4L_{\text{gedackt}}.$$

Eine offene Pfeife besitzt sowohl auf der rechten als auch auf der linken Seite ein loses Ende. Als Bedingung für die Grundschwingung gilt daher, dass an den beiden losen Enden ein Schwingungsbauch und in der Mitte ein Schwingungsknoten sitzen müssen. Daher ist in diesem Fall die Wellenlänge der Grundschwingung genau die halbe Länge des Wellenträgers, sodass folgt:

$$\lambda_0 = 2L_{\text{offen}}$$

Da nach Voraussetzung die Frequenz und damit auch die Wellenlänge beider Pfeifen gleich groß sein sollen, folgt durch Gleichsetzen:

$$4L_{\text{gedackt}} = 2L_{\text{offen}} \quad \Rightarrow \quad L_{\text{offen}} = 2L_{\text{gedackt}}$$

Der prozentuale Längenunterschied der offenen zur gedackten Pfeife beträgt daher:

$$\frac{L_{\text{offen}} - L_{\text{gedackt}}}{L_{\text{gedackt}}} = \frac{2L_{\text{gedackt}} - L_{\text{gedackt}}}{L_{\text{gedackt}}} = \frac{L_{\text{gedackt}}}{L_{\text{gedackt}}} = 1 = \underline{\underline{100\ \%}}$$

Warum keine Oktave als Oberschwingung bei einer gedackten Pfeife?

Eine Oktave oberhalb des Grundtons entsteht dann, wenn sich die Schwingungsfrequenz verdoppelt. Das bedeutet, dass sich die Wellenlänge halbieren muss. Bei der Grundschwingung einer gedackten Pfeife entsteht eine stehende Welle, die der Bedingung $\lambda_0 = 4L$ genügt. Bei einer Oberschwingung mit halber Wellenlänge (Oktave) muss daher $\lambda_1 = 2L$ gelten und somit $L = \frac{1}{2}\lambda_1$.
In diesem Fall müsste sich also auf dem Wellenträger eine stehende Welle ausbilden, die an beiden Enden entweder Schwingungsbäuche oder Schwingungsknoten besitzt. Bei einer gedackten Pfeife mit einem festen und einem losen Ende ist dies nicht möglich.

2.3 **Bestimmung der Ausgleichsgeraden**

Zunächst zeichnet man eine Ausgleichsgerade durch die angegebenen Messpunkte im Diagramm Material 3 so ein, dass möglichst alle Punkte auf oder dicht bei dieser Geraden liegen.

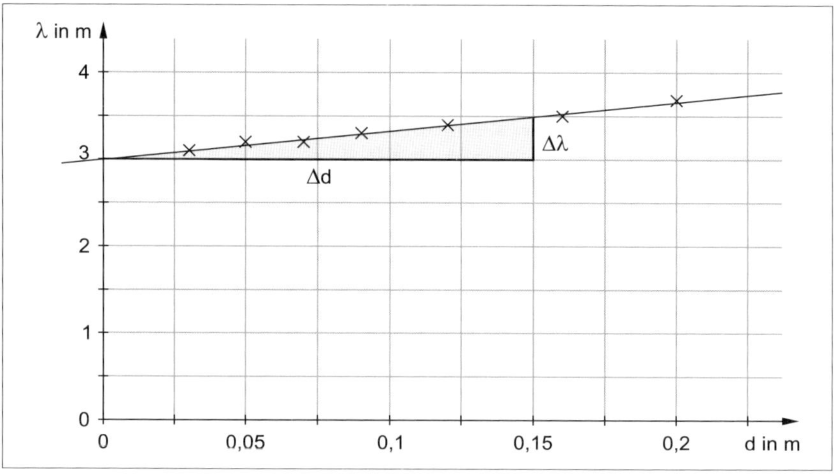

Zur Bestimmung der Gleichung dieser Ausgleichsgeraden liest man zunächst den **Achsenabschnitt b** auf der senkrechten Achse ab. Die **Steigung m** bestimmt man mithilfe eines Steigungsdreiecks. Man erhält:

$$b = 3\,\text{m} \quad \text{und} \quad m = \frac{\Delta\lambda}{\Delta d} = \frac{0{,}5\,\text{m}}{0{,}15\,\text{m}} = 3{,}3$$

Als **Gleichung der Ausgleichsgeraden** erhält man daher:

$$\underline{\underline{\lambda = 3{,}3 \cdot d + 3\,\text{m}}}$$

Geringfügige Abweichungen bei den Werten für Steigung und Achsenabschnitt werden im Rahmen der Ablesegenauigkeit akzeptiert.

Deutung der beiden Parameter der Gleichung

Der Achsenabschnitt auf der senkrechten Achse (3 m) entspricht der Wellenlänge der Grundschwingung bei vernachlässigbarem Pfeifendurchmesser d. Dies ist die theoretisch zu erwartende Wellenlänge der Grundschwingung einer offenen Pfeife der Länge $L = 1{,}5$ m (vgl. Teilaufgabe 2.2). Die Steigung der Ausgleichsgeraden ist positiv. Daher gibt diese die Zunahme der Wellenlänge in Abhängigkeit der Zunahme des Durchmessers der Pfeife an. In diesem Fall nimmt die Wellenlänge um ca. 3,3 cm pro Erhöhung des Pfeifendurchmessers um jeweils 1 cm zu.

Änderung der Tonhöhe bei zunehmendem Pfeifendurchmesser
Bei konstanter Pfeifenlänge nimmt die Wellenlänge bei Erhöhung des Durchmessers der Pfeife zu. Somit sinkt die Frequenz der Grundschwingung, der Ton wird **tiefer**.

3.1 **Erklärung des Lautstärkeunterschieds**
Die Schwingungen in den nebeneinanderstehenden Pfeifen im Kirchenraum sind nach Voraussetzung in Phase, die Pfeifen erzeugen daher jeweils eine Schallwelle mit gleicher Amplitude und Wellenlänge, welche sich an allen Punkten im Raum überlagern. An jedem Punkt des Raumes summieren sich die beiden Schwingungen der Schallwellen zu einer Gesamtschwingung. Dies lässt sich durch Addition der beiden Auslenkungen beschreiben.
Je nach Überlagerungssituation an einem bestimmten Ort im Raum steigt oder sinkt die Amplitude, der Ton wird lauter oder leiser. Der Gangunterschied – also die Differenz der Wege der beiden Schallquellen zum Empfänger – bestimmt, ob konstruktive (Verstärkung) oder destruktive (Abschwächung) Interferenz auftritt:

- Treffen an einem Ort zwei Wellenberge oder zwei Wellentäler aufeinander, so verdoppelt sich dort die Amplitude (Intensitätsmaxima durch konstruktive Interferenz). Die wahrgenommene Intensität (Lautstärke) ist dort besonders hoch. In diesem Fall beträgt der Gangunterschied Δs zwischen den beiden Wellen ein ganzzahliges Vielfaches k der Wellenlänge λ ($\Delta s = k \cdot \lambda$ mit $k = 1, 2, \ldots, n$).
- Trifft ein Wellenberg auf ein Wellental oder ein Wellental auf einen Wellenberg, so ist die resultierende Amplitude nahe null (destruktive Interferenz). Diese Orte zeichnen sich durch eine geringe wahrgenommene Intensität (Lautstärke) aus. Dort ist es besonders leise. In diesem Fall beträgt der Gangunterschied Δs zwischen den beiden Wellen ein ungeradzahliges Vielfaches k der halben Wellenlänge: $\Delta s = (2k-1) \cdot \frac{\lambda}{2}$ mit $k = 1, 2, \ldots, n$.

Daher kann es z. B. sein, dass sich Person 3 an einem Ort mit einem Interferenzmaximum und Person 2 an einem Ort mit einem Interferenzminimum befindet. Person 3 nimmt daher eine höhere Lautstärke war als Person 2, obwohl sie sich weiter von den Schallquellen entfernt befindet.

3.2 **Berechnung des Abstands a zwischen Person 1 und Person 2**
Diese Situation ist vergleichbar mit der Interferenz an einem Doppelspalt. Dabei entspricht der Abstand d_{Pf} der Pfeifen dem Spaltabstand, die senkrechte Entfernung e zwischen den Pfeifen und der ersten Sitzbankreihe dem Abstand zwischen Doppelspalt und Schirm und der Abstand zwischen Person 1 und Person 3 dem Abstand des Intensitätsmaximum 1. Ordnung ($n = 1$) vom Intensitätsmaximum 2. Ordnung ($n = 2$) auf dem Schirm.

Wegen $e \gg d_{Pf}$ gelten in diesem Fall für den Beugungswinkel α_n die Formeln

$$\sin\alpha_n = \frac{n \cdot \lambda}{d_{Pf}} \quad \text{und} \quad \tan\alpha_n = \frac{a_n}{e}.$$

Um den Abstand $a = a_2 - a_1$ der beiden Personen voneinander zu bestimmen, berechnet man zunächst die jeweiligen Abstände a_1 und a_2 der beiden Personen von der Mitte des Mittelgangs.

- Person 1 (n = 1):

$$\sin\alpha_1 = \frac{1 \cdot \lambda}{d_{Pf}} = \frac{c}{f \cdot d_{Pf}} \quad \Rightarrow \quad \alpha_1 = \arcsin\left(\frac{340\,\frac{m}{s}}{1760\text{ Hz} \cdot 1{,}5\text{ m}}\right) = 7{,}40°$$

$$\Rightarrow \quad a_1 = e \cdot \tan\alpha_1 = 16\text{ m} \cdot \tan 7{,}40° = 2{,}08\text{ m}$$

- Person 3 (n = 2):

$$\sin\alpha_2 = \frac{2 \cdot \lambda}{d_{Pf}} = \frac{2 \cdot c}{f \cdot d_{Pf}} \quad \Rightarrow \quad \alpha_2 = \arcsin\left(\frac{2 \cdot 340\,\frac{m}{s}}{1760\text{ Hz} \cdot 1{,}5\text{ m}}\right) = 14{,}93°$$

$$\Rightarrow \quad a_2 = e \cdot \tan\alpha_2 = 16\text{ m} \cdot \tan 14{,}93° = 4{,}27\text{ m}$$

Der Abstand der beiden Personen beträgt somit:

$$a = a_2 - a_1 = 4{,}27\text{ m} - 2{,}08\text{ m} = \underline{\underline{2{,}19\text{ m}}}$$

3.3 Untersuchung der Verringerung des Abstands

Wenn der Abstand der beiden Pfeifen d_{Pf} zueinander verringert wird, so wird der Winkel α_n nach der Formel $\sin\alpha_n = n \cdot \lambda / d_{Pf}$ größer. Nach der Gleichung $\tan\alpha_n = a_n / e$ wird dann auch der Abstand der Maxima (bzw. Minima) zum Hauptmaximum größer. Die Orte der Maxima und Minima auf der Sitzbank verschieben sich also **weiter weg** vom Mittelgang.

3.4 Erklärung der Verringerung der Lautstärke

Am betrachteten Ort in der Kirche überlagern sich die Schwingungen A und B. Beide Schwingungsverläufe sind sinusförmig, aber zueinander **phasenverschoben**. Die skizzierte Schwingung C ist die resultierende Schwingung aus den beiden Einzelschwingungen, also die Summe der Schwingungen A und B. Durch die Phasenverschiebung kommt es bei der resultierenden Schwingung C zu einer Amplitude, die geringer ist als die der beiden einzelnen Schwingungen A und B.

Untersuchung des Höreindrucks

Verschiebt sich der Graph der Schwingung B nach links, so nähern sich die Maxima der Schwingung A den Minima der Schwingung B an. Somit ergibt sich für die Amplitude der resultierenden Schwingung C ein geringerer Wert. Der Ton im Kirchenraum wird an dieser Stelle aufgrund der geringeren Amplitude leiser wahrgenommen.

Landesabitur Physik 2023 (Hessen) – Leistungskurs
Aufgabe A2: Elektromagnetischer Schwingkreis und Teslatransformator

In einem elektromagnetischen Schwingkreis wird ein Kondensator verwendet, dessen Kapazität sich in einem bestimmten Bereich stufenlos verändern lässt. So kann die Eigenfrequenz f des Schwingkreises eingestellt werden.

1 Der Kondensator hat zunächst eine Kapazität von $C = 50\,\text{pF}$ und wird auf eine Spannung von $U = 20\,\text{V}$ aufgeladen. Er wird dann über eine Spule entladen. Material 1 zeigt den zeitlichen Verlauf der Spannung am Kondensator für den ungedämpften Fall.

1.1 Skizzieren Sie einen Schaltplan des Versuchsaufbaus, der auch die Schaltung zum Aufladen des Kondensators und das Gerät zum Messen der Spannung am Kondensator enthält. (3 BE)

1.2 Bestätigen Sie mithilfe von Material 1, dass

$$U(t) = 20\,\text{V} \cdot \cos\left(\frac{\pi \cdot 10^6}{2\text{s}} \cdot t\right)$$

den dargestellten Spannungsverlauf beschreibt. (2 BE)

1.3 Ermitteln Sie einen Term, der den zeitlichen Verlauf der Ladung Q(t) des Kondensators angibt, und einen Term, der den zeitlichen Verlauf der Stromstärke I(t) für den verwendeten Schwingkreis angibt.
Zeichen Sie den zeitlichen Verlauf von I(t) und eine dazu geeignete Skala der vertikalen Achse in Material 1 ein. (6 BE)

1.4 Beschreiben Sie den Spannungs- und Stromstärkeverlauf im Schwingkreis für eine halbe Schwingungsdauer.
Begründen Sie unter Einbeziehung der damit verbundenen Energieumwandlungen und physikalischen Effekte die Vorgänge, die diese zeitlichen Verläufe verursachen. (6 BE)

2 In einem Versuch wird nun die Abhängigkeit der Eigenfrequenz f des Schwingkreises von der Kapazität C des Kondensators bei konstanter Induktivität untersucht. Die Messergebnisse sind in Material 2 dargestellt.

2.1 Stellen Sie f^2 in Abhängigkeit von $\frac{1}{C}$ in einem Diagramm dar.
Erläutern Sie mithilfe einer geeigneten Formel, dass die Wertepaare im Diagramm Punkte ergeben, die theoretisch auf einer Geraden liegen müssen.
Ermitteln Sie mithilfe des Diagramms die Induktivität L der Schwingkreisspule. (9 BE)

2.2 In Material 3 wird eine Differenzialgleichung für die Ladung $Q(t)$ auf dem Kondensator hergeleitet.
Erläutern Sie, wie sich die Zeilen (1) bis (4) ergeben.
Zeigen Sie, dass der allgemeine Lösungsansatz $Q(t) = Q_{max} \cdot \cos(\omega \cdot t)$ die Differenzialgleichung zu jedem Zeitpunkt erfüllen kann.
Leiten Sie damit eine Gleichung zur Berechnung der Schwingungsdauer T der elektromagnetischen Schwingung her. (9 BE)

3 Für einen Schwingkreis mit der Kapazität $C = 5 \cdot 10^{-11}$ F und einer Eigenfrequenz $f = 2{,}51 \cdot 10^5$ Hz wird nun der ohmsche Widerstand R der Spule mit der Induktivität $L = 8{,}2$ mH berücksichtigt. Eine Messung der Abnahme der Spannungsamplitude U_{max} am Kondensator liefert die Messwerte in Material 4.
Für die zeitliche Abnahme der Spannungsamplitude U_{max} gilt

$$U_{max}(t) = U_0 \cdot e^{-k \cdot t} \quad \text{mit} \quad k = \frac{R}{2L},$$

wobei U_0 die Spannungsamplitude zum Zeitpunkt $t = 0$ ist.

3.1 Bestätigen Sie rechnerisch anhand der Messwerte in Material 4, dass eine exponentielle Abnahme der Spannungsamplitude U_{max} vorliegt.
Bestimmen Sie den ohmschen Widerstand R der Spule.
[zur Kontrolle: $k = 5{,}6 \cdot 10^4\ s^{-1}$] (5 BE)

3.2 Untersuchen Sie, nach wie vielen vollständigen Schwingungen die Gesamtenergie des Schwingkreises zum ersten Mal weniger als 10 % seiner Anfangsenergie beträgt, wenn der Kondensator zum Zeitpunkt $t = 0$ s vollständig geladen ist.
Es gilt $T = 4 \cdot 10^{\ \ 6}$ s. (4 BE)

4 Bei einem Teslatransformator, mit dem sehr hohe Spannungen erzeugt werden können, werden zwei Schwingkreise induktiv gekoppelt. Material 5 zeigt den prinzipiellen Aufbau sowie ein Schaltbild eines Teslatransformators und beschreibt dessen Funktion.
Die zeitliche Änderung der Stromstärke und die damit verbundene zeitliche Änderung des magnetischen Flusses im Primärschwingkreis induziert eine zeitlich veränderliche Spannung im Sekundärschwingkreis. Dabei auftretende Energieverluste sollen vernachlässigt werden.

4.1 Im Primärschwingkreis eines Teslatransformators besitzt die Spule eine Induktivität von $1{,}25 \cdot 10^{-6}$ H und der Kondensator eine Kapazität von 1 000 pF.
Im Sekundärschwingkreis hat die Induktivität der Spule den Wert $2{,}9 \cdot 10^{-2}$ H.
Berechnen Sie die Kapazität im Sekundärschwingkreis. (3 BE)

4.2 Erklären Sie unter Bezugnahme auf die Energieerhaltung in den elektrischen Schwingkreisen sowie die Energieübertragung zwischen Primär- und Sekundärschwingkreis, dass die Verwendung einer kleinen Kapazität beim Sekundärschwingkreis eines Teslatransformators zu hohen Spannungen führt. (3 BE)

Material 1: Zeitlicher Verlauf der Spannung am Kondensator für den ungedämpften Fall

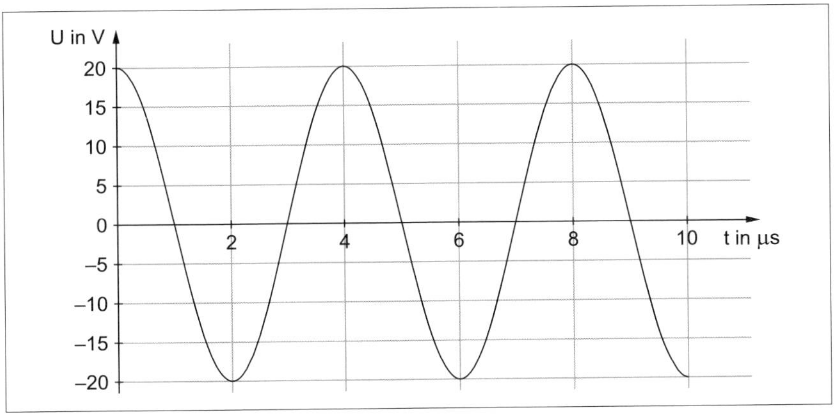

Material 2: Messreihe

Messung Nr.	1	2	3	4
C in 10^{-10} F	2,8	1,3	0,71	0,50
f in 10^{5} Hz	1,10	1,55	2,10	2,51

Material 3: Herleitung einer Differenzialgleichung für die Ladung Q(t)

(1) $E_{el} + E_{magn} = \frac{1}{2C} \cdot Q(t)^2 + \frac{1}{2} L \cdot I(t)^2 = \text{konstant}$

(2) $\frac{1}{2C} \cdot 2 \cdot Q(t) \cdot \dot{Q}(t) + \frac{1}{2} L \cdot 2 \cdot I(t) \cdot \dot{I}(t) = 0$

(3) $\frac{Q(t)}{C} \cdot \dot{Q}(t) + L \cdot \dot{Q}(t) \cdot \ddot{Q}(t) = 0$

(4) $\ddot{Q}(t) + \frac{1}{L \cdot C} \cdot Q(t) = 0$

Material 4: Gedämpfte Schwingung

t in µs	0	8	16	24
U_{max} in V	40,0	25,6	16,3	10,4

Material 5: Transformator

Prinzipieller Aufbau:

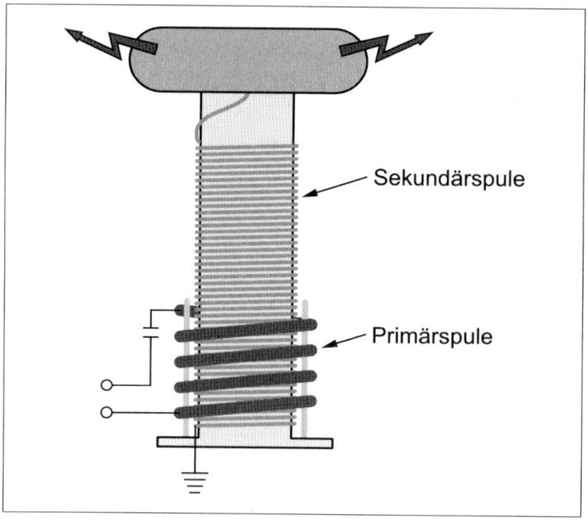

Vereinfachtes Schaltbild:

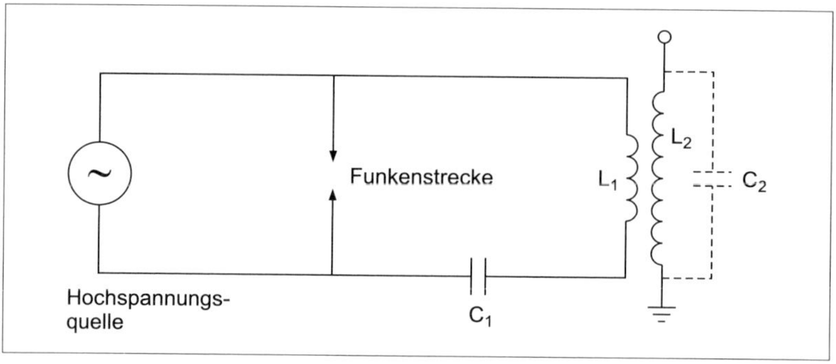

Beschreibung des Funktionsprinzips:

Der vom Physiker Nikola Tesla Ende des 19. Jahrhunderts entwickelte Teslatransformator ist in der Lage, sehr große, hochfrequente Spannungen zu erzeugen. Er besteht aus zwei miteinander gekoppelten elektromagnetischen Schwingkreisen.
Der primäre Schwingkreis besteht aus einer Spule mit geringer Induktivität L_1 und einem Kondensator mit großer Kapazität C_1. Im Sekundärkreis dagegen ist die Induktivität L_2 sehr groß und die Kapazität C_2 sehr klein. Dabei bildet das Oberteil in Form eines Torus oder einer Kugel zusammen mit der Erde den Kondensator im Sekundärschwingkreis. Anders als beim normalen Transformator hängt das Verhältnis

von Sekundär- zu Primärspannung hier nicht direkt proportional von dem Windungsverhältnis der beiden Spulen ab.
Im Betrieb wird der Kondensator C_1 über eine Hochspannungsquelle aufgeladen. Die Funkenstrecke hat die Funktion eines Schalters. Sobald an der Funkenstrecke eine bestimmte Feldstärke (etwa 1 kV pro mm) anliegt, zündet die Funkenstrecke. Die Luft zwischen den Elektroden wird ionisiert und damit leitfähig, der Primärschwingkreis ist nun geschlossen und kann schwingen. Die beiden sehr unterschiedlichen Schwingkreise haben gleiche Eigenfrequenzen und befinden sich in Resonanz. Aus dem Primärschwingkreis wird Energie in den Sekundärschwingkreis übertragen, so lange bis idealerweise die gesamte Energie übertragen wurde und der Funke in der Funkenstrecke erlischt. Am Kondensator des sekundären Schwingkreises entstehen so sehr große Wechselspannungen, die mehr als 1 MV betragen können.

Tipps und Hinweise zur Lösung von Aufgabe A2

Tipp zu Teilaufgabe 1.1

Der Schaltplan des Versuchsaufbaus besteht aus zwei Teilkreisen. Der Ladestromkreis enthält neben der Spannungsquelle auch den Zugang zum Kondensator des Schwingkreises und einen Umschalter. Der eigentliche Schwingkreis besteht aus dem Kondensator und einer Spule. Die Spannung wird über dem Kondensator abgegriffen.

Tipp zu Teilaufgabe 1.2

Der dargestellte Graph entspricht dem Verlauf einer Kosinusfunktion. Verwenden Sie den allgemeinen Ansatz und lesen Sie den Wert für die Amplitude zum Zeitpunkt null ab. Aus der abgelesenen Schwingungsdauer lässt sich die Winkelgeschwindigkeit berechnen.

Tipps zu Teilaufgabe 1.3

Zur Ermittlung eines Terms für die Ladung Q verwenden Sie die Funktion aus Teilaufgabe 1.2 zusammen mit der bekannten Formel $Q = C \cdot U$. Die Stromstärke ist definiert als die Änderung der Ladungsmenge pro Zeiteinheit. Diese kann man mithilfe der ersten Ableitung nach der Zeit berechnen.

Achten Sie beim Einzeichnen des zeitlichen Verlaufs der Stromstärke darauf, eine geeignete Skala zu verwenden, sodass der Verlauf im Vergleich zur Spannung gut erkennbar ist.

Tipps zu Teilaufgabe 1.4

Zur Beschreibung des Verlaufs im Schwingkreis betrachten Sie die Zeitpunkte bzw. Zeitabschnitte: $t = 0$ s, $0 < t < \frac{T}{4}$, $t = \frac{T}{4}$, $\frac{T}{4} < t < \frac{T}{2}$ und $t = \frac{T}{2}$.

Beschreiben Sie für diese Zeiten die Spannung am Kondensator, die Stromstärke in der Spule und die elektrische bzw. magnetische Energie in Relation zur Gesamtenergie des Schwingkreises.

Tipps zu Teilaufgabe 2.1

Berechnen Sie zunächst die beiden Größen $1/C$ und f^2 für jedes Messwertpaar und zeichnen Sie dann den zugehörigen Messpunkt in ein geeignetes Koordinatensystem ein. Verwenden Sie die Thomson'sche Schwingungsgleichung zur Herleitung der Proportionalität zwischen f^2 und $1/C$.

Die Ermittlung der Induktivität erfolgt über die Berechnung der Steigung m der Ausgleichsgeraden. Dabei entspricht m dem Proportionalitätsfaktor zwischen f^2 und $1/C$.

Tipps zu Teilaufgabe 2.2

Zeile (1): Energieerhaltungssatz
Zeile (2): Ableitung nach der Zeit
Zeile (3): Ersetzung der Stromstärke und der Änderung der Stromstärke durch die entsprechenden Ableitungen der Ladungsmenge
Zeile (4): Division durch die entsprechenden Faktoren

Um zu zeigen, dass der allgemeine Lösungsansatz der Aufgabenstellung die Differenzialgleichung erfüllt, setzen Sie die erste und zweite Ableitung des Ansatzes in die DGL ein und lösen diese nach der Winkelgeschwindigkeit ω auf.

Zur Herleitung einer Gleichung zur Berechnung der Schwingungsdauer (Thomson'sche Schwingungsgleichung) ersetzen Sie in der oben hergeleiteten Formel die Winkelgeschwindigkeit durch die Schwingungsdauer T.

Tipps zu Teilaufgabe 3.1

Die exponentielle Abnahme können Sie auf unterschiedliche Weisen bestätigen:
(1) durch Überprüfung der Konstanz der Dämpfungskonstanten k für alle Messwertpaare,
(2) durch Quotientengleichheit benachbarter Werte oder
(3) durch grafisches Abtragen der Logarithmuswerte und Überprüfung, dass diese Werte auf einer Ursprungsgeraden liegen.

Den ohmschen Widerstand ermitteln Sie durch Einsetzen der Werte in die Gleichung der Aufgabenstellung und Umformung nach R.

Tipp zu Teilaufgabe 3.2

Verwenden Sie zur Untersuchung die Formel $E_{el} = \frac{1}{2} C \cdot U^2$ und ersetzen Sie U durch den Term in der Aufgabenstellung. Überlegen Sie, zu welchen Zeitpunkten t_n die Spannung ihren Maximalwert annimmt. Stellen Sie eine Ungleichung für den genannten Fall auf (Ansatz $E_{ges} < 0{,}1 \cdot E_0$) und lösen Sie diese Ungleichung nach n auf. Beachten Sie, dass die Anzahl n der <u>vollständigen</u> Schwingungen gesucht ist.

Tipp zu Teilaufgabe 4.1

Zur Berechnung der Kapazität gehen Sie davon aus, dass die Eigenfrequenzen und damit die Schwingungsdauern im Primär- und Sekundärschwingkreis aufgrund der Resonanz gleich sind. Nutzen Sie die Thomson'sche Schwingungsgleichung und lösen Sie die Gleichung nach der gesuchten Kapazität auf.

Tipp zu Teilaufgabe 4.2

Beantworten Sie zunächst die Frage, warum der maximale Wert der Gesamtenergie in den beiden Schwingkreisen gleich ist. Dies gilt auch für die maximalen Werte der elektrischen Energien in den beiden Kreisen. Diesen Energieansatz schreiben Sie als Formel auf und lösen nach der Spannung im Sekundärschwingkreis auf. Welche Faktoren beeinflussen diese Spannung?

Lösungen zu Aufgabe A2

1.1 Skizze des Schaltplans

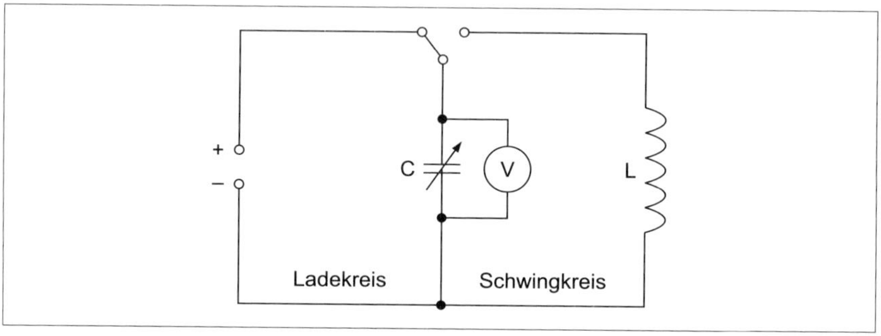

1.2 Bestätigung der Formel des Spannungsverlaufs

Aus dem Graphen des zeitlichen Verlaufs der Spannung am Kondensator für den ungedämpften Fall (Material 1) lässt sich entnehmen, dass sich der Verlauf ganz allgemein mit einer Kosinus-Funktion beschreiben lässt. Der Graph hat einen Maximalwert zum Zeitpunkt $t = 0$ und seine Schwingungsdauer, also die Zeit für eine komplette Hin- und Herbewegung, beträgt 4 µs. Geht man vom allgemeinen Term

$$U(t) = U_0 \cdot \cos(\omega \cdot t)$$

aus, so ergibt sich durch Einsetzen der abgelesenen Werte

$$U_0 = 20\ \text{V} \quad \text{und} \quad \omega = \frac{2\pi}{T} = \frac{2\pi}{4 \cdot 10^{-6}\ \text{s}} = \frac{\pi \cdot 10^6}{2\text{s}}$$

die gesuchte Formel der Aufgabenstellung:

$$\underline{\underline{U(t) = 20\ \text{V} \cdot \cos\left(\frac{\pi \cdot 10^6}{2\text{s}} \cdot t\right)}}$$

1.3 Ermittlung eines Terms für Q(t)

Die Ladung eines Kondensators in Abhängigkeit der Zeit berechnet sich nach der Formel $Q(t) = C \cdot U(t)$. Dabei ist C die Kapazität des Kondensators und U(t) die am Kondensator anliegende Spannung in Abhängigkeit der Zeit. Setzt man die in der Aufgabenstellung angegebene Kapazität und die Formel aus Teilaufgabe 1.2 in diese Gleichung ein, so erhält man:

$$Q(t) = 50 \cdot 10^{-12}\ \text{F} \cdot 20\ \text{V} \cdot \cos\left(\frac{\pi \cdot 10^6}{2\ \text{s}} \cdot t\right) = 1 \cdot 10^{-9}\ \text{C} \cdot \cos\left(\frac{\pi \cdot 10^6}{2\ \text{s}} \cdot t\right)$$

$$\underline{\underline{= 1\ \text{nC} \cdot \cos\left(\frac{\pi \cdot 10^6}{2\ \text{s}} \cdot t\right)}}$$

Ermittlung eines Terms für I(t)

Die zeitabhängige Stromstärke ist gegeben durch die zeitliche Änderung der Ladungsmenge Q auf den Kondensatorplatten. Diese Änderungsrate entspricht der ersten Ableitung der Ladungsmenge nach der Zeit, daher gilt:

$$I(t) = \dot{Q}(t) = \frac{dQ(t)}{dt} = \frac{d}{dt}\left(1 \cdot 10^{-9}\,C \cdot \cos\left(\frac{\pi \cdot 10^6}{2s} \cdot t\right)\right)$$

$$= -1 \cdot 10^{-9}\,As \cdot \frac{\pi \cdot 10^6}{2s} \cdot \sin\left(\frac{\pi \cdot 10^6}{2s} \cdot t\right)$$

$$= -1{,}57 \cdot 10^{-3}\,A \cdot \sin\left(\frac{\pi \cdot 10^6}{2s} \cdot t\right)$$

$$\underline{\underline{= -1{,}57\,mA \cdot \sin\left(\frac{\pi \cdot 10^6}{2s} \cdot t\right)}}$$

Einzeichnen des zeitlichen Verlaufs von I(t)

Schreibt man die Stromstärkefunktion in der Form

$$I(t) = -15{,}7 \cdot 10^{-4}\,A \cdot \sin\left(\frac{\pi}{2\,\mu s} \cdot t\right),$$

erreicht man einheitliche Maßzahlen für Spannung und Stromstärke und kann zudem die Zeitwerte in der Einheit Mikrosekunden einsetzen.

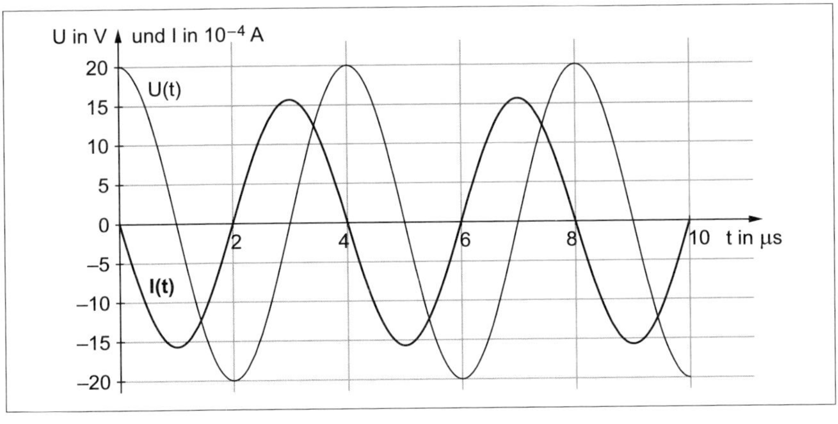

1.4 **Beschreibung des Spannungs- und Stromverlaufs**

t = 0 s: Zunächst ist der Kondensator vollständig aufgeladen. Es herrscht ein elektrisches Feld zwischen den Kondensatorplatten. Die elektrische Spannung am Kondensator ist maximal. Es fließt kein Strom, die elektrische Stromstärke hat den Wert null. Die gesamte Energie des Schwingkreises ist im elektrischen Feld gespeichert.

$0 < t < \frac{T}{4}$: Der Kondensator entlädt sich und die elektrische Feldenergie führt dazu, dass ein Strom durch die Spule fließt. Der Strom erzeugt in der Spule ein Magnetfeld. Aufgrund der Lenz'schen Regel (Selbstinduktion) wirkt dieses Magnetfeld seiner Ursache entgegen und hemmt den Stromfluss. Die elektrische Feldenergie des Kondensators wird in magnetische Feldenergie der Spule umgewandelt.

$t = \frac{T}{4}$: Der Kondensator ist vollständig entladen, die Spannung am Kondensator ist null und die Stromstärke erreicht ihren Maximalwert. Dabei wurde die gesamte elektrische Feldenergie des Kondensators in magnetische Feldenergie der Spule umgewandelt.

$\frac{T}{4} < t < \frac{T}{2}$: Die Stromstärke sinkt, wodurch sich auch der magnetische Fluss in der Spule verringert. Nach der Lenz'schen Regel fließt ein Induktionsstrom, welcher der Ursache entgegenwirkt. Das bedeutet, dass dieser Induktionsstrom noch eine Weile in die gleiche Richtung fließt wie der anfängliche Strom. Dieser Ladungsfluss bewirkt, dass der Kondensator nun mit entgegengesetzter Polung aufgeladen wird. Das Magnetfeld wird abgebaut und die magnetische Feldenergie wandelt sich in elektrische Energie des Kondensators um.

$t = \frac{T}{2}$: Die Stromstärke ist auf null abgesunken und die Spannung am Konden sator erreicht ihren Maximalwert, jedoch mit umgekehrtem Vorzeichen. Der Kondensator ist mit umgekehrter Polung wieder vollständig aufgeladen. Die magnetische Feldenergie wurde nun komplett in elektrische Feldenergie des Kondensators umgewandelt.

2.1 **Darstellung der genannten Abhängigkeit**

Zunächst werden die zugehörigen Werte f^2 und $\frac{1}{C}$ berechnet und anschließend in einem Diagramm dargestellt. Dabei wird $\frac{1}{C}$ auf der horizontalen Achse und f^2 auf der vertikalen Achse abgetragen.

Im Folgenden ist die Wertetabelle aus Material 2 um die entsprechenden Werte in der Werte ergänzt (Zeilen 2 und 4). Die Angabe dieser Tabelle ist nicht zwingend verlangt.

Messung	**1**	**2**	**3**	**4**
C in 10^{-10} F	2,80	1,30	0,71	0,50
$\frac{1}{C}$ in $10^{10}\ \frac{1}{F}$	0,36	0,77	1,41	2,00
f in 10^5 Hz	1,10	1,55	2,10	2,51
f^2 in 10^{10} Hz^2	1,21	2,40	4,41	6,30

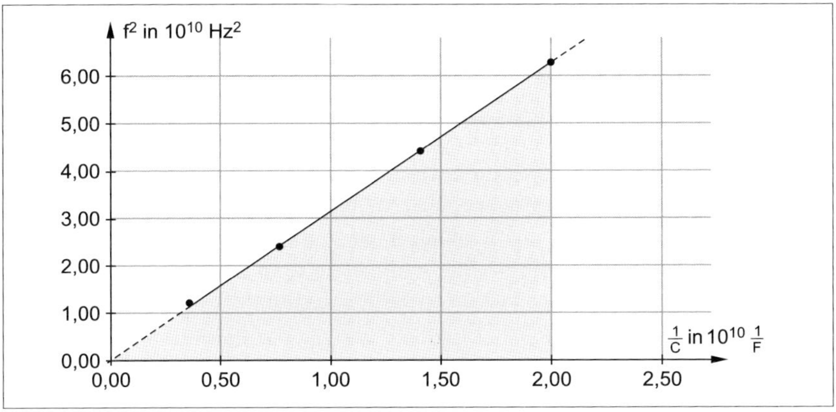

Erläuterung, dass die Wertepaare alle auf einer Geraden liegen
Das $\frac{1}{C}$-f^2-Diagramm lässt vermuten, dass hier eine Ursprungsgerade vorliegt und somit die direkte Proportionalität $f^2 \sim \frac{1}{C}$ gilt. Die Überprüfung mittels der **Thomson'schen Schwingungsgleichung** bestätigt diese Vermutung:

$$f = \frac{1}{2\pi \cdot \sqrt{L \cdot C}} \quad \Rightarrow \quad f^2 = \frac{1}{4\pi^2 \cdot L \cdot C} \quad \Rightarrow \quad f^2 \sim \frac{1}{C} \quad \text{für } L = \text{konst.}$$

Ermittlung der Spuleninduktivität
Aus der Proportionalität und der Thomson'schen Schwingungsgleichung folgt:

$$f^2 \sim \frac{1}{C} \quad \Rightarrow \quad f^2 = m \cdot \frac{1}{C} \qquad \text{mit } m = \frac{1}{4\pi^2 \cdot L} \quad (*)$$

Die Steigung m lässt sich aus dem Diagramm mithilfe eines Steigungsdreiecks ablesen. Dabei verwendet man zum Beispiel den Ursprung und das vierte Messwertpaar (siehe Tabelle):

$$m = \frac{\Delta y}{\Delta x} = \frac{\Delta f^2}{\Delta \frac{1}{C}} = \frac{(6{,}30 - 0) \cdot 10^{10}\,\text{Hz}^2}{(2{,}00 - 0) \cdot 10^{10}\,\frac{1}{\text{F}}} = 3{,}15\,\frac{\text{F}}{\text{s}^2} = 3{,}15\,\frac{\text{A}}{\text{Vs}}$$

Stellt man die hergeleitete Formel (∗) für die Steigung m nach der gesuchten Induktivität L um und setzt die angegebenen Werte ein, so erhält man:

$$m = \frac{1}{4\pi^2 \cdot L} \quad \Rightarrow \quad L = \frac{1}{4\pi^2 \cdot m} = \frac{1}{4\pi^2 \cdot 3{,}15\,\frac{\text{A}}{\text{Vs}}} = 8{,}0 \cdot 10^{-3}\,\frac{\text{Vs}}{\text{A}} = \underline{\underline{8{,}0\,\text{mH}}}$$

Natürlich werden leicht abweichende Werte für die Steigung m und somit für die berechnete Induktivität L im Rahmen der Messungenauigkeit akzeptiert.

2.2 **Erläuterung zur Herleitung der Differenzialgleichungen**

- Die Gleichung **in Zeile (1)** drückt den Energieerhaltungssatz aus: Zu jedem Zeitpunkt ist die Gesamtenergie des Schwingkreises gegeben durch die Summe der elektrischen und magnetischen Energie im Kondensator. Die Gesamtenergie ist konstant. Dabei werden die ohmschen Widerstände im Schwingkreis vernachlässigt. Setzt man für die elektrische und die magnetische Energie die bekannten Formeln ein, so ergibt sich Gleichung (1).
- **Zeile (2)** ergibt sich durch Ableiten der Zeile (1) nach der Zeit t. Die Ableitungen der beiden Einzelterme erfolgen dabei mithilfe der Kettenregel (äußere Ableitung der Funktion multipliziert mit der inneren Ableitung).
- Die zeitliche Änderung der Ladungsmenge Q ist der Stromfluss, es gilt also $\dot{Q}(t) = I(t)$: Der Stromfluss I ist die erste Ableitung der Ladungsmenge Q nach der Zeit t. Weiterhin gilt: Die erste Ableitung der Stromstärke I nach der Zeit t ist die zweite Ableitung der Ladungsmenge Q nach der Zeit t, $\dot{I}(t) = \ddot{Q}(t)$. Ersetzt man in Zeile (2) die jeweiligen Terme für I und $\dot{I}$ durch die entsprechenden Ableitungen und kürzt die Terme, so erhält man **Zeile (3).**
- Dividiert man Gleichung (3) durch $\dot{Q}$ und L, so erhält man **Zeile (4).** Dabei sind sowohl $\dot{Q}$ als auch L ungleich null vorauszusetzen (da für alle t gültig).

Eignung des Lösungsansatzes

Um zu zeigen, dass der Lösungsansatz $Q(t) = Q_{max} \cdot \cos(\omega \cdot t)$ die Differenzialgleichung erfüllt, bildet man zuerst die ersten beiden Ableitungen des Ansatzes:

$$\dot{Q}(t) = -Q_{max} \cdot \omega \cdot \sin(\omega \cdot t)$$

$$\ddot{Q}(t) = -Q_{max} \cdot \omega^2 \cdot \cos(\omega \cdot t) = -\omega^2 \cdot Q(t)$$

Anschließend ersetzt man die zweite Ableitung in der Differenzialgleichung:

$$\ddot{Q}(t) + \frac{1}{L \cdot C} \cdot Q(t) = 0$$

$$-\omega^2 \cdot Q(t) + \frac{1}{L \cdot C} \cdot Q(t) = 0$$

$$Q(t) \cdot \left(\frac{1}{L \cdot C} - \omega^2 \right) = 0$$

Diese Gleichung ist für alle Zeiten t erfüllt, wenn der Term in der Klammer den Wert null annimmt:

$$\frac{1}{L \cdot C} - \omega^2 = 0 \quad \Leftrightarrow \quad \omega^2 = \frac{1}{L \cdot C}$$

Gleichung für die Schwingungsdauer T

Für die Winkelgeschwindigkeit ω kann man den Term $\omega = \frac{2\pi}{T}$ einsetzen. Nach Umformen erhält man die gesuchte Thomson'sche Schwingungsgleichung:

$$\frac{4\pi^2}{T^2} = \frac{1}{L \cdot C} \quad \Leftrightarrow \quad T^2 = 4\pi^2 \cdot L \cdot C \quad \Rightarrow \quad \underline{\underline{T = 2\pi \cdot \sqrt{L \cdot C}}}$$

3.1 **Bestätigung der exponentiellen Abnahme**

Eine exponentielle Abnahme liegt dann vor, wenn die Dämpfungskonstante k für alle Messwertpaare den gleichen Wert besitzt. Um dies zu überprüfen, löst man die Ausgangsgleichung $U_{max}(t)$ nach k auf:

$$U_{max}(t) = U_0 \cdot e^{-k \cdot t}$$

$$\ln\left(\frac{U_{max}(t)}{U_0}\right) = -k \cdot t \quad \Rightarrow \quad k = -\frac{\ln\left(\frac{U_{max}(t)}{U_0}\right)}{t} \qquad (*)$$

In der folgenden Tabelle sind die berechneten Werte für die Dämpfungskonstante aufgeführt (mit $U_0 = U_{max}(0\,s) = 40{,}0\ V$):

t in µs	0	8	16	24
U_{max} in V	40,0	25,6	16,3	10,4
$-\ln\left(\frac{U_{max}(t)}{U_0}\right)$	0,00	0,45	0,90	1,35
k in $10^4\ \frac{1}{s}$	–	5,58	5,61	5,61

Wie man sieht, ergeben sich für die Dämpfungskonstanten k im Rahmen der Messgenauigkeit die gleichen Werte. Somit liegt eine exponentielle Abnahme vor, die Dämpfungskonstante beträgt $k = 5{,}6 \cdot 10^4\ \frac{1}{s}$.

Die beiden folgenden alternativen Vorgehensweisen sind ebenfalls korrekt:

1. In der oben dargestellten Tabelle wurde zunächst der Logarithmus berechnet. Trägt man die berechneten Logarithmuswerte gegen die Zeit t auf, ergibt sich für einen exponentiellen Abfall eine Ursprungsgerade, vgl. Gleichung (*); dies ist hier der Fall (Steigung k = konst.).

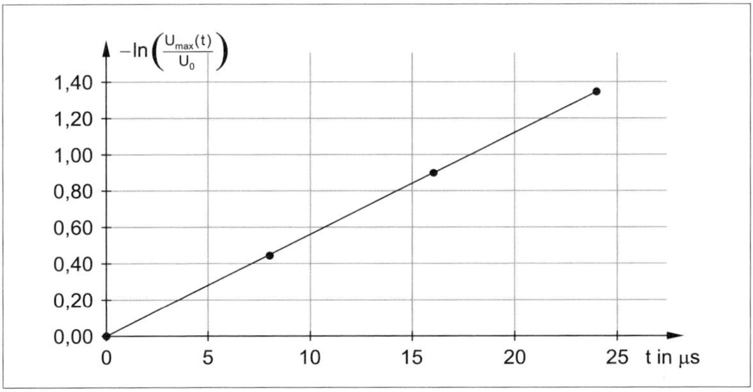

2. Für eine exponentielle Abnahme gilt der Sachverhalt: Der Quotient zweier aufeinanderfolgender Werte ist stets gleich. Das Prüfen dieser Quotientengleichheit wird als Bestätigung der exponentiellen Abnahme auch akzeptiert.

Bestimmung des ohmschen Widerstands

Laut Aufgabenstellung gilt der Zusammenhang $k = \frac{R}{2L}$. Löst man diese Gleichung nach dem gesuchten Widerstand R auf und setzt den gegebenen Wert für L und den soeben ermittelten Wert für k ein, so ergibt sich:

$$R = 2L \cdot k = 2 \cdot 8{,}2 \cdot 10^{-3}\,\text{H} \cdot 5{,}6 \cdot 10^4\,\frac{1}{\text{s}} = \underline{\underline{9{,}2 \cdot 10^2\ \Omega = 0{,}92\ \text{k}\Omega}}$$

3.2 **Untersuchung der Anzahl der Schwingungen**

Für die Gesamtenergie im Kondensator – deren Betrag im Lauf der Zeit aufgrund der Dämpfung abnimmt – gilt die Formel

$$E_{ges}(t) = \frac{1}{2}C \cdot \left(U_{max}(t)\right)^2.$$

Zum Zeitpunkt $t = 0\,\text{s}$ ist der Kondensator vollständig geladen und die Gesamtenergie des Schwingkreises entspricht genau der Energie des elektrischen Feldes im Kondensator. Dieser Zustand tritt erneut nach der Zeit $1 \cdot T$, $2 \cdot T$, $3 \cdot T$ usw. auf. Die Energie des elektrischen Feldes ist also zu den Zeitpunkten $t_n = n \cdot T$ gleich der Gesamtenergie. Daher gilt für $U_{max}(t_n)$:

$$U_{max}(t_n) = U(n \cdot T) = U_0 \cdot e^{-k \cdot n \cdot T} = U_n \quad \text{mit } n = 0, 1, 2, \ldots$$

Für die Gesamtenergie $E_{ges,n}$, die der Schwingkreis nach n vollständigen Schwingungen besitzt, gilt also:

$$E_{ges,n} = \frac{1}{2}C \cdot U_n^2 = \frac{1}{2}C \cdot \left(U_0 \cdot e^{-k \cdot n \cdot T}\right)^2 = \frac{1}{2}C \cdot U_0^2 \cdot e^{-2k \cdot n \cdot T}$$
$$= E_{ges,0} \cdot e^{-2k \cdot n \cdot T}$$

Gesucht ist nun dasjenige n_{min}, oberhalb dessen die Gesamtenergie kleiner als 10 % der Ausgangsenergie ist. Es muss also gelten:

$$E_{ges,\,n_{min}} < 0{,}1 \cdot E_{ges,0}$$
$$E_{ges,0} \cdot e^{-2k \cdot n_{min} \cdot T} < 0{,}1 \cdot E_{ges,0}$$
$$e^{-2k \cdot n_{min} \cdot T} < 0{,}1$$
$$-2k \cdot n_{min} \cdot T < \ln(0{,}1)$$
$$n_{min} > \frac{-\ln(0{,}1)}{2k \cdot T} = \frac{-\ln(0{,}1)}{2 \cdot 5{,}6 \cdot 10^4\,\frac{1}{\text{s}} \cdot 4 \cdot 10^{-6}\,\text{s}} = 5{,}14$$
$$\Rightarrow \quad n_{min} = \underline{\underline{6}}$$

Demnach beträgt die Gesamtenergie des Schwingkreises nach 6 vollständigen Schwingungen zum ersten Mal weniger als 10 % der Anfangsenergie.

4.1 **Berechnung der Kapazität**

Laut Material 5 besitzen beide induktiv gekoppelte Schwingkreise die gleichen Eigenfrequenzen. Sie befinden sich in Resonanz. Daher gilt:

$$f_{eigen,\,p} = f_{eigen,\,s}$$

Dabei ist $f_{eigen,\,p}$ die Eigenfrequenz des Primärschwingkreises und $f_{eigen,\,s}$ die Eigenfrequenz des Sekundärschwingkreises.

Mit $f = \frac{1}{T}$ und $T = 2\pi \cdot \sqrt{L \cdot C}$ folgt:

$$T_{eigen,\,s} = T_{eigen,\,p}$$

$$L_s \cdot C_s = L_p \cdot C_p$$

$$C_s = \frac{L_p}{L_s} \cdot C_p = \frac{1{,}25 \cdot 10^{-6}\,\text{H}}{2{,}9 \cdot 10^{-2}\,\text{H}} \cdot 1\,000 \cdot 10^{-12}\,\text{F} = \underline{\underline{4{,}3 \cdot 10^{-14}\,\text{F}}}$$

Die Kapazität im Sekundärschwingkreis beträgt $4{,}3 \cdot 10^{-14}$ F.

4.2 **Erklärung der hohen Spannungen im Sekundärschwingkreis**

Bei einem Teslatransformator wird unter Berücksichtigung des Energieerhaltungssatzes und bei Vernachlässigung von Verlusten die gesamte Energie des Primärschwingkreises in den Sekundärschwingkreis übertragen. Das bedeutet, dass der maximale Wert der Gesamtenergie in beiden Schwingkreisen gleich groß sein muss.

In einem Schwingkreis wandelt sich die Gesamtenergie ständig zwischen elektrischer Energie des Kondensators und magnetischer Energie der Spule hin und her. In beiden Schwingkreisen ist zu bestimmten Zeitpunkten die Gesamtenergie nur im elektrischen Feld des Kondensators. Daher müssen die maximalen Werte der elektrischen Energien in beiden Schwingkreisen ebenfalls gleich groß sein. Daher gilt:

$$E_{max,\,p} = E_{max,\,s}$$

$$\frac{1}{2} \cdot C_p \cdot U^2_{max,\,p} = \frac{1}{2} \cdot C_s \cdot U^2_{max,\,s}$$

$$U_{max,\,s} = \sqrt{\frac{C_p}{C_s}} \cdot U_{max,\,p}$$

Bei gegebener Kapazität des Kondensators im Primärschwingkreis ist folglich die Spannung im Sekundärschwingkreis **umso höher, je kleiner** die Kapazität des Kondensators im Sekundärschwingkreis ist.

Landesabitur Physik 2023 (Hessen) – Leistungskurs
Aufgabe B1: Massenspektrometer

1 Ein Massenspektrometer verwendet elektrische und magnetische Felder, um die Massen von Atom- und Molekül-Ionen zu messen (Material 1).
Es soll angenommen werden, dass die Ionenquelle ausschließlich einfach positiv geladene Ionen ($q = +e$) mit unterschiedlichen Massen und verschiedenen Anfangsgeschwindigkeiten verlassen. Die Ionen werden als Ionenstrahl gebündelt. Anschließend treten die Ionen in einen Geschwindigkeitsfilter ein. Dieser besteht aus einem homogenen elektrischen Feld und einem homogenen magnetischen Feld, die senkrecht zueinander angeordnet sind. Nur Ionen mit einer bestimmten Geschwindigkeit v_0 können diesen Bereich geradlinig durchlaufen und in den Analysator eintreten. Im Geschwindigkeitsfilter und im Analysator sind die magnetischen Felder homogen mit gleich großer, zeitlich konstanter magnetischer Flussdichte B[1].

1.1 Erläutern Sie, warum im Massenspektrometer ein Vakuum herrschen muss. (2 BE)

1.2 Erläutern Sie die Funktionsweise des Geschwindigkeitsfilters unter Beachtung der maßgeblichen Kräfte, welche auf die Ionen wirken.
Skizzieren Sie jeweils eine mögliche Flugbahn von Ionen mit Geschwindigkeiten $v > v_0$ und $v < v_0$ in das Material 1.
Berechnen Sie die Geschwindigkeit v_0 für $E = 18\,000\,\frac{V}{m}$ und $B = 0{,}06\,T$.
[zur Kontrolle: $v_0 = 3 \cdot 10^5\,\frac{m}{s}$] (7 BE)

1.3 Erklären Sie den Verlauf der Flugbahn der Ionen, die, wie in Material 1 abgebildet, in das Magnetfeld des Analysators eintreten.
Skizzieren Sie zwei mögliche Flugbahnen für Ionen mit gleicher Geschwindigkeit, aber unterschiedlicher Masse in das Material 1. (4 BE)

1.4 Zeigen Sie, dass für den Bahnradius der Ionen im Analysator die Formel

$$r = \frac{m \cdot v}{B \cdot e}$$

gilt.
Begründen Sie, dass durch die Verwendung des Geschwindigkeitsfilters die Proportionalität $r \sim m$ gilt. (6 BE)

1.5 Berechnen Sie die Masse eines Ions, welches den Detektor auf einer Kreisbahn mit dem Radius $r = 56{,}0\,cm$ erreicht. Die Geschwindigkeit des Ions entspricht der Geschwindigkeit v_0 aus Aufgabe 1.2 und die magnetische Flussdichte beträgt weiterhing $B = 0{,}06\,T$. (3 BE)

1 Die magnetische Flussdichte wird in manchen Lehrbüchern auch als magnetische Feldstärke bezeichnet.

1.6 Ein anderes Massenspektrometer besitzt keinen Geschwindigkeitsfilter. Die Ionen durchlaufen hierbei eine Beschleunigungsstrecke mit der Beschleunigungsspannung U_B (Material 2).
Leiten Sie die Formel

$$v = \sqrt{\frac{2e \cdot U_B}{m}}$$

für die Geschwindigkeit der Ionen nach Durchlaufen der Beschleunigungsspannung her. Die Anfangsgeschwindigkeit der Ionen kann dabei vernachlässigt werden. Zeigen Sie unter Verwendung der Formel aus Aufgabe 1.4, dass für den Bahnradius der Ionen im Analysator nun die Proportionalität $r \sim \sqrt{m}$ gilt.
(6 BE)

1.7 Mit dem Massenspektrometer aus Aufgabe 1.6 wurde für verschiedene Ionen mit bekannter Masse m der Bahnradius r im Analysator gemessen (Material 3). Bestätigen Sie die Proportionalität $r \sim \sqrt{m}$ durch eine geeignete grafische Auswertung. (5 BE)

1.8 Das Auflösungsvermögen R eines Massenspektrometers ist über die Formel

$$R = \frac{m}{\Delta m}$$

gegeben.
Beim Auflösungsvermögen R kann die Masse m gerade von der Masse $m + \Delta m$ getrennt werden. Für das Massenspektrometer mit Beschleunigungsstrecke beträgt das Auflösungsvermögen nur $R \approx 60$. Wird stattdessen ein Geschwindigkeitsfilter verwendet, ist das Auflösungsvermögen deutlich höher. In Material 4 sind zwei Massenspektren dargestellt.
Begründen Sie, welches Massenspektrum mit dem Massenspektrometer mit Geschwindigkeitsfilter und welches mit dem Spektrometer mit der Beschleunigungsstrecke aufgenommen wurde.
Ermitteln Sie das minimale Auflösungsvermögen, welches das Massenspektrometer mit dem Geschwindigkeitsfilter aufweisen muss. (5 BE)

1.9 Die Massenbestimmung der Bestandteile einer Probe mit einem Massenspektrometer ist im Hinblick auf die Probe keine zerstörungsfreie Messmethode. Beurteilen Sie diese Aussage. (2 BE)

2 Eine weitere Art eines Massenspektrometers ist das Flugzeitmassenspektrometer. Der grundlegende Aufbau ist in Material 5 dargestellt. Die Ionen mit Ladung q und Masse m werden zuerst aus der Ruhe durch die konstante Spannung U_B beschleunigt und durchlaufen anschließend mit konstanter Geschwindigkeit eine feldfreie Driftstrecke d. Am Ende der Driftstrecke können die Ionen detektiert und durch eine Messelektronik die Flugzeit t_d in der Driftstrecke bestimmt werden.

2.1 Zeigen Sie, dass für die Flugzeit t_d die Formel

$$t_d = \sqrt{\frac{d^2 \cdot m}{2U_B \cdot q}}$$

gilt. (5 BE)

2.2 Ionen einer Probe tragen jeweils die Ladung $q = +2e$ und benötigen nach Durchlaufen der Beschleunigungsspannung $U_B = 1\,500\ V$ für die Driftstrecke $d = 50\ cm$ eine gemessene Flugzeit von $t_d = 1{,}74\ \mu s$.
Berechnen Sie die Masse der einzelnen Ionen als Vielfaches der atomaren Masseneinheit $u = 1{,}66 \cdot 10^{-27}\ kg$ und bestimmen Sie mithilfe des Periodensystems in Material 6, um welches stabile Element es sich handelt. (5 BE)

Material 1: Massenspektrometer mit Geschwindigkeitsfilter

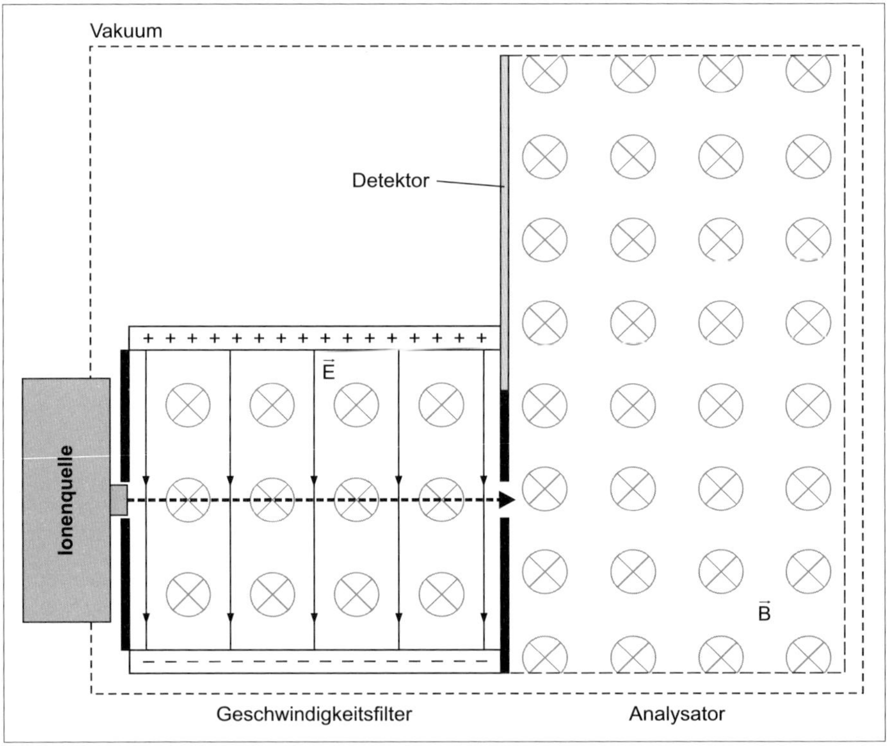

Das magnetische Feld zeigt in die Zeichenebene.

Material 2: Massenspektrometer mit Beschleunigungsstrecke

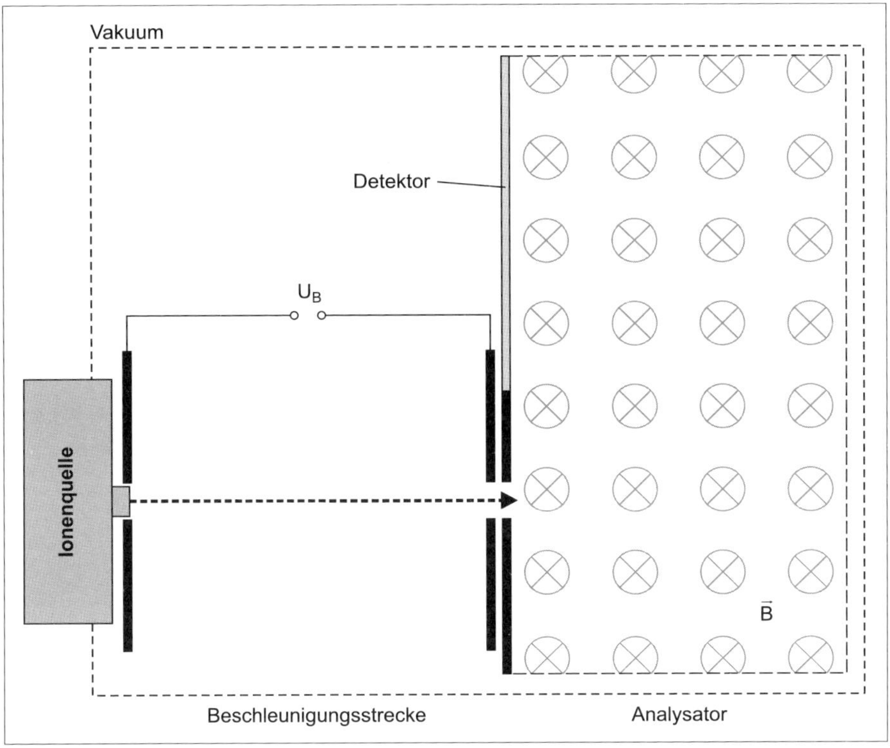

Material 3: Bahnradien für Ionen unterschiedlicher Masse

Masse m in 10^{-27} kg	1,67	6,65	14,97	23,26
Bahnradius r in cm	10,8	21,5	32,4	40,2

Material 4: Zwei Massenspektren von drei verschiedenen, jeweils einfach ionisierten Molekülen

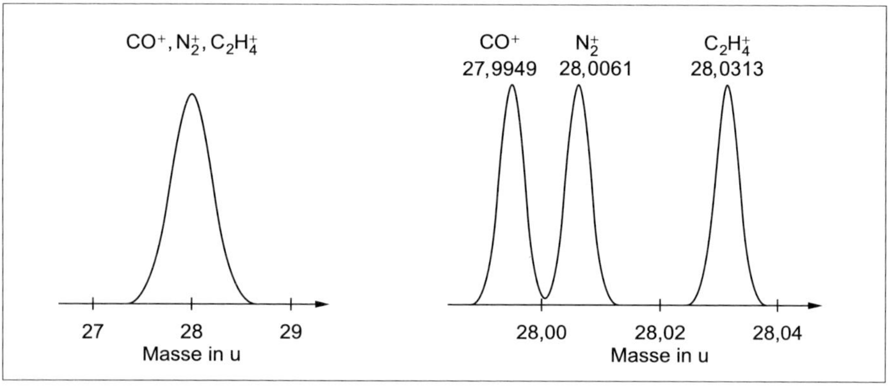

Die Massen sind als Vielfaches der atomaren Masseneinheit $1\,u = 1{,}66 \cdot 10^{-27}$ kg angegeben.

Material 5: Flugzeitmassenspektrometer

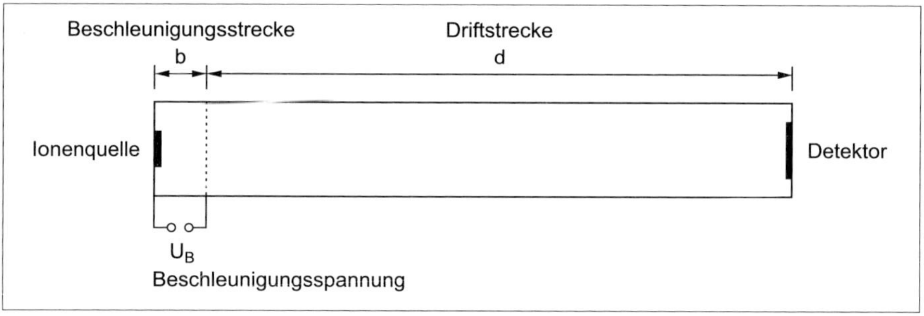

Material 6: Periodensystem der Elemente

Periodensystem der Elemente

1,008	← Atommasse
H	← Symbol des Elementes
Wasserstoff	← Name des Elements
1 2,1	← Elektronegativität (Pauling)
↑ Ordnungszahl	

	I	II											III	IV	V	VI	VII	VIII	
1	1,008 **H** Wasserstoff 1 2,1																	4,00 **He** Helium 2 –	1
2	6,941 **Li** Lithium 3 1,0	9,01 **Be** Beryllium 4 1,5											10,81 **B** Bor 5 2,0	12,01 **C** Kohlenstoff 6 2,5	14,01 **N** Stickstoff 7 3,0	16,00 **O** Sauerstoff 8 3,5	19,00 **F** Fluor 9 4,0	20,18 **Ne** Neon 10 –	2
3	22,99 **Na** Natrium 11 0,9	24,31 **Mg** Magnesium 12 1,2	Nebengruppenelemente										26,98 **Al** Aluminium 13 1,5	28,09 **Si** Silicium 14 1,8	30,97 **P** Phosphor 15 2,1	32,07 **S** Schwefel 16 2,5	35,45 **Cl** Chlor 17 3,0	39,95 **Ar** Argon 18 –	3
4	39,10 **K** Kalium 19 0,8	40,08 **Ca** Calcium 20 1,0	44,96 **Sc** Scandium 21 1,3	47,87 **Ti** Titan 22 1,5	50,94 **V** Vanadium 23 1,6	52,00 **Cr** Chrom 24 1,6	54,94 **Mn** Mangan 25 1,5	55,85 **Fe** Eisen 26 1,8	58,93 **Co** Cobalt 27 1,8	58,69 **Ni** Nickel 28 1,8	63,55 **Cu** Kupfer 29 1,9	65,38 **Zn** Zink 30 1,6	69,72 **Ga** Gallium 31 1,6	72,63 **Ge** Germanium 32 1,8	74,92 **As** Arsen 33 2,0	78,97 **Se** Selen 34 2,4	79,90 **Br** Brom 35 2,8	83,80 **Kr** Krypton 36 –	4
5	85,47 **Rb** Rubidium 37 0,8	87,62 **Sr** Strontium 38 1,0	88,91 **Y** Yttrium 39 1,3	91,22 **Zr** Zirconium 40 1,4	92,91 **Nb** Niob 41 1,6	95,95 **Mo** Molybdän 42 1,8	(97) **Tc** Technetium 43 1,9	101,07 **Ru** Ruthenium 44 2,2	102,91 **Rh** Rhodium 45 2,2	106,42 **Pd** Palladium 46 2,2	107,87 **Ag** Silber 47 1,9	112,41 **Cd** Cadmium 48 1,7	114,82 **In** Indium 49 1,7	118,71 **Sn** Zinn 50 1,8	121,76 **Sb** Antimon 51 1,9	127,60 **Te** Tellur 52 2,1	126,90 **I** Iod 53 2,5	131,29 **Xe** Xenon 54 –	5
6	132,91 **Cs** Caesium 55 0,7	137,33 **Ba** Barium 56 0,9	Lanthanoide 57-71	178,49 **Hf** Hafnium 72 1,3	180,95 **Ta** Tantal 73 1,5	183,84 **W** Wolfram 74 1,6	186,21 **Re** Rhenium 75 1,9	190,23 **Os** Osmium 76 2,2	192,22 **Ir** Iridium 77 2,2	195,09 **Pt** Platin 78 2,2	196,97 **Au** Gold 79 2,4	200,59 **Hg** Quecksilber 80 1,9	204,38 **Tl** Thallium 81 1,8	207,2 **Pb** Blei 82 1,8	208,98 **Bi** Bismut 83 1,9	(209,98) **Po** Polonium 84 2,0	(210) **At** Astat 85 2,2	(222) **Rn** Radon 86 –	6
7	(223) **Fr** Francium 87 0,7	(226,03) **Ra** Radium 88 0,9	Actinoide 89-103	(267) **Rf** Rutherfordium 104	(269) **Db** Dubnium 105	(270) **Sg** Seaborgium 106	(272) **Bh** Bohrium 107	(273) **Hs** Hassium 108	(277) **Mt** Meitnerium 109	(281) **Ds** Darmstadtium 110	(282) **Rg** Roentgenium 111	(285) **Cn** Copernicium 112							7

Namen der Hauptgruppen

- I Alkalimetalle
- II Erdalkalimetalle
- III Erdmetalle
- IV Kohlenstoffgruppe
- V Stickstoffgruppe
- VI Chalkogene
- VII Halogene
- VIII Edelgase

Tipps und Hinweise zur Lösung von Aufgabe B1

Tipp zu Teilaufgabe 1.1

- Ohne das Vakuum würde sich Luft im Massenspektrometer befinden. Diese Luft hat Einfluss auf die sich bewegenden geladenen Ionen. Beschreiben Sie diesen Einfluss und argumentieren Sie, warum genau dies nicht zielführend ist.

Tipps zu Teilaufgabe 1.2

- Beim Durchgang durch den Geschwindigkeitsfilter wirken zwei Kräfte auf die geladenen Ionen. Diese beiden Kräfte werden durch das elektrische und das magnetische Feld verursacht. Beschreiben Sie diese beiden Kräfte und den Einfluss auf die Ionen. Beachten Sie dabei auch die Richtung der Kräfte. Was passiert mit den Ionen, die eine geringere oder eine höhere Geschwindigkeit als die Durchlassgeschwindigkeit besitzen?
- Zur Berechnung der Durchlassgeschwindigkeit gehen Sie von einem Kräftegleichgewicht der elektrischen und der Lorentzkraft aus. Setzen Sie in diesen Ansatz die bekannten Formeln ein und lösen Sie die Gleichung nach der gesuchten Geschwindigkeit auf.

Tipp zu Teilaufgabe 1.3

- Zur Bestimmung der Ablenkungsrichtung verwenden Sie die Drei-Finger-Regel. Berücksichtigen Sie dabei die Ladung der Ionen. Die Lorentzkraft wirkt auf bewegte geladene Teilchen im Magnetfeld und steht immer senkrecht auf der Bewegungsrichtung. Welchen Einfluss hat dies auf die Flugbahn?

Tipps zu Teilaufgabe 1.4

- Aus dem Unterricht ist bekannt, dass die Lorentzkraft auf bewegte geladene Teilchen in einem Magnetfeld als Zentripetalkraft wirkt. Verwenden Sie diesen Kräfteansatz und lösen Sie die Gleichung nach der gesuchten Größe auf.
- Verwenden Sie zur Begründung der Proportionalität die angegeben Formel und erklären Sie, welche Größen konstant sind und welche nicht.

Tipp zu Teilaufgabe 1.5

- Stellen Sie die Formel aus Teilaufgabe 1.4 nach der gesuchten Masse m um und setzen Sie die gegebenen Werte ein.

Tipps zu Teilaufgabe 1.6

- Die Beschleunigungsstrecke und die Funktionsweise ist vergleichbar mit der Erzeugung eines Elektronenstrahls. In einem Kondensator werden die geladenen Teilchen beschleunigt. Dabei wird elektrische Energie in kinetische Energie umgewandelt.
- Um die genannte Proportionalität zu zeigen, setzen Sie die angegebene Formel für v in die Formel aus Teilaufgabe 1.4 ein.

Tipp zu Teilaufgabe 1.7

Zunächst berechnen Sie die Werte für $\sqrt{m}$ und tragen dann alle Wertepaare $(r \mid \sqrt{m})$ in ein geeignetes Koordinatensystem ein. Zeichnen Sie eine Ausgleichsgeraden durch den Koordinatenursprung ein und argumentieren Sie, dass daraus die gesuchte Proportionalität folgt.

Tipps zu Teilaufgabe 1.8

Das Auflösungsvermögen eines technischen Gerätes ist dann höher, wenn man benachbarte Peaks sauber voneinander trennen und optisch unterscheiden kann. Entscheiden Sie, bei welchem Spektrum dies der Fall ist, und entnehmen Sie dem Text die Information, ob dieses Spektrum mit einem Massenspektrometer mit Geschwindigkeitsfilter oder Beschleunigungsstrecke aufgenommen wurde.

Das Auflösungsvermögen muss mindestens so groß sein, dass die beiden Moleküle mit dem geringsten Abstand sauber getrennt zu erkennen sind. Der Massenunterschied dieser beiden Moleküle ist die Massendifferenz. Nutzen Sie die im Aufgabenteil angegebene Formel zur Berechnung von R.

Tipp zu Teilaufgabe 1.9

Um mithilfe eines Massenspektrometers eine Probe zu untersuchen, müssen Teile der Probe ionisiert werden. Was passiert mit diesen Ionen nach Durchlaufen der Beschleunigungsstrecke und des Analysators?

Tipp zu Teilaufgabe 2.1

Zur Herleitung der angegebenen Formel gehen Sie analog zum Teilaufgabe 1.6 vor. Bestimmen Sie aus einem passenden Energieansatz zunächst eine Formel für die Geschwindigkeit v und daraus die in der Aufgabenstellung angegebene Formel für die Zeit t. Überlegen Sie, welcher Bewegungstyp hier vorliegt.

Tipp zu Teilaufgabe 2.2

Stellen Sie die Formel aus Teilaufgabe 2.1 nach der gesuchten Masse m um und setzen Sie alle angegebenen Werte ein. Im Periodensystem (Material 6) sind die Atommassen der einzelnen Elemente abgedruckt. Suchen Sie dasjenige Element, das der berechneten Atommasse am nächsten kommt.

Lösungen zu Aufgabe B1

1.1 **Erläuterung, dass Vakuum notwendig ist**

Im Massenspektrometer muss ein Vakuum herrschen, damit die Ionen sich innerhalb des Massenspektrometers frei bewegen können und nicht mit anderen Molekülen, wie zum Beispiel denjenigen in der Luft, zusammenprallen – solche Stöße würden das Resultat verfälschen oder eine Analyse ganz unmöglich machen, da das Ion sein Ziel nicht erreichen kann.
Ein Vakuum ist auch wichtig, weil es verhindert, dass die Ionen mit anderen Teilchen reagieren oder freie Elektronen einfangen, während sie sich durch das Massenspektrometer bewegen.

1.2 **Erläuterung der Funktionsweise des Geschwindigkeitsfilters**

Der Geschwindigkeitsfilter besteht aus je einem elektrischen und einem magnetischen Feld, welche senkrecht aufeinander stehen. Hier (Material 1) wird das elektrische Feld durch einen Plattenkondensator erzeugt und zeigt von der oberen zur unteren Platte; das Magnetfeld zeigt in die Zeichenebene hinein.
Im Raum dieser beiden Felder wirken auf geladene Teilchen zwei Kräfte: Die geschwindigkeitsunabhängige Coulombkraft durch das elektrische Feld nach unten (für positive Ionen) und die geschwindigkeitsabhängige Lorentzkraft durch das magnetische Feld nach oben (für positive Ionen). Beide Kräfte wirken senkrecht auf die Bewegungsrichtung der Teilchen. Für eine bestimmte Geschwindigkeit (die Durchlassgeschwindigkeit) sind die beiden Kräfte betragsmäßig gleich groß. Die Ionen passieren den Filter auf einer geradlinigen Flugbahn und gelangen unabgelenkt durch den Spalt am Ende des Filters. Für größere bzw. kleinere Geschwindigkeiten überwiegt stets eine der beiden Kräfte, die Ionen werden abgelenkt und gelangen nicht durch den Spalt.

Skizze der Flugbahnen

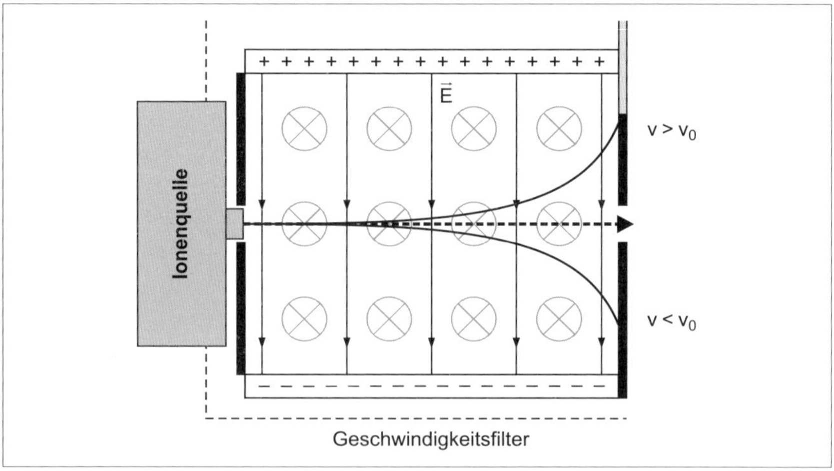

Die Flugbahnen müssen nicht symmetrisch eingezeichnet werden. Zudem dürfen Sie auch auf den geladenen Platten des Kondensators enden.

Berechnung der Durchlassgeschwindigkeit
Ionen, welche gradlinig durch den Geschwindigkeitsfilter hindurchfliegen, besitzen die Durchlassgeschwindigkeit v_0. In diesem Fall sind die beiden Kräfte auf die Ionen betragsmäßig gleich groß. Daher gilt folgender Kräfteansatz:

$$F_{el} = F_L \quad \Leftrightarrow \quad q \cdot E = q \cdot B \cdot v_0$$

Durch Auflösen der Gleichung nach der Durchlassgeschwindigkeit und Einsetzen der angegebenen Werte ergibt sich:

$$v_0 = \frac{E}{B} = \frac{18\,000\,\frac{V}{m}}{0{,}06\,T} = \underline{\underline{3 \cdot 10^5\,\frac{m}{s}}}$$

1.3 **Erklärung und Skizze der Flugbahnen**

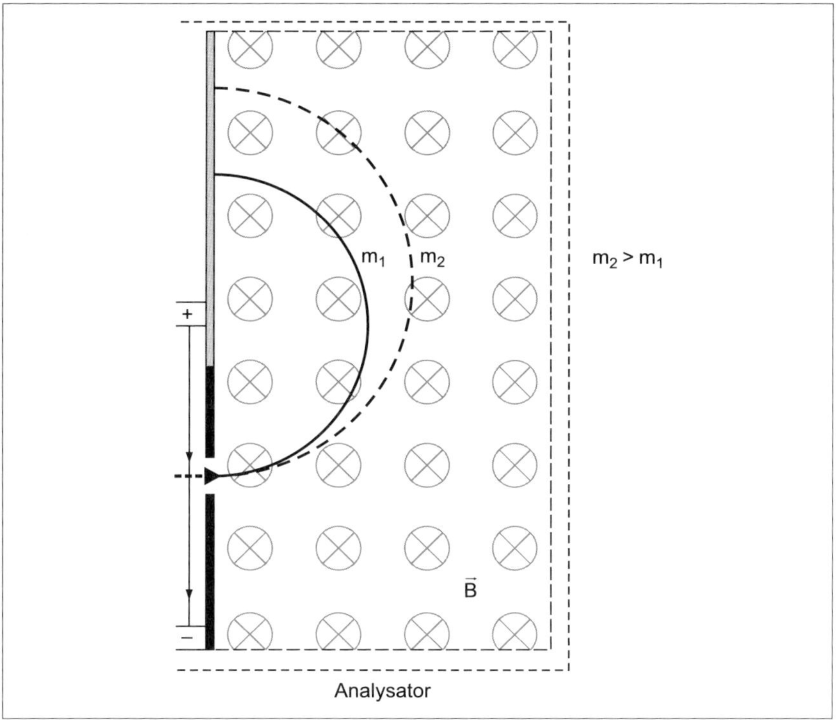

Das Magnetfeld des Analysators in Material 1 steht senkrecht zur Bewegungsrichtung der Ionen und zeigt in die Zeichenebene hinein. Die Ionen bewegen sich auf Kreisbahnen, nachdem diese durch den Spalt in den Analysator gelangt

sind. Die Ursache dafür ist die Lorentzkraft, die auf bewegte Ladungsträger in magnetischen Feldern wirkt.
Mithilfe der Drei-Finger-Regel der rechten Hand (positive Ladungsträger) kann man die Richtung der Lorentzkraft bestimmen. Dabei wird der Daumen in die Bewegungsrichtung der positiven Ionen gehalten, der Zeigefinger in die Richtung des Magnetfeldes und der Mittelfinger zeigt dann in Richtung der Lorentzkraft. Da die Lorentzkraft immer senkrecht zur Bewegungsrichtung der Ionen steht und somit als Zentripetalkraft wirkt, ergibt sich für die Flugbahn ein nach oben verlaufender Kreisbogen.

Beachten Sie:

- Auch das Einzeichnen von Kreisbahnen, die nicht auf dem Detektor enden, ist möglich.
- Sie müssen die Kreisbahnen nicht den Massen zuordnen (hier: $m_2 > m_1$); die Abhängigkeit des Kreisradius von der Masse wird erst in Teilaufgabe 1.4 behandelt.

1.4 **Herleitung der Radiusformel**

Die positiven Ionen werden beim Durchgang durch das Magnetfeld auf eine Kreisbahn gezwungen. Dabei wirkt die Lorentzkraft als Zentripetalkraft. Man verwendet den folgenden Kräfteansatz:

$$F_L = F_Z$$

Einsetzen (mit $q = +e$) und Auflösen nach r liefert die angegebene Formel:

$$e \cdot v \cdot B = m \cdot \frac{v^2}{r} \quad \Rightarrow \quad r = \underline{\underline{\frac{m \cdot v}{B \cdot e}}}$$

Begründung der Proportionalität

Die beiden im Nenner vorkommenden Größen, die magnetische Flussdichte und die Elementarladung, sind konstant. Durch den vorgeschalteten Geschwindigkeitsfilter ist auch die Geschwindigkeit der Ionen im Analysator konstant. Daher gilt die Proportionalität $r \sim m$.

1.5 **Berechnung der Masse des Ions**

Zur Berechnung der Masse m des Ions verwendet man die in Teilaufgabe 1.4 hergeleitete Formel und stellt diese nach der gesuchten Größe um:

$$r = \frac{m \cdot v_0}{B \cdot e} \quad \Rightarrow \quad m = \frac{r \cdot B \cdot e}{v_0}$$

$$= \frac{0{,}56\ \text{m} \cdot 0{,}06\ \text{T} \cdot 1{,}602 \cdot 10^{-19}\ \text{C}}{3 \cdot 10^5\ \frac{\text{m}}{\text{s}}} = \underline{\underline{1{,}8 \cdot 10^{-26}\ \text{kg}}}$$

1.6 **Herleitung der Geschwindigkeitsformel**

Die Beschleunigungsstrecke ist durch einen Kondensator mit entsprechender Polung gegeben, in dem die geladenen Ionen beschleunigt werden. Dabei wird die elektrische Energie des elektrischen Feldes in Bewegungsenergie der Ionen umgewandelt. Zur Herleitung der Formel verwendet man den Energieansatz:

$$E_{el} = E_{kin}$$

Setzt man in diesen Ansatz die bekannten Formeln ein und löst nach v auf, so ergibt sich die gesuchte Formel:

$$e \cdot U_B = \frac{1}{2} m \cdot v^2 \quad \Rightarrow \quad v = \underline{\underline{\sqrt{\frac{2e \cdot U_B}{m}}}}$$

Zeigen der Proportionalität

Um die Proportionalität $r \sim \sqrt{m}$ zu zeigen, setzt man die oben hergeleitete Formel für die Endgeschwindigkeit v in die Formel für r aus Teilaufgabe 1.4 ein und vereinfacht den Term:

$$r = \frac{m \cdot v}{B \cdot e} = \frac{m \cdot \sqrt{\frac{2e \cdot U_B}{m}}}{B \cdot e} = \frac{\sqrt{\frac{m^2}{m} \cdot 2e \cdot U_B}}{\sqrt{B^2 \cdot e^2}} = \sqrt{\frac{m \cdot 2e \cdot U_B}{B^2 \cdot e^2}} = \sqrt{\frac{2m \cdot U_B}{B^2 \cdot e}}$$

Da die Beschleunigungsspannung U_B, die magnetische Flussdichte B und die Elementarladung e konstante Größen sind, gilt die Proportionalität $r \sim \sqrt{m}$.

1.7 **Bestätigung der Proportionalität**

Man berechnet zunächst die Wurzel aus den angegebenen Werten der Massen:

Masse m in 10^{-27} kg	1,67	6,65	14,97	23,26
$\sqrt{m}$ in $10^{-14}\sqrt{kg}$	4,09	8,15	12,2	15,3
Bahnradius r in cm	10,8	21,5	32,4	40,2

Anschließend zeichnet man die Messwertpaare in ein $\sqrt{m}$-r-Diagramm ein:

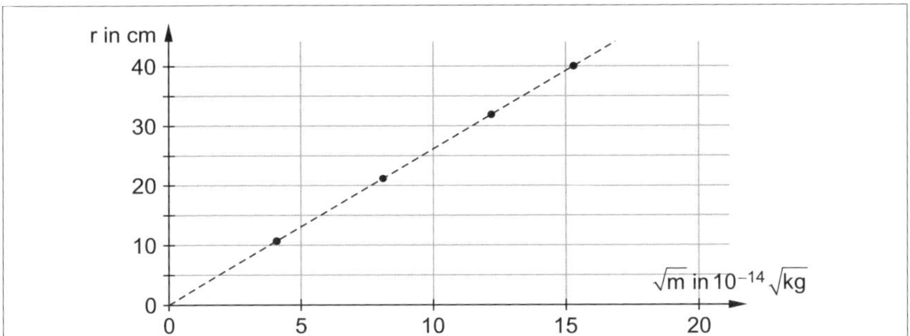

Die Messpunkte liegen in sehr guter Näherung auf einer Geraden durch den Koordinatenursprung; man zeichnet daher noch diese Ausgleichsgerade ein, die grafisch die Proportionalität der beiden Größen bestätigt; die Steigung dieser Geraden ist dabei gegeben durch:

$$k = \frac{\Delta y}{\Delta x} = \frac{\Delta r}{\Delta \sqrt{m}} = \frac{r - 0}{\sqrt{m} - 0} = \frac{r}{\sqrt{m}} = \text{konst.} \Rightarrow \underline{\underline{r \sim \sqrt{m}}}$$

1.8 **Zuordnung der Spektren**

In beiden Massenspektren werden die Massen von drei verschiedenen einfach ionisierten Molekülen detektiert. Im linken Spektrum werden die drei unterschiedlichen Peaks der Massen allerdings nicht separiert: Für alle drei Moleküle ergibt sich ein Peak bei ca. 28 u. Im rechten Spektrum sind die Peaks deutlich voneinander getrennt. Das Auflösungsvermögen des rechten Spektrums ist also höher als das des linken Spektrums. Demzufolge stammt das rechte Spektrum aus einem Massenspektrometer mit einem Geschwindigkeitsfilter, das linke Spektrum aus einem Massenspektrometer mit Beschleunigungsstrecke.

Ermittlung des minimalen Auflösungsvermögens

Im rechten Spektrum sieht man, dass die Massen der beiden Moleküle mit dem geringsten Abstand (CO^+ und N_2^+) noch gut voneinander getrennt gemessen werden. Das Auflösungsvermögen muss also mindestens in der Größenordnung des Abstands der beiden Massenpeaks liegen. Für die Massendifferenz gilt:

$$\Delta m = m_{N_2^+} - m_{CO^+} = 28{,}0061\,u - 27{,}9949\,u = 0{,}0112\,u$$

Laut Aufgabenstellung ist das minimale Auflösungsvermögen dann gegeben durch:

$$R = \frac{m}{\Delta m} = \frac{27{,}9949\,u}{0{,}0112\,u} \approx \underline{\underline{2500}}$$

1.9 **Beurteilung der Aussage**

Die Aussage, dass die Massenbestimmung der Bestandteile einer Probe mit der Massenspektroskopie keine zerstörungsfreie Methode ist, ist **richtig**.

Begründung: Um die Probe auf ihre Massenbestandteile zu testen, muss ein Teil der Probe verwendet werden. Dieser Teil wird von der Probe entfernt und ionisiert. Diese Ionen können nach der Analyse durch Wechselwirkungsprozesse auf dem Detektor der ursprünglichen Probe nicht wieder zugeführt werden.

2.1 **Bestätigung der Formel für die Flugzeit**

Bei dieser Art des Massenspektrometers werden die Ionen analog zum Massenspektrometer in Teilaufgabe 1.6 auf einer Beschleunigungsstrecke beschleunigt. In diesem elektrischen Feld wird die elektrische Energie in Bewegungsenergie der Ionen umgewandelt und es folgt aus dem Energieansatz:

$$E_{el} = E_{kin} \quad \Leftrightarrow \quad q \cdot U_B = \frac{1}{2} m \cdot v^2 \quad \Rightarrow \quad v = \sqrt{\frac{2q \cdot U_B}{m}}$$

Entlang der Driftstrecke bewegen sich die Ionen gradlinig gleichförmig mit konstanter Geschwindigkeit v. Daher gilt das folgende Zeit-Weg-Gesetz:

$$v = \frac{d}{t_d}$$

Für die Zeit, die die Ionen für die Driftstrecke d benötigen, folgt:

$$t_d = \frac{d}{v} = d \cdot \sqrt{\frac{m}{2q \cdot U_B}} = \underline{\underline{\sqrt{\frac{d^2 \cdot m}{2U_B \cdot q}}}}$$

Das ist die Formel aus der Aufgabenstellung.

2.2 **Berechnung der Masse der Ionen**

Um die Masse m der einzelnen Ionen zu berechnen, löst man die hergeleitete Formel aus Teilaufgabe 2.1 nach m auf:

$$m = \frac{2t_d^2 \cdot U_B \cdot q}{d^2}$$

Setzt man alle angegebenen Größen ein, so erhält man:

$$m = \frac{2 \cdot (1{,}74 \cdot 10^{-6}\,\text{s})^2 \cdot 1500\,\text{V} \cdot 2e}{(0{,}50\,\text{m})^2}$$

$$= \frac{4 \cdot 1{,}602 \cdot 10^{-19}\,\text{As} \cdot (1{,}74 \cdot 10^{-6}\,\text{s})^2 \cdot 1\,500\,\text{V}}{0{,}25\,\text{m}^2}$$

$$= 1{,}164 \cdot 10^{-26}\,\text{kg} = \frac{1{,}164 \cdot 10^{-26}\,\text{kg}}{1{,}66 \cdot 10^{-27}\,\frac{\text{kg}}{\text{u}}} = \underline{\underline{7{,}0\,\text{u}}}$$

Bestimmung des Elements

Die oben berechneten Masse eines einzelnen Ions beträgt etwa 7 u. Im Periodensystem der Elemente findet sich ein Element mit der Massenzahl 6,941. Bei diesem Element handelt es sich um **Lithium**.

Landesabitur Physik 2023 (Hessen) – Leistungskurs
Aufgabe B2: Kontinuierlich arbeitende und gepulste Laser

1 Seit dem Bau des ersten Lasers durch Theodore Maiman im Jahr 1960 entwickelte sich dieser in einer Vielzahl von Arbeitsbereichen zu einem unverzichtbaren Hilfsmittel. In den folgenden Aufgaben werden verschiedene Laser betrachtet. In Schulen ist der Helium-Neon-Laser (He-Ne-Laser) weit verbreitet, der sein charakteristisches rotes Licht kontinuierlich abstrahlt.

1.1 Nennen Sie zwei Eigenschaften, die Laserlicht vom Licht anderer Lichtquellen unterscheiden. (2 BE)

1.2 Begründen Sie mithilfe von Material 1 und Material 2, dass der Übergang von $E_{3,\,Ne}$ nach $E_{2,\,Ne}$ zur Emission des roten Laserlichts führt.
Erklären Sie anhand von Material 1 und Material 3 die Funktionsweise des He-Ne-Lasers unter Verwendung der Begriffe „Besetzungsinversion“, „stimulierte Emission“ und „stehende Welle“. (8 BE)

1.3 Bestimmen Sie die Geschwindigkeit, die ein Elektron mindestens haben muss, um ein ruhendes Helium-Atom aus dem Grundzustand $E_{1,\,He}$ in den Zustand $E_{2,\,He}$ anzuregen.
Geben Sie die zur Beschleunigung der Elektronen aus der Ruhe mindestens notwendige Spannung an. (4 BE)

1.4 Bestimmen Sie den nach Material 1 möglichen maximalen Wirkungsgrad eines He-Ne-Lasers in Prozent und begründen Sie, warum dieser in Wirklichkeit nicht erreicht werden dürfte. Als Wirkungsgrad bezeichnet man das Verhältnis von Energie der erzeugten Laserstrahlung zur aufgewandten Energie. (5 BE)

2 Im Gegensatz zum kontinuierlich arbeitenden He-Ne-Laser spielen in vielen Anwendungen sogenannte Pulslaser eine große Rolle. Diese arbeiten nicht im Dauerbetrieb, sondern jeweils nur für kurze Zeiten, sodass kurze Laserpulse entstehen. Im Folgenden soll ein Neodym-dotierter Yttrium-Aluminium-Granat-Laser (Nd/YAG-Laser) betrachtet werden, der bei einer Wellenlänge von $\lambda = 1\,064$ nm während einer Pulsdauer von 400 ns eine Leistung von 3 MW hat.

2.1 Berechnen Sie die Energie E_{Puls} eines solchen Laserpulses.
[zur Kontrolle: $E_{Puls} = 1{,}2$ J] (2 BE)

2.2 Die Energie E(d) des Laserpulses nach einem Durchgang durch eine Schicht der Dicke d bei einer Anfangsenergie von $E_{Puls} = E_0$ kann mit der Gleichung

$$E(d) = E_0 \cdot e^{-\alpha \cdot d}$$

berechnet werden. Der darin verwendete Absorptionskoeffizient α hängt vom durchstrahlten Material und von der Wellenlänge des verwendeten Lasers ab.

Bestätigen Sie unter Verwendung der Daten in Material 4, dass die Energie, die der Laserpuls auf einer Strecke $d = 1\ \text{cm}$ in Wasser abgibt, $\Delta E = 0{,}4\ \text{J}$ beträgt. Berechnen Sie die mittlere Temperaturerhöhung ΔT des auf dieser Strecke durchstrahlten Wassers. Der Strahl hat einen kreisförmigen Querschnitt mit einem Durchmesser von 0,4 mm. Zur Erwärmung von 1 ℓ Wasser um 1 K benötigt man eine Energie von 4 190 J. (8 BE)

2.3 Für Laser gelten strenge Sicherheitsvorschriften. Insbesondere ist es wichtig, die Augen vor Laserlicht zu schützen. Bei einem Laserexperiment mit gleichen Bedingungen wie in Aufgabe 2.2 wird $\Delta T = 76\ \text{K}$ bestimmt.
Beurteilen Sie auf der Basis dieses Ergebnisses und der Tatsache, dass der Glaskörper des Auges im Wesentlichen aus Wasser besteht, ob besondere Schutzvorkehrungen für die Augen notwendig sind. (2 BE)

3 Nun wird der Laserpuls aus Aufgabe 2 senkrecht auf ein kleines quadratisches Goldblättchen (Kantenlänge $k = 0{,}25\ \text{cm}$, Dicke $d = 0{,}2\ \mu\text{m}$) gerichtet, das an einem Faden der Länge $\ell = 0{,}15\ \text{m}$ aufgehängt ist (Material 5). Dies führt zu einer Auslenkung des Blättchens um den Winkel φ.
Im Folgenden soll angenommen werden, dass alle Photonen reflektiert werden und dass dabei das Doppelte ihres Impulses auf das Blättchen übertragen wird.

3.1 Berechnen Sie die Anzahl der Photonen in dem Puls sowie den Gesamtimpuls p_{ges} dieser Photonen.
[zur Kontrolle: $p_{ges} = 4{,}003 \cdot 10^{-9}\ \frac{\text{kg} \cdot \text{m}}{\text{s}}$] (7 BE)

3.2 Berechnen Sie die Masse des Goldblättchens.
Gold hat die Dichte von $\rho_{Gold} = 19{,}3\ \frac{\text{kg}}{\text{dm}^3}$.
Berechnen Sie die maximale Geschwindigkeit (Geschwindigkeit zu Beginn der Bewegung), auf die das Goldblättchen durch den Laserpuls beschleunigt wird, und den Höhengewinn Δh des Goldblättchens. Dazu soll der Einfluss der Luftreibung sowie der Masse und der Beschaffenheit des Fadens vernachlässigt werden, ebenso wird das Goldblättchen als punktförmig angenommen. (9 BE)

3.3 Beurteilen Sie, ob und gegebenenfalls wie sich der Ausschlag des Blättchens ändert, wenn ein Laser mit gleicher Pulsdauer, gleicher Leistung, aber größerer Wellenlänge verwendet wird. (3 BE)

Material 1: Vereinfachtes Energieniveauschema eines He-Ne-Lasers

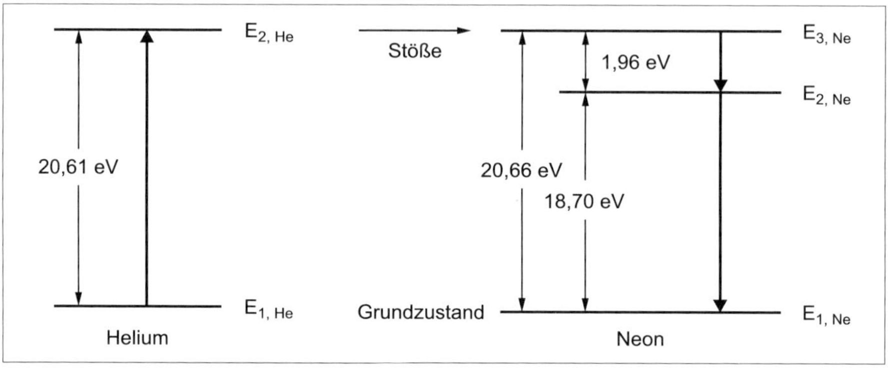

Material 2: Spektralbereiche elektromagnetischer Strahlung

Spektralbereich	Ultraviolett	Violett	Blau	Grün
Wellenlänge in nm	10–390	390–430	430–490	490–570

Spektralbereich	Gelb	Orange	Rot	Infrarot
Wellenlänge in nm	570–600	600–620	620–780	780–300 000

Material 3: Schematischer Aufbau eines He-Ne-Lasers

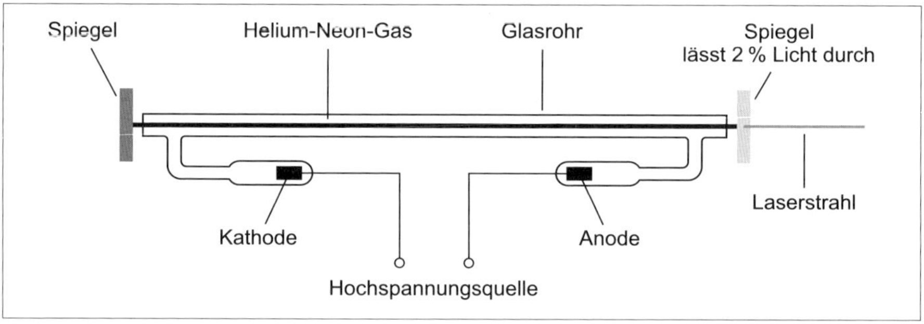

Quelle https://www.leifiphysik.de/sites/default/files/medien/helium-neon-laser_bild_2.svg

Material 4: Absorptionskoeffizient elektromagnetischer Strahlung in Wasser

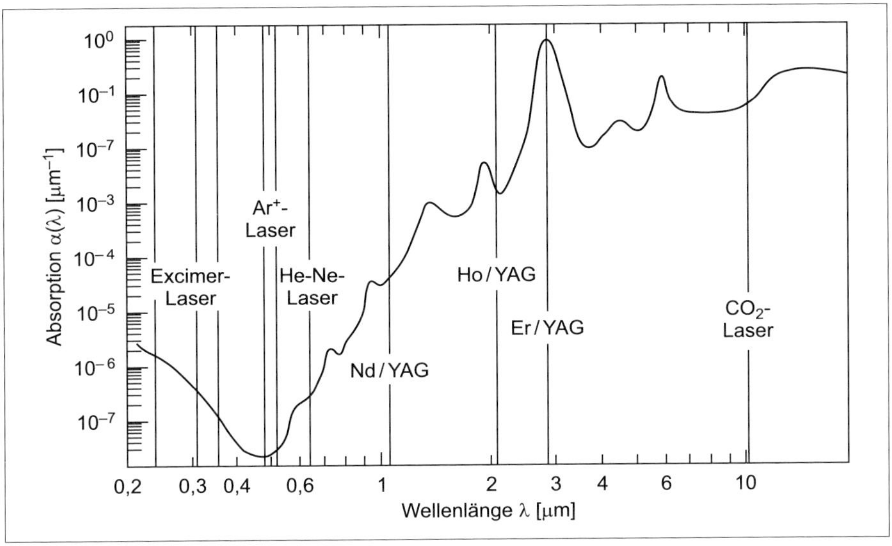

Quelle: Dieter Suter / TU Dortmund,
https://qnap.e3.physik.tu-dortmund.de/suter/Vorlesung/MedizinphysikII_15/17_Laser.pdf

Die Emissionslinien der Laser sind durch senkrechte Striche gekennzeichnet. Beachten Sie die nicht-lineare Skalierung der Achsen und die Einheit $\frac{1}{\mu m}$ der vertikalen Achse!

Material 5: Laserpuls und aufgehängtes Goldblättchen

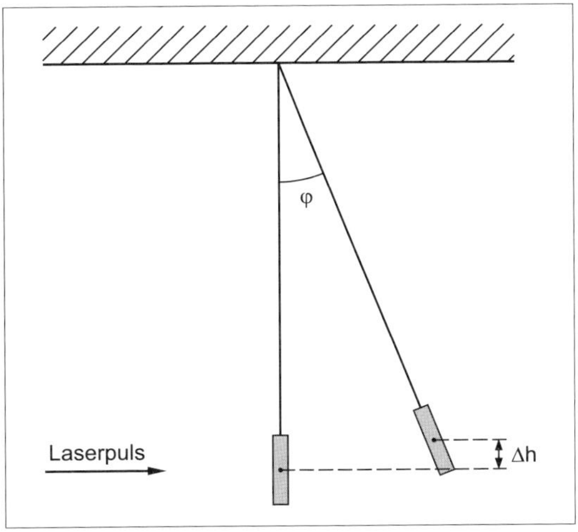

Δh ist der Höhengewinn des Goldblättchens aufgrund der Auslenkung.

Tipps und Hinweise zur Lösung von Aufgabe B2

Tipp zu Teilaufgabe 1.1

- Aus dem Unterricht sind viele Eigenschaften von Laserlicht bekannt. Vergleichen Sie gedanklich das Licht einer Glühlampe mit dem Licht eines Lasers und arbeiten Sie so passende Eigenschaften heraus.

Tipps zu Teilaufgabe 1.2

- Bestimmen Sie die Wellenlänge der Photonen, die bei diesem Übergang emittiert werden. Mithilfe der Tabelle (Material 2) können Sie die zugehörige Farbe ablesen.
- Zur Erklärung der Funktionsweise eines He-Ne-Lasers beschreiben Sie zunächst den schematischen Aufbau (Material 3).
  Leitfragen: Durch welchen Vorgang werden die Heliumatome angeregt? Wie wird die Energie von diesen auf die Neonatome übertragen? Wie kommt es zu einer Besetzungsinversion im Neon? Orientieren Sie sich am Energieniveauschema (Material 1).
  Die stimulierte Emission sorgt für eine Verstärkung des Laserlichts. Beschreiben Sie diesen Vorgang.
  Zwischen den beiden Spiegeln werden die Wellenzüge hin und her reflektiert. Wie kommt es dabei zu einer Amplitudenverstärkung?

Tipps zu Teilaufgabe 1.3

- Lesen Sie die benötigte kinetische Energie der Elektronen aus dem Energieniveauschema (Material 1) ab und stellen Sie die Formel für die kinetische Energie der Elektronen nach der gesuchten Größe um.
- Um die die notwendige Beschleunigungsspannung zu bestimmen, nutzen Sie die Tatsache aus, dass die Energie bereits in der Einheit eV angegeben ist.

Tipps zu Teilaufgabe 1.4

- Stellen Sie aus der Beschreibung der Aufgabenstellung eine Formel für den Wirkungsgrad auf. Dabei kommt sowohl die Energie des Lasers als auch die aufgewandte Energie vor. Beide Werte lassen sich aus dem Energieniveauschema (Material 1) ablesen.
- Der theoretisch errechnete Wirkungsgrad lässt sich nicht erreichen, weil nicht alle Teilchen einen Stoßpartner finden und weil es zu Energieverlusten im Laser kommt. Beschreiben Sie einen Grund genauer.

Tipp zu Teilaufgabe 2.1

- Verwenden Sie die bekannte Formel zur Berechnung der Energie in Abhängigkeit des Impulses und der Zeit und setzen Sie die angegebenen Werte ein.

Tipp zu Teilaufgabe 2.2

- Das Ablesen der Werte auf der logarithmischen Skala ist ungewohnt. Bei der Achseinteilung stehen die langen Striche jeweils für $1 \cdot 10^{-k}\ \mu m^{-1}$, ($k = 0, 1, 2, \ldots$). Bei den kurzen Strichen steht der erste Strich über einem langen Strich für $2 \cdot 10^{-k}\ \mu m^{-1}$, der zweite Strich für $3 \cdot 10^{-k}\ \mu m^{-1}$ und so weiter.
Berechnen Sie unter Verwendung der angegebenen Formel die Energie, die der Laserpuls nach Durchlaufen der Wasserschicht noch hat. Die abgegebene Energie ist die Differenz zwischen den Energien vor und nach Durchlaufen der Schicht.
Zur Berechnung der Temperaturerhöhung bestimmen Sie zunächst anhand der gegebenen geometrischen Daten das Wasservolumen, das vom Laserpuls beim Durchlaufen erhitzt wird. Anschließend nutzen Sie die angegebene Beziehung zwischen Temperaturerhöhung und benötigter Energie bei Wasser, indem Sie auf die hier relevanten Werte für Volumen und Energie umrechnen.

Tipp zu Teilaufgabe 2.3

- Überlegen Sie, welcher Temperaturerhöhung in °C der Wert von 76 K entspricht. Schätzen Sie den Durchmesser des Glaskörpers im Auge ab und vergleichen Sie diesen Wert mit der Durchlaufstrecke des Laserpulses im Versuch. Was folgt daraus für die Wirkung des Laserpulses auf den Glaskörper? Denken Sie auch an die Schutzvorkehrungen aus dem Unterricht beim Umgang mit Lasern.

Tipps zu Teilaufgabe 3.1

- Die Gesamtenergie aller Photonen des Laserimpulses ist bekannt (Teilaufgabe 2.1). Berechnen Sie die Energie eines einzelnen Photons der angegebenen Wellenlängen und teilen Sie zur Bestimmung der Gesamtzahl der Photonen die Gesamtenergie durch die Einzelenergie.
- Der Gesamtimpuls ergibt sich als Produkt des Einzelimpulses eines Photons und der Gesamtzahl der Photonen.

Tipps zu Teilaufgabe 3.2

- Zur Berechnung der Masse verwenden Sie die Definition der Dichte eines Stoffes. Verwenden Sie zur Berechnung des Volumens die bekannte Volumenformel für einen Quader. Achten Sie auf die korrekte Wahl der Einheiten.
- Der auf das Goldblättchen übertragene Impuls ist doppelt so groß wie der Impuls aus Teilaufgabe 3.1.
- Mit der Definition des Impulses lässt sich die Anfangsgeschwindigkeit berechnen. Der Höhengewinn ergibt sich aus dem Umformen eines Energieansatzes. Dabei wird die gesamte kinetische Energie in potenzielle Energie (Lageenergie) umgewandelt.

Tipp zu Teilaufgabe 3.3

- Die Wellenlänge hat doppelten Einfluss auf den Impuls eines Photons. Überlegen Sie, welche Faktoren und welche Proportionalitäten hier vorliegen, und argumentieren Sie dann, dass sich weder der Gesamtimpuls der Photonen eines Laserpulses noch der Ausschlag des Goldblättchens ändern.

Lösungen zu Aufgabe B2

1 **Nennung von Eigenschaften des Laserlichts**

- Im Vergleich zu anderen Lichtquellen ist Laserlicht monochromatisch, hat also nur eine ganz bestimmte Frequenz.
- Laserlicht ist nahezu paralleles Licht und kann gut gebündelt werden. Es besitzt nur eine sehr geringe Divergenz, ein Laserbündel weitet sich also nur sehr wenig auf.
- Mit Laserlicht können hohe Leistungsdichten im Fokus erreicht werden.
- Die Wellen des Laserlichts besitzen eine konstante Phasendifferenz, das Licht hat somit eine hohe Kohärenz.

Die Nennung von zwei Eigenschaften ist ausreichend zum Erreichen der vollen Punktzahl.

1.2 **Begründung der Emission roten Laserlichts**

Im vereinfachten Energieniveauschema des He-Ne-Lasers (Material 1) kann man für die Energiedifferenz zwischen den beiden Zuständen $E_{3,\,Ne}$ und $E_{2,\,Ne}$ einen Wert von $\Delta E = 1{,}96\ \text{eV}$ ablesen. Bei einem Übergang zwischen diesen beiden Energieniveaus werden also Photonen genau dieser Energie emittiert. Die zugehörige Wellenlänge der Photonen berechnet man durch Umstellen der Formel für die Energie:

$$E = h \cdot f = \frac{h \cdot c}{\lambda}$$

$$\Rightarrow \quad \lambda = \frac{h \cdot c}{E} = \frac{6{,}626 \cdot 10^{-34}\ \text{Js} \cdot 3{,}00 \cdot 10^{8}\ \frac{\text{m}}{\text{s}}}{1{,}96\ \text{eV} \cdot 1{,}602 \cdot 10^{-19}\ \text{C}} = 6{,}33 \cdot 10^{-7}\ \text{m} = 633\ \text{nm}$$

Schaut man in die Tabelle der Spektralbereiche elektromagnetischer Strahlung (Material 2), stellt man fest, dass Licht der berechneten Wellenlänge $\lambda = 633\ \text{nm}$ **rot** erscheint.

Erklärung der Funktionsweise eines He-Ne-Lasers

Dem schematischen Aufbau eines He-Ne-Lasers (Material 3) kann man entnehmen, dass durch eine Hochspannungsquelle zwischen der Kathode und der Anode ein elektrisches Feld aufgebaut wird. In der Glasröhre befindet sich ein Helium-Neon-Gasgemisch. An der Kathode befinden sich freie Elektronen, die von der Anode angezogen werden.

Durch die hohe Spannung und der daraus resultierenden hohen kinetischen Energie der Elektronen kommt es zu einer Gasentladung. Das bedeutet, dass sich Elektronen durch das Gas bewegen und dabei durch Stoßprozesse Heliumatome vom Grundzustand $E_{1,\,He}$ in den höheren Zustand $E_{2,\,He}$ anregen. Die angeregten Atome geben ihre Energie durch Stöße an die Neonatome ab und führen bei diesen eine **Besetzungsinversion** herbei: Es befinden sich dann mehr Neonatome im angeregten Zustand $E_{3,\,Ne}$ als im energieärmeren Zustand $E_{2,\,Ne}$. Diese Besetzungsinversion ist eine Voraussetzung für das Entstehen von Laserlicht.

Durch spontane Übergänge vom Zustand $E_{3,\ Ne}$ in den niedrigeren Zustand $E_{2,\ Ne}$ werden Photonen emittiert (Laserübergang). Solche Photonen, die senkrecht auf einen Spiegel treffen, werden reflektiert und durchlaufen das Gas erneut. Dabei können diese ein sich im Zustand $E_{3,\ Ne}$ befindliches Neonatom zum Übergang in den Grundzustand $E_{1,\ Ne}$ unter Emission eines Photons anregen. Diesen Prozess bezeichnet man als **stimulierte Emission** eines Photons. Das entstehende Photon hat dabei genau die gleichen Eigenschaften wie das die stimulierte Emission auslösende Photon.
Dieser sich wiederholende Prozess führt zu einer Verstärkung des Lichts: Die beiden Spiegel bilden einen Resonator, in dem sich die hin- und herlaufenden Wellenzüge überlagern und – bei passendem Abstand der beiden Spiegel – eine **stehende Welle** ausbilden. Der rechte teildurchlässige Spiegel lässt 2 % des Lichts hindurch. Dieses Licht bildet den Laserstrahl.

1.3 **Bestimmung der nötigen Geschwindigkeit**

Die Energiedifferenz zwischen den beiden genannten Zuständen $E_{1,\ He}$ und $E_{2,\ He}$ beträgt laut Material 1 $\Delta E = 20{,}61\ \text{eV}$. Diese Energie müssen die Elektronen in Form von kinetischer Energie mindestens besitzen. Um die dafür nötige Geschwindigkeit v zu berechnen, stellt man die Formel für die kinetische Energie nach der gesuchten Größe um:

$$E_{kin} = \frac{1}{2} m_e \cdot v^2$$

$$\Rightarrow \quad v = \sqrt{\frac{2E_{kin}}{m_e}} = \sqrt{\frac{2 \cdot 20{,}61\ \text{eV} \cdot 1{,}602 \cdot 10^{-19}\ \text{C}}{9{,}11 \cdot 10^{-31}\ \text{kg}}} = \underline{\underline{2{,}69 \cdot 10^6\ \frac{\text{m}}{\text{s}}}}$$

Angabe der Spannung

Um Elektronen auf eine Energie von 20,61 eV zu beschleunigen, ist eine Spannung von **U = 20,61 V** nötig.

Bei dieser Fragestellung müssen Sie nicht rechnen: Wegen $E_{el} = e \cdot U$ sind die Maßzahlen der in Elektronenvolt angegebenen Energie E_{el}, welche die Elektronen durch Beschleunigung im elektrischen Feld erhalten, und der Spannung U identisch.

1.4 **Bestimmung des Wirkungsgrads**

Der Wirkungsgrad eines Lasers wird bestimmt, indem man das Verhältnis zwischen der zugeführten Energie und der in Form von Laserlicht emittierten Energie berechnet. Die Formel lautet:

$$\text{Wirkungsgrad} = \frac{\text{Laserergie } E_{Ph}}{\text{aufgewandte Energie } E_{auf}} \cdot 100\ \%$$

Die aufgewandte Energie E_{auf} ist dabei diejenige Energie, die nötig ist, um das Heliumatom anzuregen, sie beträgt hier $E_{auf} = 20{,}61\ eV$ (Material 1). Die Photonen des Lasers besitzen eine Energie von $E_{Ph} = 1{,}96\ eV$. Für den Wirkungsgrad ergibt sich somit:

$$\text{Wirkungsgrad} = \frac{1{,}96\ eV}{20{,}61\ eV} \cdot 100\ \% = \underline{\underline{9{,}5\ \%}}$$

Alternativ kann auch mit der Anregungsenergie von Neon argumentiert werden.

Warum wird der maximale Wirkungsgrad in der Praxis nicht erreicht?
Der maximale Wirkungsgrad kann nur erreicht werden, wenn keine zusätzlichen Energieverluste im Laser auftreten und wenn jedes Elektron mit einem Heliumatom bzw. jedes Heliumatom mit einem Neonatom wechselwirkt. Dies ist in der Praxis nicht der Fall, vielmehr gilt:

- Die beschleunigten Elektronen im Gasgemisch regen die Heliumatome in den Zustand $E_{2,\,He}$ an. Dabei kann es vorkommen, dass einzelne Elektronen wegen mangelnder Stoßpartner kein Heliumatom anregen.
- Nicht jedes dieser angeregten Heliumatome kann seine Energie an ein Neonatom abgeben.
- Die Energieabgabe der Neonatome erfolgt nicht nur durch stimulierte Emission, sondern auch durch Emission nicht kohärenter Strahlung, welche nicht zur Verstärkung des Laserlichts beiträgt.
- Um die Besetzungsinversion zu erzeugen, wird das Gas im Laser angeregt. Bei diesem Prozess können Energieverluste auftreten, zum Beispiel durch unvollständige Absorption der Energie oder Wärmeabstrahlung.
- Ein He-Ne-Laser verwendet zwei Spiegel, einen teilweise durchlässigen Ausgangsspiegel und einen hochreflektierenden Rückspiegel. Dabei treten Verluste durch Reflexion oder Absorption von Licht auf.

Es genügt die Angabe eines plausiblen Grundes zur Erreichung der vollen Punktzahl. Natürlich werden andere korrekte Gründe ebenso akzeptiert.

2.1 Die Leistung ist definiert als Energie pro Zeiteinheit. Daraus ergibt sich durch Umstellen der Formel und Einsetzen der angegebenen Größen das gesuchte Ergebnis:

$$P = \frac{E_{Puls}}{t}$$

$$\Rightarrow \quad E_{Puls} = P \cdot t = 3 \cdot 10^6\ W \cdot 400 \cdot 10^{-9}\ s = \underline{\underline{1{,}2\ J}}$$

2.2 **Bestätigung der Energiemenge**
Material 4 entnimmt man für den Nd/YAG-Laser den zugehörigen Absorptionskoeffizienten. Dazu geht man vom Schnittpunkt der senkrechten Nd/YAG-Linie mit der Verlaufslinie des Absorptionskoeffizienten parallel zur waagerechten Achse nach links und liest den Wert auf der senkrechten Achse ab.

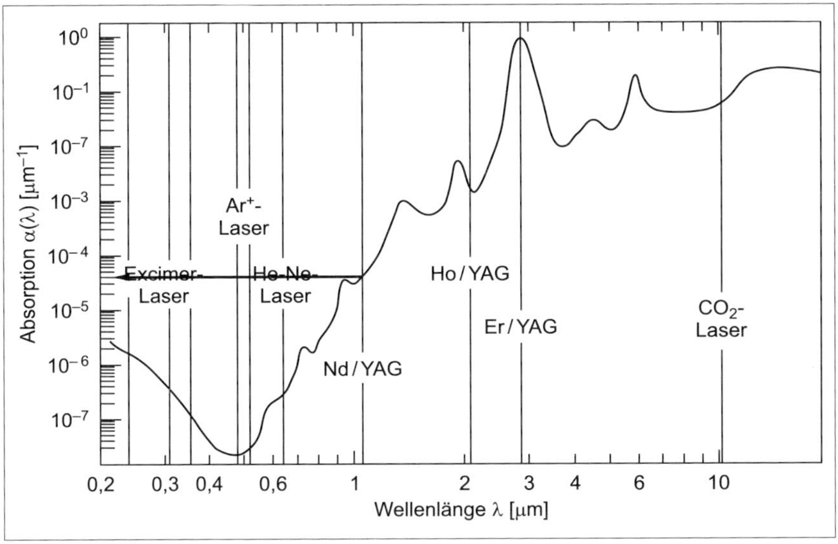

Anhand des dargestellten Pfeils sieht man, dass die senkrechte Achse genau beim dritten Strich über der Markierung von $1 \cdot 10^{-5}\,\mu m^{-1}$ geschnitten wird. Aufgrund der logarithmischen Skalierung steht der erste Strich darüber für $2 \cdot 10^{-5}\,\mu m^{-1}$, der zweite Strich für $3 \cdot 10^{-5}\,\mu m^{-1}$ und der dritte Strich für $4 \cdot 10^{-5}\,\mu m^{-1}$. Der abgelesene Absorptionskoeffizient beträgt somit

$$\alpha = 4 \cdot 10^{-5}\,\frac{1}{\mu m}.$$

Eine geringe Ableseungenauigkeit aufgrund der logarithmischen Skala wird als korrekt akzeptiert.

Durch Einsetzen der angegebenen Werte in die Formel der Aufgabenstellung ergibt sich der Wert für die Energie des Laserimpulses nach Durchlaufen der Strecke $1\,cm = 1 \cdot 10^{-2}\,m = 1 \cdot 10^4\,\mu m$ im Wasser:

$$E(d) = E_0 \cdot e^{-\alpha \cdot d}$$

$$E(1 \cdot 10^4\,\mu m) = 1{,}2\,J \cdot e^{-4 \cdot 10^{-5}\,\frac{1}{\mu m} \cdot 1 \cdot 10^4\,\mu m} = 0{,}8\,J$$

Der Laserimpuls hat also während des Durchlaufens der Wasserschicht von 1 cm eine Energie von

$$\Delta E = E_0 - E(1\,cm) = 1{,}2\,J - 0{,}8\,J = \underline{\underline{0{,}4\,J}}$$

abgegeben.

Berechnung der mittleren Temperaturerhöhung

Da der Laserstrahl laut Aufgabenstellung einen kreisförmigen Querschnitt besitzt (Radius $r = 0{,}2$ mm $= 0{,}002$ dm), lässt sich die vom Laserpuls durchstrahlte Wassermenge als zylindrisches Volumen der Höhe $d = 0{,}1$ dm auffassen, das sich wie folgt berechnet:

$$V_{Zylinder} = \pi \cdot r^2 \cdot d = \pi \cdot (0{,}002\text{ dm})^2 \cdot 0{,}1\text{ dm}$$
$$= 1{,}26 \cdot 10^{-6}\text{ dm}^3 = 1{,}26 \cdot 10^{-6}\ \ell$$

Die mittlere Temperaturerhöhung berechnet sich durch zweimaliges Anwenden des Dreisatzes:

- Eine Energie von 4 190 J erwärmt 1 ℓ Wasser um 1 K. Daher erwärmt eine Energie von 0,4 J dasselbe Volumen Wasser um

$$(\Delta T)^* = \frac{0{,}4\text{ J}}{4190\text{ J}} \cdot 1\text{ K} = 9{,}55 \cdot 10^{-5}\text{ K}.$$

- Da hier durch die Energie $\Delta E = 0{,}4$ J nicht 1 ℓ, sondern nur $1{,}26 \cdot 10^{-6}\ \ell$ Wasser erwärmt werden, fällt die Temperaturerhöhung entsprechend größer aus:

$$\Delta T = \frac{1\ \ell}{1{,}26 \cdot 10^{-6}\ \ell} \cdot 9{,}55 \cdot 10^{-5}\text{ K} = \underline{\underline{75{,}8\text{ K}}}$$

2.3 **Beurteilung der Gefährdung**

Die Einheit Kelvin besitzt die gleiche Skalierung wie die Einheit Grad Celsius. Demzufolge entspricht ein Temperaturunterschied von 76 Kelvin einer Differenz von 76 Grad Celsius. Er wird bei Durchstrahlen einer Wasserschicht der Dicke 1 cm erzielt – der stark wasserhaltige Glaskörper im Auge besitzt einen Durchmesser von rund 2 cm (Abschätzung), d. h., die erhitze Wassersäule reicht bis in den Mittelpunkt des Glaskörpers. Für das Auge bedeutet ein örtlicher Anstieg um 76 °C eine starke Gefährdung. Daher reicht die Energie eines solchen Laserimpulses aus, um das Auge dauerhaft zu schädigen. Schutzvorrichtungen sind daher unbedingt erforderlich.

3.1 **Berechnung der Anzahl der Photonen**

Zunächst wird die Energie eines Photons mit der Wellenlänge $\lambda = 1\,064$ nm berechnet:

$$E_{Photon} = h \cdot f = h \cdot \frac{c}{\lambda} = 6{,}626 \cdot 10^{-34}\text{ Js} \cdot \frac{3{,}00 \cdot 10^8\ \frac{\text{m}}{\text{s}}}{1\,064 \cdot 10^{-9}\text{ m}} = 1{,}87 \cdot 10^{-19}\text{ J}$$

Die Gesamtenergie des Laserpulses beträgt laut Teilaufgabe 2.1 $E_{Puls} = 1{,}2$ J. Die Anzahl n der Photonen ergibt sich als Quotient der beiden Energien:

$$n = \frac{E_{Puls}}{E_{Photon}} = \frac{1{,}2\text{ J}}{1{,}868 \cdot 10^{-19}\text{ J}} = \underline{\underline{6{,}4 \cdot 10^{18}}}$$

Berechnung des Gesamtimpulses

Der Gesamtimpuls ist die Summe der Impulse aller Photonen:

$$p_{ges} = n \cdot p_{Photon} = n \cdot \frac{h}{\lambda} = 6{,}4 \cdot 10^{18} \cdot \frac{6{,}626 \cdot 10^{-34}\,\text{Js}}{1\,064 \cdot 10^{-9}\,\text{m}} = \underline{\underline{4{,}0 \cdot 10^{-9}\,\frac{\text{kg} \cdot \text{m}}{\text{s}}}}$$

Wenn Sie auf die Zwischenrechnung verzichten, erhalten Sie kürzer:

$$p_{ges} = n \cdot p_{Photon} = \frac{E_{Puls}}{E_{Photon}} \cdot \frac{h}{\lambda} = \frac{E_{Puls}}{h \cdot \frac{c}{\lambda}} \cdot \frac{h}{\lambda}$$

$$= \frac{E_{puls}}{c} = \frac{1{,}2\,\text{J}}{3{,}00 \cdot 10^{8}\,\frac{\text{m}}{\text{s}}} = \underline{\underline{4{,}0 \cdot 10^{-9}\,\frac{\text{kg} \cdot \text{m}}{\text{s}}}}$$

3.2 **Berechnung der Masse des Goldblättchens**

Die Dichte ρ eines Stoffes ist definiert als Masse m pro Volumen V. Daraus ergibt sich für die Masse m des Goldblättchens durch Umformen:

$$m = \rho_{Gold} \cdot V = 19{,}3\,\frac{\text{kg}}{\text{dm}^3} \cdot (0{,}25\,\text{cm})^2 \cdot 0{,}2\,\mu\text{m}$$

$$= 19{,}3\,\frac{\text{kg}}{\text{dm}^3} \cdot (0{,}025\,\text{dm})^2 \cdot 0{,}2 \cdot 10^{-5}\,\text{dm} = \underline{\underline{2{,}4 \cdot 10^{-8}\,\text{kg}}}$$

Berechnung der maximalen Geschwindigkeit

Laut Aufgabenstellung werden alle Photonen reflektiert, wobei sie das Doppelte ihres Impulses auf das Blättchen übertragen. Der übertragene Impuls ist daher

$$p = 2 \cdot p_{ges} = 2 \cdot 4{,}0 \cdot 10^{-9}\,\frac{\text{kg} \cdot \text{m}}{\text{s}} = 8{,}0 \cdot 10^{-9}\,\frac{\text{kg} \cdot \text{m}}{\text{s}}.$$

Zudem ist der Impuls eines Körpers definiert als das Produkt aus Masse und Geschwindigkeit $p = m \cdot v$. Durch Umstellen und Einsetzen ergibt sich die gesuchte Anfangsgeschwindigkeit des Goldblättchens:

$$v = \frac{p}{m} = \frac{8{,}0 \cdot 10^{-9}\,\frac{\text{kg} \cdot \text{m}}{\text{s}}}{2{,}4 \cdot 10^{-8}\,\text{kg}} = \underline{\underline{0{,}33\,\frac{\text{m}}{\text{s}}}}$$

Berechnung des Höhengewinns

Das Goldblättchen wird durch den Laserimpuls beschleunigt und ausgelenkt. Die kinetische Energie wird dabei vollständig in potenzielle Energie umgewandelt, es gilt der Energieansatz:

$$E_{kin} = E_{pot}$$

Einsetzen der bekannten Formeln und Auflösen ergibt für Δh:

$$\frac{1}{2} m \cdot v^2 = m \cdot g \cdot \Delta h \quad \Rightarrow \quad \Delta h = \frac{v^2}{2g} = \frac{(0{,}33\,\frac{\text{m}}{\text{s}})^2}{2 \cdot 9{,}81\,\frac{\text{m}}{\text{s}^2}} = \underline{\underline{5{,}7 \cdot 10^{-3}\,\text{m} = 5{,}7\,\text{mm}}}$$

3.3 **Beurteilung der Aussage**

Möglichkeit 1: Argumentation über Impuls

Der Impuls eines Photons ist gegeben durch $p = h/\lambda$, der Impuls ist also umgekehrt proportional zur Wellenlänge des Laserlichts. Steigt nun die verwendete Wellenlänge, so wird der Impuls eines Photons kleiner. Allerdings sinkt bei höheren Wellenlängen auch die Energie pro Photon in gleichem Maße und damit nimmt die Anzahl der Photonen pro Laserimpuls linear mit der Wellenlänge zu. Somit ändert sich der Gesamtimpuls der Photonen eines Laserpulses nicht, wenn die Wellenlänge sich vergrößert. Der Ausschlag des Goldblättchens bleibt ebenfalls gleich.

Möglichkeit 2: Argumentation über Energie

Die Höhe des Ausschlags des Blättchens hängt allein von der zugeführten Energie ab. Nach Voraussetzung stimmen beide Laser in Pulsdauer t und Leistung P überein, daher ist auch die die Größe der übertragenen Pulsenergie

$$E_{Puls} = P_1 \cdot t_1 = P_2 \cdot t_2$$

unverändert, unabhängig von der Wellenlänge des verwendeten Laserlichts.

Sie können Ihre Argumentation auch auf die Formel $p = E/c$ stützen, vgl. den Kommentar zu Teilaufgabe 3.1.

Landesabitur Physik 2023 (Hessen) – Leistungskurs
Aufgabe B3: Fotoeffekt – Theorie und Anwendungen

1 Zur Beobachtung des Fotoeffekts wird eine negativ geladene Platte mit Cäsiumbeschichtung (Austrittsenergie $E_A = 1{,}7\,\text{eV}$) jeweils mit Licht unterschiedlicher Wellenlängen beleuchtet.
Unter anderem wird im Falle einer Entladung beobachtet, dass diese auch bei geringer Lichtintensität ohne Zeitverzögerung einsetzt. Diese Beobachtung ist nicht mit dem Wellenmodell des Lichts zu vereinbaren.

1.1 Nennen Sie eine weitere Beobachtung, die nicht mit dem Wellenmodell zu vereinbaren ist, und erläutern Sie den Widerspruch. (4 BE)

1.2 Nach der klassischen Physik ist zu erwarten, dass die in der Platte gebundenen Elektronen die Lichtenergie so lange „sammeln", bis sie aus der Platte austreten können. Zur Bestimmung der klassisch zu erwartenden Zeit t_A vom Bestrahlungsbeginn bis zur Auslösung eines Elektrons soll Folgendes angenommen werden: Die Lichtquelle besitzt eine Leistung von $P = 10\,\text{W}$ und strahlt gleichmäßig in alle Raumrichtungen. Die geladene Platte befindet sich in 1 m Entfernung von der Lichtquelle und das Licht trifft senkrecht zur Platte auf diese auf. Nur 5 % der auf die Cäsiumschicht einfallenden Energie trägt zum Herauslösen der Elektronen bei. Die bestrahlte Fläche jedes Cäsiumatoms ist eine Kreisfläche mit einem Radius von $1 \cdot 10^{-10}\,\text{m}$.
Berechnen Sie das Verhältnis zwischen dieser Kreisfläche und der Oberfläche einer Kugel mit dem Radius 1 m und zeigen Sie mithilfe des Ergebnisses, dass die nach der klassischen Physik zu erwartende Zeit t_A etwa 3,6 Minuten beträgt. (6 BE)

2 Zur Bestimmung des Planck'schen Wirkungsquantums h wird der Versuch zum Fotoeffekt nach der Gegenfeldmethode durchgeführt. Dabei wird der Zusammenhang zwischen der Wellenlänge λ des eingestrahlten Lichts und dem Betrag der Gegenspannung U_G, ab der kein Strom mehr zwischen Fotokathode und Ringanode gemessen wird, untersucht. Die Ergebnisse einer Versuchsreihe sind in Material 1 dargestellt.

2.1 Skizzieren und beschriften Sie einen Versuchsaufbau, der zur Bestimmung von h mit der Gegenfeldmethode geeignet ist. Dabei soll die Skizze eine Fotokathode, eine Ringanode, das einfallenden Licht und die Messgeräte enthalten. (4 BE)

2.2 Bestimmen Sie in Material 1 die fehlenden Werte für die Frequenz f des Lichts und die maximale Energie der Fotoelektronen E_{el}.
Zeichnen Sie ein f-E_{el}-Diagramm und zeichnen Sie eine Ausgleichsgerade einschließlich der Schnittpunkte mit den Koordinatenachsen ein. (7 BE)

2.3 Erläutern Sie, wieso die Datenpunkte im Diagramm theoretisch exakt auf einer Geraden liegen müssen, und geben Sie die physikalische Bedeutung des Schnittpunkts dieser Geraden mit der vertikalen Achse an.
Ermitteln Sie mithilfe der Ausgleichsgeraden aus Aufgabe 2.2 einen Wert für das Plack'sche Wirkungsquantum. (5 BE)

2.4 Wenn der Versuch häufig durchgeführt wird, überzieht sich die Oberfläche der Ringanode mit dem Material der Fotokathode.
Erläutern Sie, warum die Ringanode während der Versuchsdurchführung daher nicht vom einfallenden Licht getroffen werden sollte. (2 BE)

2.5 Material 2 zeigt die sogenannte Kennlinie einer Fotozelle bei Bestrahlung mit monochromatischem Licht der Wellenlänge λ. Die Kennlinie gibt die Stromstärke in Abhängigkeit von der angelegten Spannung wieder. Dabei wird das Vorzeichen der Spannung durch Umpolung während der Aufnahme der Kennlinie geändert.

2.5.1 Erläutern Sie die Auswirkungen der unterschiedlichen Vorzeichen der angelegten Spannung auf den Fotostrom. (4 BE)

2.5.2 Untersuchen Sie die Auswirkung der veränderten Versuchsdurchführung in den Fällen a und b und die theoretische Auswirkung der Annahme in Fall c auf die Kennlinie in Material 2.

a) Die Kennlinie wird mit Licht einer kleineren Wellenlänge aufgenommen. Die Anzahl der pro Sekunde auf die Kathode treffenden Photonen ändert sich nicht.

b) Die Kennlinie wird mit Licht der gleichen Wellenlänge aufgenommen. Die Anzahl der pro Sekunde auf die Kathode treffenden Photonen ist höher als zuvor.

c) Für den Versuch mit gleicher Wellenlänge und gleicher Photonenanzahl soll angenommen werden, dass alle Fotoelektronen beim Austritt aus der Kathode die gleiche maximale kinetische Energie besitzen und direkt auf die Ringanode fliegen. (6 BE)

3 Bildverstärker machen schwach leuchtende Gegenstände auf einem Leuchtschirm sichtbar. Der schematische Aufbau eines Bildverstärkers ist in Material 3 dargestellt, die Funktion wird allgemein erläutert und es werden spezielle Werte für den im Folgenden betrachteten Bildverstärker angegeben.

3.1 Prüfen Sie, ob die Fotokathode des Bildverstärkers geeignet ist, Licht mit Wellenlängen über 800 nm nachzuweisen. (4 BE)

3.2 Das Licht der Wellenlänge 700 nm, das von einem weit entfernten Objekt ausgestrahlt wird, trifft mit einer Leistung von 1 nW senkrecht zu ihrer Oberfläche auf die Fotokathode.
Berechnen Sie die Anzahl der pro Sekunde aus der Kathode ausgelösten Fotoelektronen unter der Annahme, dass nur jedes zehnte Photon ein Elektron auslöst. (4 BE)

3.3 Ein einzelnes an der Fotokathode ausgelöstes Elektron führt in der Mikrokanalplatte zu einer lawinenartigen Vermehrung von Elektronen.
Bestimmen Sie unter der Verwendung der Daten aus Material 3 die maximale Anzahl der Elektronen, die pro einfallendes Elektron die Mikrokanalplatte verlassen. (4 BE)

Material 1: Messwerte der Versuchsreihe

λ in nm	491	436	420	405
f in Hz				
U_G in V	0,120	0,450	0,550	0,660
E_{el} in eV				

Material 2: Kennlinie einer Fotozelle

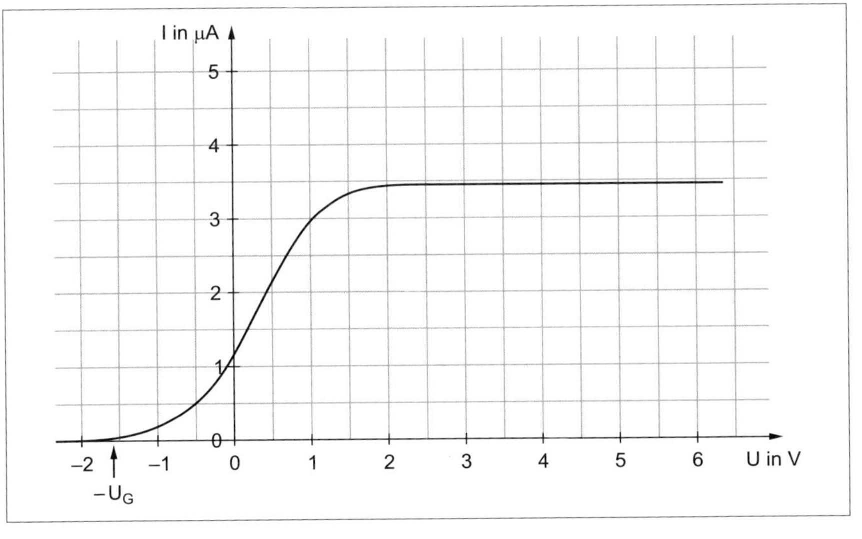

Material 3: Schematischer Aufbau und Funktion eines Bildverstärkers

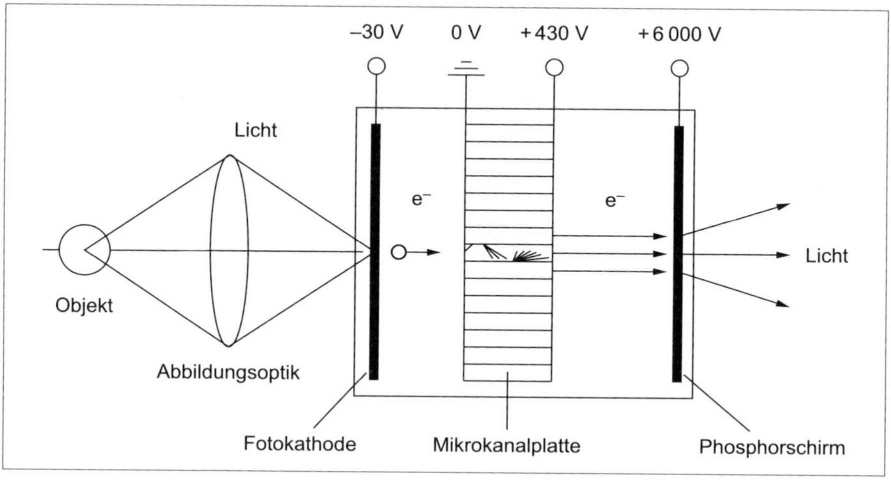

Das Objekt wird mithilfe einer Optik auf eine Fotokathode abgebildet, die eine Austrittsenergie von 1,3 eV besitzt. Auf der Kathode werden an jedem beleuchteten Punkt Elektronen ausgelöst. Diese werden zwischen Kathode und Anode (Phosphorschirm) durch eine angelegte Spannung beschleunigt. Auf dieser Beschleunigungsstrecke liegt eine Mikrokanalplatte, die von mikroskopisch kleinen Kanälen durchsetzt ist, die leicht schräg zur Einfallsrichtung der Elektronen stehen. Dadurch treffen die Elektronen beim Durchfliegen der Mikrokanalplatte mehrmals die Kanalwand und lösen dort weitere Elektronen aus. Diese werden dann ebenfalls beschleunigt. Vereinfacht nehmen wir an, dass Elektronen, die eine Bewegungsenergie unter 30 eV besitzen, keine Energie an die Kanalwand abgeben. Sobald ein Elektron aber eine Bewegungsenergie von 30 eV erreicht hat, wird seine gesamte Energie an ein Elektron in der Kanalwand abgegeben, das sich dadurch aus der Kanalwand löst. Beide Elektronen werden dann aus der Ruhe beschleunigt, bis sie bei einer Energie von 30 eV jeweils wieder ein Elektron auslösen.

Tipps und Hinweise zur Lösung von Aufgabe B3

Tipp zu Teilaufgabe 1.1

Eine weitere Beobachtung, welche nicht mit dem Wellenmodell erklärt werden kann, ist die Existenz einer oberen Grenzwellenlänge bzw. einer unteren Grenzfrequenz. Erläutern Sie diesen Sachverhalt genauer.

Tipp zu Teilaufgabe 1.2

Mithilfe des Verhältnisses der Kreisfläche und der Oberfläche der Kugel wird der Anteil der auf das Cäsiumatom auftreffenden Energie ermittelt. Berechnen Sie zunächst die Energie, die pro Sekunde für das Herauslösen eines Elektrons zur Verfügung steht. Die benötigte Energie entspricht der Austrittsenergie von 1,7 eV. Wie lange müsste das gebundene Elektron die Energie sammeln, bis die Austrittsenergie erreicht ist?

Tipp zu Teilaufgabe 2.1

Zeichnen Sie zunächst das einfallende Licht, dass durch die Ringanode auf die Fotokathode fällt ein. Zwischen Ringanode und Kathode wird die Gegenspannung geschaltet. Beachten Sie, dass der Fotostrom in Reihe und die Fotospannung parallel zur Gegenspannungsquelle abgegriffen wird.

Tipps zu Teilaufgabe 2.2

Berechnen Sie die vier fehlenden Frequenzen aus den gegebenen Wellenlängen nach der bekannten Umrechnungsformel. Die Zahlenwerte der Gegenspannungen und der elektrischen Energien sind identisch, da die Energie in Elektronenvolt angegeben werden soll.

Zeichnen Sie die gegebenen Wertepaare in ein geeignetes f-E_{el}-Diagramm ein. Achten Sie dabei darauf, dass die Ausgleichsgerade die E_{el}-Achse weit im negativen Bereich schneidet. Zeichnen Sie diese Schnittstelle ein.

Tipp zu Teilaufgabe 2.3

Die Datenpunkte liegen genau dann auf einer Geraden, wenn E_{el} linear von f abhängt (Geradengleichung). Interpretieren Sie entsprechend die dem Fotoeffekt zugrundeliegende Einstein-Gleichung. Die Bedeutung der Achsenabschnitte und der Steigung ergeben sich dann automatisch durch Vergleich der Einstein-Gleichung mit der allgemeinen Geradengleichung $y = m \cdot x + b$. Ermitteln Sie die Steigung mithilfe eines Steigungsdreiecks.

Tipp zu Teilaufgabe 2.4

Erläutern Sie was passiert, wenn das Licht auf dem Weg zur Kathode auf die Ringanode trifft. Welchen Einfluss hat das auf die Fotostromstärke?

Tipp zu Teilaufgabe 2.5.1

Beschreiben Sie den Verlauf der Kennlinie im negativen und im positiven Bereich und erklären Sie den Verlauf physikalisch.

Tipps zu Teilaufgabe 2.5.2

a) Eine kleinere Wellenlänge bedeutet eine größere Frequenz. Welchen Einfluss hat dies auf die Energie der Photonen und auf den Verlauf der Kennlinie?

b) Mehr Photonen lösen mehr Elektronen aus der Fotokathode aus. Welchen Einfluss hat dies auf die Sättigungsstromstärke und auf den Verlauf der Kennlinie?

c) Hier gelangen <u>alle</u> Fotoelektronen ab einer bestimmten Grenzspannung zur Ringanode und tragen zur Sättigungsstromstärke bei. Wie ändert sich in diesem Fall die Form der Kennlinie?

Tipp zu Teilaufgabe 3.1

Elektronen werden ausgelöst, wenn die Photonen eine Energie von mindestens 1,3 eV besitzen. Bestimmen Sie daraus die Wellenlänge der Photonen.
Alternativ können Sie auch zeigen, dass die Energie von Photonen mit der Wellenlänge von 800 nm größer ist als 1,3 eV.

Tipp zu Teilaufgabe 3.2

Bestimmen Sie die Energie eines einzelnen Photons und daraus die Anzahl der pro Sekunde einfallenden Photonen. Beachten Sie weiterhin, dass nur jedes zehnte Photon ein Elektron auslöst.

Tipp zu Teilaufgabe 3.3

Nehmen Sie an, dass ein in die Mikrokanalplatte eintretendes Elektron die Energie 30 eV besitzt und sofort ein weiteres Elektron aus der Platte herausschlägt. Diese beiden Elektronen werden nun erneut beschleunigt und schlagen, wenn sie erneut eine Energie von 30 eV besitzen, weitere zwei Elektronen aus der Platte.
Berechnen Sie, wie oft dies auf dem Weg durch die Mikrokanalplatte möglich ist, und beachten Sie, dass sich die Anzahl der Gesamtelektronen bei jedem Herausschlagen verdoppelt.

Lösungen zu Aufgabe B3

1 **Nennung einer weiteren Beobachtung und Erläuterung des Widerspruchs**

Im Wellenmodell sollte die kinetische Energie der ausgelösten Elektronen von der Intensität des einfallenden Lichts abhängen. Tatsächlich hängt die kinetische Energie der Elektronen jedoch von der Frequenz des Lichts ab. Nur wenn das einfallende Licht eine bestimmte Mindestfrequenz (Grenzfrequenz) überschreitet, werden Elektronen aus dem Material ausgelöst.

Die Intensität und damit die Photonenzahl des einfallenden Lichts bestimmt – sofern seine Frequenz ausreichend hoch ist – die Anzahl der ausgelösten Fotoelektronen, da jeweils ein Photon ein Elektron auslösen kann.

1.2 **Berechnung des Verhältnisses**

Das Verhältnis der beiden Flächen ist der Quotient aus der Kreisfläche $r_{Cs}^2 \cdot \pi$ ($r_{Cs} = 1 \cdot 10^{-10}$ m) und der Kugeloberfläche $4R^2 \cdot \pi$ ($R = 1$ m):

$$\frac{A_{Kreis}}{A_{Kugel}} = \frac{r_{Cs}^2 \cdot \pi}{4R^2 \cdot \pi} = \frac{1}{4} \cdot \left(\frac{1 \cdot 10^{-10}\,\text{m}}{1\,\text{m}}\right)^2 = \underline{\underline{2{,}5 \cdot 10^{-21}}}$$

Überprüfung der „Sammelzeit“ t_A

Zunächst wird die Energiemenge berechnet, die von der Lichtquelle ausgehend am Ort der Cäsiumschicht in jeder Sekunde zum Auslösen eines Elektrons zur Verfügung steht. Dabei gilt es zu beachten, dass sich die Cäsiumschicht in einem Abstand von $R = 1$ m von der Lichtquelle entfernt und nur der durch das oben berechnete Flächenverhältnis gegebene Anteil auf die Schicht einfällt; zudem tragen nur $\eta = 5\ \%$ der dort auftreffenden Energie zum Auslösen von Elektronen bei. Die in der Zeit $t = 1$ s nutzbare Energie berechnet sich dann wie folgt:

$$E = P \cdot t \cdot \eta \cdot \frac{A_{Kreis}}{A_{Kugel}} = 10\,\text{W} \cdot 1\,\text{s} \cdot 0{,}05 \cdot 2{,}5 \cdot 10^{-21}$$

$$= 1{,}25 \cdot 10^{-21}\,\text{J} = \frac{1{,}25 \cdot 10^{-21}\,\text{J}}{1{,}602 \cdot 10^{-19}\,\frac{\text{J}}{\text{eV}}} = 7{,}8 \cdot 10^{-3}\,\text{eV}$$

Laut Aufgabenstellung ist zum Herauslösen eines Elektrons aus der Cäsiumschicht die Energie $E_A = 1{,}7$ eV nötig. Geht man davon aus, dass die in der Platte gebundenen Elektronen die Energie sammeln, so folgt für die Austrittszeit t_A:

$$\frac{t_A}{1\,\text{s}} = \frac{E_A}{E} \Rightarrow t_A = \frac{E_A}{E} \cdot 1\,\text{s} = \frac{1{,}7\,\text{eV}}{0{,}0078\,\text{eV}} \cdot 1\,\text{s} = 218\,\text{s} = \underline{\underline{3{,}6\,\text{min}}}$$

2.1 **Gegenfeldmethode: Skizze und Beschriftung des Versuchsaufbaus**

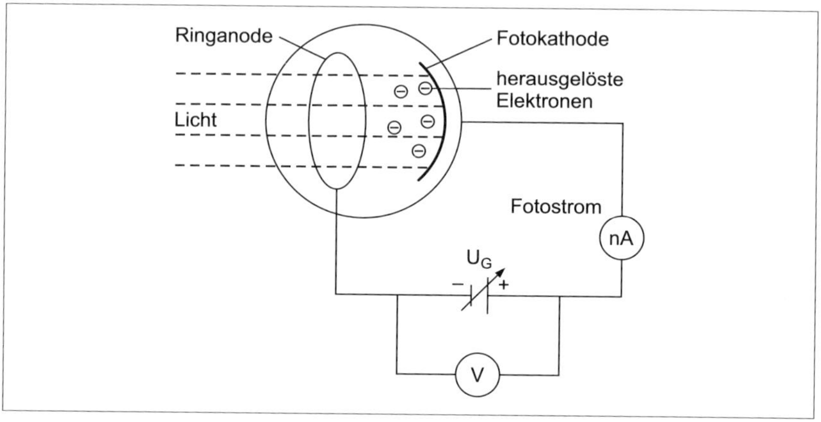

Der Fotostrom wird mit einem in Reihe geschalteten Strommessgerät im Nanoamperebereich gemessen. Parallel zur regelbaren Gegenspannungsquelle ist ein Voltmeter geschaltet, welches die Gegenspannung misst.

2.2 **Bestimmung der fehlenden Tabellenwerte**

Die fehlenden Frequenzen berechnen sich nach der bekannten Formel $f = c/\lambda$. Die Maßzahlen der Energien sind in der Einheit eV gleich den Maßzahlen der zugehörigen Beschleunigungsspannungen.

λ in nm	491	436	420	405
f in Hz	$6{,}110 \cdot 10^{14}$	$6{,}881 \cdot 10^{14}$	$7{,}143 \cdot 10^{14}$	$7{,}407 \cdot 10^{14}$
U_G in V	0,120	0,450	0,550	0,660
E_{el} in eV	0,120	0,450	0,550	0,660

Anfertigung der Zeichnung

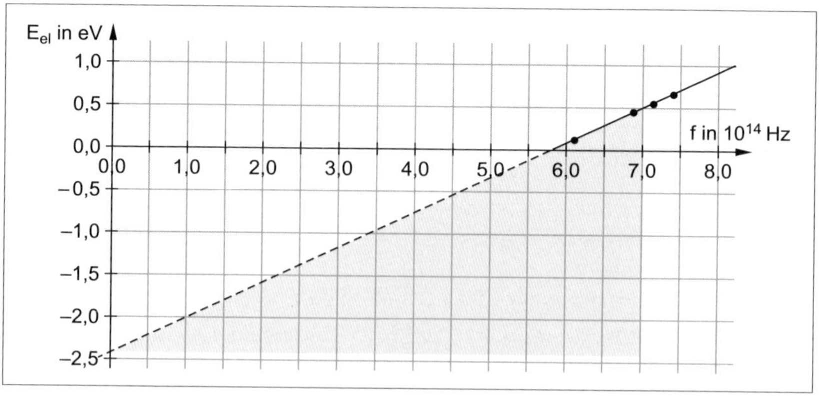

2.3 **Erläuterung des linearen Zusammenhangs**

Die Einstein'sche Gleichung für den Fotoeffekt lautet:

$$E_{el} = h \cdot f - W_A$$

Die Gleichung besagt, dass die Energie E_{el} eines emittierten Elektrons gleich der Differenz zwischen der Energie $h \cdot f$ des einfallenden Photons und der Austrittsarbeit W_A ist. Wenn die Energie des einfallenden Photons größer ist als die Austrittsarbeit, wird das Elektron aus dem Material herausgelöst. Die überschüssige Energie geht in kinetische Energie des Elektrons über.
Da h eine Naturkonstante und W_A eine für das Material konstante Austrittsarbeit sind, beschreibt die Einstein'sche Gleichung einen **linearen** Zusammenhang zwischen der Energie eines Fotoelektrons und der Frequenz des einfallenden Lichts. In einem f-E_{el}-Diagramm liegen die Wertepaare folglich auf einer **Geraden**.

Angabe der Bedeutung des Schnittpunkts

Die allgemeine Form einer Geradengleichung lautet $y = m \cdot x + b$. Dabei ist m die Steigung der Geraden und b der y-Achsenabschnitt (b ist also die Ordinate des Schnittpunkts mit der vertikalen E_{el}-Ache). Ein Vergleich mit der Einstein'schen Gleichung zeigt, dass der Achsenabschnitt hier gleich $-W_A$ ist. Sein Betrag ist gleich der **Austrittsarbeit W_A** des Kathodenmaterials.

Ermittlung des Planck'schen Wirkungsquantums

Das Planck'sche Wirkungsquantum h ist nach der Einstein'schen Gleichung gleich der Steigung der Geraden im f-E_{el}-Diagramm. Sie lässt sich mithilfe eines Steigungsdreiecks berechnen (vgl. grau getöntes Dreieck im Diagramm). Mit $\Delta f = 7{,}0 \cdot 10^{14}$ Hz und $\Delta E_{el} = 0{,}5\text{ eV} - (-2{,}4\text{ eV}) = 2{,}9$ eV erhält man:

$$h = \frac{\Delta E_{el}}{\Delta f} = \frac{2{,}9\text{ eV}}{7{,}0 \cdot 10^{14}\text{ Hz}} = 4{,}14 \cdot 10^{-15}\text{ eVs}$$

$$= 4{,}14 \cdot 10^{-15} \cdot 1{,}602 \cdot 10^{-19}\text{ As} \cdot \text{Vs}$$

$$= \underline{\underline{6{,}6 \cdot 10^{-34}\text{ Js}}}$$

Dieser Wert kommt dem Literaturwert $h_{Lit} = 6{,}626 \cdot 10^{-34}$ Js sehr nahe.

2.4 **Erläuterung zur Ringanode**

Wenn das einfallende Licht direkt auf die Ringanode trifft, können Elektronen unmittelbar aus der Ringanode ausgelöst werden. Dies würde zu einem unerwünschten Hintergrundstrom führen und die Messergebnisse der Fotostromstärke beeinflussen.

2.5.1 **Erläuterung der Auswirkungen der Spannungsvorzeichen**

- Wenn **keine Spannung** an die Fotozelle angelegt wird, gibt es dennoch einige Fotoelektronen, welche eine solch hohe kinetische Energie besitzen, dass sie von der Kathode zur Anode gelangen. Es fließt ein kleiner Strom.

- Wird eine **positive Spannung** angelegt, so werden die aus der Kathode ausgelösten Elektronen zur Ringanode beschleunigt. Bei Erhöhung der Spannung erreichen immer mehr Elektronen die Ringanode, der Strom steigt nahezu linear mit der Spannung an. Wenn die Spannung weiter erhöht wird, tritt ein Zustand der Sättigung ein: Sie tritt auf, wenn alle emittierten Elektronen an der Kathode zur Ringanode gelangen.
- Wenn durch Umpolen eine **negative Spannung** angelegt wird, sinkt die Stromstärke, weil nun zwischen Ringanode und Kathode ein entgegengerichtetes elektrisches Feld aufgebaut wird und die Elektronen auf ihrem Weg abgebremst werden. Erhöht man diese negative Spannung, so gelangen immer weniger Elektronen zur Anode. Ab einem bestimmten Wert der Gegenspannung ($-U_G$) kommt kein Elektron mehr zur Ringanode.

2.5.2 Untersuchungen der Auswirkungen

a) Eine kleinere Wellenlänge des Lichts bedeutet eine höhere Frequenz und damit nach $E = h \cdot f$ eine höhere Energie. Demnach muss sich der Wert der negativen Gegenspannung (Schnittpunkt der Kennlinie mit der waagerechten Achse) betragsmäßig erhöhen, sich also nach links verschieben. Laut Aufgabe ist die Anzahl der auf die Kathode auftreffenden Photonen pro Sekunde gleich. Daher ändert sich der Wert für die Sättigungsstromstärke nicht. Insgesamt **verschiebt sich** also die Kennlinie im Vergleich zur ursprünglichen Kennlinie **nach links**.

b) Durch die höhere Anzahl der Photonen werden an der Kathode mehr Elektronen ausgelöst und können zur Ringanode gelangen. Daher steigt die Sättigungsstromstärke an. Da die Wellenlänge der Photonen gleichbleibt, ändert sich der Wert der maximalen Gegenspannung nicht. Die Kurve wird in Richtung der senkrechten Achse **nach oben gestreckt**.

c) Alle ausgelösten Fotoelektronen besitzen nach dem Austritt die gleiche kinetische Energie und erreichen die Ringanode. Daher steigt der Fotostrom oberhalb einer bestimmten negativen Gegenspannung **sprunghaft auf den Wert der Sättigungsstromstärke** an und behält diesen Wert bei. Unterhalb dieses Werts der Gegenspannung ist die Fotostromstärke null.

3.1 Prüfung auf hohe Wellenlängen

Die einfallenden Photonen müssen zum Auslösen von Elektronen mindestens die Austrittsenergie 1,3 eV der Elektronen der Fotokathode besitzen. Die Grenzfrequenz, welche das Licht mindestens haben muss, um Fotoelektronen auszulösen, beträgt dann:

$$E_A = h \cdot f_G \quad \Rightarrow \quad f_G = \frac{E_A}{h} = \frac{1{,}3\ \text{V} \cdot 1{,}602 \cdot 10^{-19}\ \text{C}}{6{,}626 \cdot 10^{-34}\ \text{Js}} = 3{,}14 \cdot 10^{14}\ \text{Hz}$$

Die Wellenlänge darf also maximal

$$\lambda_{max} = \frac{c}{f_G} = \frac{3{,}00 \cdot 10^8\ \frac{m}{s}}{3{,}14 \cdot 10^{14}\ Hz} = 954 \cdot 10^{-9}\ m = 954\ nm$$

betragen. Folglich ist die Fotokathode in der Lage, auch Licht mit Wellenlängen oberhalb von 800 nm (und kleiner als 954 nm) nachzuweisen.

3.2 **Berechnung der Anzahl der ausgelösten Fotoelektronen**

Aus der Leistung des einfallenden Lichts und der Energie der Photonen lässt sich die Anzahl der pro Sekunde einfallenden Photonen berechnen. Die Leistung P des einfallenden Lichts beträgt 1 nW, die Energie berechnet sich analog zu Teilaufgabe 3.1:

$$E_{Ph} = h \cdot f = h \cdot \frac{c}{\lambda} = 6{,}626 \cdot 10^{-34}\ Js \cdot \frac{3{,}00 \cdot 10^8\ \frac{m}{s}}{700 \cdot 10^{-9}\ m} = 2{,}84 \cdot 10^{-19}\ J$$

Für die Anzahl n der pro Sekunde einfallenden Photonen ergibt sich daher ein Wert von

$$P = n \cdot E_{Ph} \quad \Rightarrow \quad n = \frac{P}{E_{Ph}} = \frac{1 \cdot 10^{-9}\ W}{2{,}84 \cdot 10^{-19}\ J} = 3{,}52 \cdot 10^9\ \frac{1}{s}.$$

Laut Aufgabenstellung löst nur jedes zehnte Photon ein Elektron aus. Daher werden in diesem Fall **3,52 · 10⁸ Elektronen pro Sekunde** ausgelöst.

3.3 **Berechnung der maximalen Anzahl der Elektronen**

Hierzu nimmt man an, dass ein Elektron gleich bei Eintritt in die Mikrokanalplatte mit der Energie E = 30 eV in die Kanalwand einschlägt und dort ein weiteres Elektron auslöst. Diese beiden Elektronen werden dann in der Mikrokanalplatte erneut beschleunigt, bis sie jeweils wieder eine Energie von 30 eV besitzen und weitere Elektronen aus der Kanalwand auslösen können. An der Mikrokanalplatte liegt eine Spannung von 430 V an (vgl. Skizze in Material 3). Die maximal mögliche Anzahl der Beschleunigungsvorgänge in der Platte beträgt daher

$$\frac{430\ V}{30\ V} = 14{,}33.$$

Zusammen mit dem ersten Einschlag eines Elektrons in die Kanalwand gibt es also auf dem Weg durch die Mikrokanalplatte maximal 15 Einschläge von Elektronen in die Kanalwand. Bei jedem Einschlag verdoppelt sich die Anzahl der Elektronen. Daher verlassen pro eintretendem Elektron maximal

$$N = 2^{15} = \underline{\underline{32\,768}}$$

Elektronen die Mikrokanalplatte.

Landesabitur Physik 2024 (Hessen) – Leistungskurs
Aufgaben

Um Ihnen die Prüfung 2024 schnellstmöglich zur Verfügung stellen zu können, bringen wir sie in digitaler Form heraus.

Sobald die Original-Prüfungsaufgaben 2024 im Leistungskurs freigegeben sind, können sie als PDF auf der Plattform **MySTARK** heruntergeladen werden (Zugangscode siehe vordere Umschlaginnenseite in diesem Buch).

Aktuelle Prüfung

www.stark-verlag.de/mystark

PRÜFUNGS-ANGST

STOPP DIE PANIK

Mit der Fußsohlen-Methode

Prüfungen können Angst- und Fluchtsituationen sein. Dein Körper schüttet Adrenalin aus und dämpft das Gefühl in den Füßen. Z. B. beim Weglaufen ist es gut, wenn man die Füße nicht spürt. Eine Prüfung ist aber **keine Gefahrensituation**. Signalisiere deinem Körper, dass du nicht weglaufen musst, und bring das Gefühl in deine Füße zurück:

Setze oder stelle dich hin.
Die Füße müssen den **Boden** berühren.

Schließe jetzt deine Augen und **denke** dich in deine Füße hinein.

Fahre in Gedanken um die **Fersen**.

Spüre den **Druck** auf dem Boden.

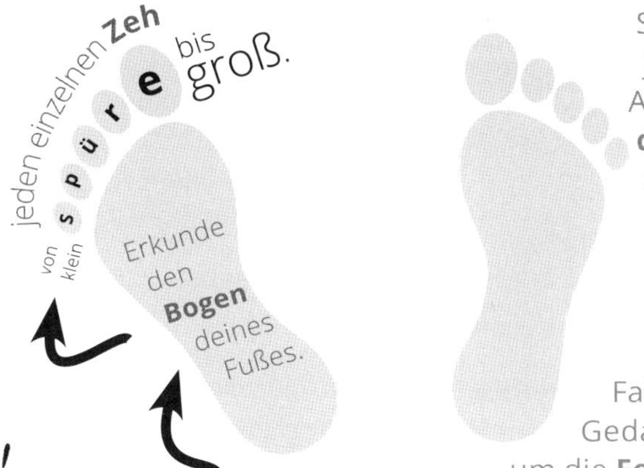

Dein Körper **fühlt** die Füße wieder und denkt, er sei in keiner Panik-Situation, sondern in **Sicherheit**.

www.stark-verlag.de **STARK**

Bist du bereit für deinen Einstellungstest?

Hier kannst du testen, wie gut du in einem Einstellungstest zurechtkommen würdest.

1. Allgemeinwissen
Der Baustil des Kölner Doms ist dem/der ... zuzuordnen.

a) Klassizismus b) Romantizismus
c) Gotik d) Barock

2. Wortschatz
Welches Wort ist das?

N O R I N E T K T A Z N O

3. Grundrechnen
-11 + 23 - (-1) =

a) 10 b) 11 c) 12 d) 13

4. Zahlenreihen
Welche Zahl ergänzt die Reihe logisch?

17 14 7 21 18 9 ?

5. Buchstabenreihen
Welche Auswahlmöglichkeit ergänzt die Reihe logisch?

e d f f e g g f h ? ? ?

a) h i j b) h g i c) f g h d) g h i

Lösungen: 1 c; 2 Konzentration; 3 d; 4 27; 5 b

Alles zum Thema Einstellungstests findest du hier:

www.stark-verlag.de/einstellungstest **STARK**